웨슬리안의 신학적 유산

아우틀러의 논문들

웨슬리안의 신학적 유산

발행일 2022년 2월 15일 초판 1쇄 발행

편 집 인   토머스 오든, 라이스터 롱던
옮 긴 이   조종남
발 행 처   선교횃불
등 록 일   1999년 9월 21일 제54호
등록주소   서울시 송파구 백제고분로27길12 (삼전동)
전   화   (02) 2203-2739
팩   스   (02) 2203-2738
이 메 일   ccm2you@gmail.com
홈페이지   www.ccm2u.com

Copyright@2022 조종남
- 잘못된 책은 구입하신 곳에서 교환하여 드립니다.
- 이 출판물은 저작권법에 의해 보호를 받는 저작물이므로 무단전재와 무단복제를 금합니다.

웨슬리안의 신학적 유산

토머스 오든, 라이스터 롱던 편집

조종남 옮김

The Wesleyan Theological Heritage

Essays of Albert C. Outler

Edited by Thomas C. Oden and L. R. Longden

신교횃불

출간사

　서울신학대학교 웨슬리신학연구소는 성결교회의 신학적 뿌리인 존 웨슬리의 성경적 신학사상과 전인적 성결복음과 성서적 부흥운동을 연구하고 나누는 일에 헌신하고 있습니다. 웨슬리신학의 영문 명저들을 한글로 번역하는 사업은 그 한 가지 중요한 사업입니다.

　이 책의 번역자 조종남 박사님은 웨슬리신학의 명저 번역에 참여하셔서 우리 연구소가 해마다 귀중한 번역서를 출간하도록 수고해 오셨습니다. 이번에 조박사님의 수고로 번역 출간되는 책은 "현대 웨슬리신학의 아버지"로 일컬어지고 있는 알버트 아우틀러의 중요한 논문들을 모아놓은 『웨슬리안의 신학적 유산』(The Wesleyan Theological Heritage)입니다. 아우틀러의 제자이자 저명한 웨슬리 학자인 토마스 오든 교수가 편집한 이 책에서 아우틀러는 웨슬리 신학을 넓은 역사적, 신학적 맥락에서 정리해 주고 있습니다.

　이 책을 통해서 우리는 존 웨슬리의 신학적 탁월성과 균형 있는 신학방법론, 웨슬리의 교부신학, 성령론, 목회신학들을 배우게 됩니다. 그리고 이 책은 웨슬리신학의 역사적 발전과정을 또한 우리에게 보여주고 있는데, 미국의 초기 감리교 운동, 감리교의 신학적 발전, 그리고 더 나아가서 세계교회 안에서의 메소디스트신학을 다루고 있습니다. 이를 통해 우리는 존 웨슬리의 신학을 역사적이고 세계적인 큰 틀에서 바라보게 되며 그 중요성을 새롭게 인식하게 됩니다.

귀한 책을 번역하셔서 많은 웨슬리 연구자들과 목회자들에게 선물로 주신 조종남 박사님께 다시 한번 감사를 드립니다. 그리고 출판비를 후원해 주신 역촌성결교회와 이준성 목사님께 감사를 드립니다. 우리 웨슬리신학연구소는 앞으로도 좋은 연구모임과 책들로 여러분을 찾아뵙겠습니다.

서울신학대학교 웨슬리신학연구소장
김성원 교수

약어표 (Abbreviations)

COC	Phiip Schaff, ed. *The Creeds of Christendom*. 3 vols. New York: Harper, 1919.
HMT	Heiko A. Obermann. *The Harvest of Medieval Theology*. Cambridge, Mass.: Harvard University Press, 1963.
JWJ	Nehemiah Curnock, ed. *The Journal of the Rev. John Wesley, A.M., Enlarged From Original Maunscripts*. 8 vols. London: Charles H. Kelly. 1909-16.
JWL	John Telford, ed. *The Letters of the Rev. John Wesley*. 8 vols. London: Epworth, 1931.
JWLB	Frank Baker, ed. *Letters of John Wesley*. Vols. 25-26 in *The Works of John Wesley*. Oxoford/Bicentennial Edition. Oxford: Charendon Press, 1975-83; Nashville: Abingdon, 1984-.
JWO	Albert C. Outler, ed. *John Wesley*. A LIBRARY OF PROTESTANT THOUGHT. New York: Oxford University Press, 1964.
JWW	Thomas Jackson, ed. *The Works of the Rev. John Wesley*. 3d ed. 14 vols. London: Mason, 1829-31.
WJWB	The Works of John Wesley. Oxford/Bicentennial Edition. Oxford: Clarendon Press, 1975-83; Nashville: Abingdon, 1984-.

역자의 글

이 책은 라이스터 롱던(Leister R. Longden) 박사와 토머스 오든(Thomas C. Oden) 박사가 아우틀러(Albert C. Outler, 1908~1989)의 중요한 논문들을 편집한 것이다.

아우틀러 박사는 웨슬리를 제대로 이해하고 그의 신학을 세상에 소개한 금세기 신학자 가운데 핵심 인물이다. 그는 미국 텍사스주 달라스에 있는 서던 메소디스트 대학교(Southern Methodist University) 퍼킨스 신학교(Perkins School of Theology)에서 오랫동안 학생들을 가르쳤고, 제2차 바티칸 공의회(Vatican Council II)에 개신교 대표로 참가하며 당시 에큐메니컬 운동에서 중심적 역할을 했다. 저명한 교부학자이기도 한 아우틀러는 여러 중요한 회의에서 웨슬리에 관한 논문을 발표했다. 그리고 「The Works of John Wesley」(Oxford and Abingdon)의 편집장으로 일하며, 완벽한 각주와 해설을 붙인 4권의 웨슬리 설교전집을 출판했다. 참으로 그는 저명한 웨슬리안 교회역사 신학자로서, 웨슬리의 에큐메니컬 신학적 의의를 오늘날 다시 생각하도록 하는 데 핵심적 역할을 했다. 그런데 아쉽게도 아우틀러가 쓴 논문들은 어디에서도 온전히 하나로 모아지지 않았다.

이 책은 그런 아쉬움을 보완하기 위해, 아우틀러의 제자이자 드루대학교 교목인 롱던 박사가 같은 대학 신학 교수인 토머스 오든과 함께 그의 중요한 논문들을 편집한 것으로, 그가 말하는 웨슬리안의 신학적 유산을 소개하고 있다. 이 편집자들은 각 논문 앞의 서문을 통해 그 개요를 독자에게 제공한다.

아우틀러가 주장하는 웨슬리안 신학의 특징적인 유산을 간략하게 요약하면 다음과 같다.

첫째, 웨슬리에게는 하나의 독특한 신학적 방법, 곧 사변형 방법(The Quadrilateral)이 있다. 이 말은, 웨슬리의 신학 방법은 네 개의 권위를 존중한다는 것이다. 성경은 그중에서도 단연 독특한 위치를 차지한다. 그러나 그 성경의 해석은 모든 세기에 존재한 그리스도인의 지혜와 사도 시대로부터 오늘날까지의 문화에 의해 차례로 조명받는다. 그리고 비판적인 이성의 작용에 의해 복음이 문맹주의에 빠지는 것을 면하게 한다. 그러나 언제든 성경적 계시는 믿음으로 받아들여야 한다. 따라서 여기에 경험이 있어야 하는 것이다. 요약하면, 성경을 상위의 기준으로 삼되, 교회 전통과 이성 그리고 그리스도인의 경험이 서로 작용하는 것을, 하나님의 말씀을 해석함에서 동적이며 상호 작용하는 보조 도구로 삼았다는 것이다.

둘째, 웨슬리의 신학은 이런 방법, 특히 동방 교부들의 시각으로 접근함으로, 칼빈주의자들이 '은총만으로'(sola gratia)를 주장하다 봉착한 딜레마에 빠지지 않고 건설적인 신학을 전개할 수 있었다. 그중 하나가 복음주의 진영의 하나님의 주권에 대한 강조와 가톨릭교회의 인간의 책임에 대한 강조의 독특한 조합인 웨슬리의 '신인협동설'이다. 아우틀러는 이 신인협동설을 동방과 서방, 고대와 현대에서의 기독교 사상의 전 발전과 연관시키면서 웨슬리의 독특한 교리적 역할을 제시할 수 있었다. 웨슬리에 의하면, 은혜는 항상 하나님이신 성령에게서 시작되고, 긍정적인 모든 인간의 반응도 성령에 의해 촉진된다. 이것이 선행은총(prevenience) 개념의 본질이다. 또 성령은 '죄를 용서받고 하나님의 은혜로 변화 받아 살아간다는 확신'의 경험을 확증한다. 그리고 바로 이 성령론이 동방 교부들이 강조하듯, 유럽의 종교개혁자들이 강조하는 법의학적(forensic) 구원론이 치료법적(therapeutic) 구원론으로 옮겨갈 수 있게 해주었다. 따라서 웨슬리는 성화론 중심의 구원론을 강조했다.

셋째, 아우틀러는 따라서 이렇게 요약했다. "메소디스트 신학은 가톨릭의 배경에서 시작해, (특히 미국에서) 현대 세속주의의 환경에서 발전한 복음주의 기독교의 하나의 독특한 종류로 이해될 수 있다고 생각한다. 이것의 가장 뚜렷한 신학적 특성은, 하나님의 은총(인간에게 임하는 하나님의 사랑의 능동적 현존)의 교리다. … 곧 선행하는 은혜, 칭의, 중생, 그리고 성결의 역동적인 혼합이다. 달리 말해, 메소디스트들은 하나님이 인간을 대하는 방법의 고대 역설에 대해 이야기할 때, 그 모든 것을 설명하는 그들만의 인식할 수 있는 방법을 가지고 있었다."

끝으로 이 책의 번역에 도움을 준 수잔 트루잇(Susan Truitt) 박사와 원고 정리를 도와준 김성령 전도사, 그리고 뒤에서 격려와 사랑으로 후원해 준 웨슬리신학연구소 소장 김성원 교수와 웨슬리신학 시리즈를 계속 출판해 주시는 출판사, 선교횃불의 김수곤 사장님께 감사를 표한다. 아울러 서울신학대학교 웨슬리신학연구소의 명저 번역 사업이 계속해서 한국 신학계와 교회에 크게 기여하기를 기원한다.

2021년 6월 21일
역자 조종남

차 례

출간사 | 4
역자의 글 | 7

서론 | 12

I부 신학의 멘토인 웨슬리

1.1. 웨슬리의 신학적 방법론(웨슬리안 사변형법) | 21
1.2. 신학자로서의 웨슬리에 대한 재평가 | 43
1.3. 신학자로서의 웨슬리의 그때와 오늘 | 65
1.4. 기독교 전통에서의 웨슬리의 위치 | 89
1.5. 웨슬리의 초대 교부들에 대한 관심 | 116
1.6. 평민을 위한 신학자 웨슬리 | 135
1.7. 웨슬리 연구의 새 전망 | 151

II부 웨슬리 전통에서의 성령과 교회

2.1. 초기 미국 메소디즘의 성경 상고주의 | 177

2.2. 웨슬리에게서의 성령과 영성 | 194

2.3. 웨슬리 정신에서의 목회론 | 212

2.4. 메소디즘의 신학적 유산: 연구 전망 | 230

2.5. 메소디스트에는 교회에 대한 교리가 있는가? | 257

2.6. 목사 직무의 혼합 | 278

2.7 세계 교회에서의 메소디즘 | 295

에필로그: 비전과 꿈 | 308

서론

이 책의 주요 목적은 많은 사람이 웨슬리에 관한 연구에서 매우 중요하다고 인정하는 훌륭한 논문들을 접할 수 있도록 하는 데 있다. 이 모든 부분에서 제기된 학문적 질문들에 관해 알버트 아우틀러가 매우 중요한 일을 했다.

이 책은 현재 웨슬리 연구에 크게 공헌한 아우틀러의 글을 소개하고 있다. 그리고 이 책은 웨슬리를 이미 깊이 연구했지만, 그럼에도 좀 더 정확하게 식별하기를 원하는 사람들을 위한 것이다. 또 이 책은 웨슬리안 신학과 전통에 대한 오늘날의 연구를 알기 원하는 초보자를 위한 책이기도 하다. 따라서 이 서문에서는, 왜 웨슬리가 아직도 복음적 신학에서 살아 발전할 수 있는 신학의 모델인지를 설명하려 한다(이하 아우틀러에 대한 설명은 생략-역주).

존 웨슬리의 신학적 유산(전통)에 대한 재검토가 많이 이루어졌다. 웨슬리의 신학은 현재 중요하게 다루어지고 있는 신학 중 하나다. 이 일에서 아우틀러가 중심에 있다. 웨슬리안의 교리 표준은 이전보다 이 세기 후반에 많이 조심스럽게 다루어졌다. 그 교리들을 재발견하는 데 아우틀러가 중요한 역할을 했다. 왜 이런 일이 일어나고 있는지가 궁금하다면 아우틀러의 글을 보아야 한다.

최근 들어 여러 분야의 사람들이 웨슬리를 신학자로 재발견하고 있다. 복음적인 인사들, 자유주의자들, 카리스마 계통의 신자들, 후 비판적 성경학자들, 복음적 부흥에 관심 있는 역사가들, 웨슬리 백주년기념 사업에 종사하고 있는 사람들, 웨슬리를 가르치고 있는 대학과 신학교의 교수들, 급속도로 성장하고 있는 웨슬리 신학 협회와 관련된 복음적 학자들, 복음적 신학교에 있는 웨슬리안들, 웨슬리의 교리 표준을 재발견하는 데 관심 있는 여러 교파에 있는 웨슬리안들이 바로 그들이다.

웨슬리는 놀라울 정도로 영향을 끼친 신학자로 재발견되고 있다. 그의 전기에 기록된 사건들은 그의 신학적 자료 및 발전과 관련해 철저하게 재평가되었다. 우리는 웨슬리안의 교리적 표준이 어떻게 만들어지고 수정되고 전달되었는지에 대해 뒤늦게서야 자세히 이해하기 시작했다. 그리고 지금에서야 웨슬리가 개신교 신학과 에큐메니즘의 역사에서, 고대 전체 기독교의 날카로운 긴장 관계들을 다시 종합하고 통합하기를 바랐던 중요한 사람이었음을 깨닫고 있다. 따라서 다양한 분야에 있는 목회자와 교사가 이 책이 유용하고 교육에 도움이 된다는 것을 알게 될 것이다.

웨슬리의 가르침은 그리스도인의 생활을 실제적인 측면에서 개인적이고 사회적인 실현으로 이끄는 데 강하게 집중되어 있다. 그의 전체 신학에는 확고한 윤리적 차원이 있다. 웨슬리에 관한 한, 우리는 우리의 생활에서 실제적으로 아무 변화도 일으키지 않는 사변적 생각을 다루고 있지 않다. 아우틀러 박사가 독자들이 자신의 신앙공동체에서 스스로의 정체성을 발견하도록 도와줄 것이다. 자기 본위(selfhood)와 믿음은 역사적 진전과 생존하고 있는 공동체의 상황에서 실재한다.

웨슬리안의 사변형(quadrilateral)의 신학적 방법(성경을 하나님의 계시의 주요 자료로 삼고, 이를 교회 전통, 경험, 이성과 연결해 해석하는 방법)의 개념을 설명하고 다듬고 발전시킨 사람은 누구보다도 아우틀러였으며, 이 방법은 웨슬리안 계통에서 현재 일반적으로 토의되고 폭넓게 수용되고 있다. 아직 이 신학적 방법론에 대한 논쟁이 남아 있지만, 어디서든 웨슬리안 학자들과 이야기 하면서 사변형 방법이라는 표현을 사용하지 않는 것은 쉽지 않다. 이는 이것이 벌써 일종의 신학적 유형이 되고 있다는 것을 넌지시 말해 주는 것이다. 아우틀러가 이에 대한 최초의 중요한 해설자였다. 그는 이 웨슬리의 방법이 얼마나 아직도 사용할 만하고 적절한지를 우리가 알 수 있도록 도와주었다. 웨슬리안 계통의 교회들은 모두 이 토론을 통해 깊은 감명을 받았다.

우리는 아우틀러를 통해, 웨슬리가 단순하지 않고, 여러 재능을 가지고 있으며, 재미있는 인물로, 여러 개신교회와 관계되어있는 사람이라는 것을 보게 된다. 웨슬리는 단지 알려진 종교가나 교단의 최고 책임자여서가 아니라, 기독교의 전통을 초기 현대주의 독자들에게, 그리고 내가 믿기로는 현대주의 이후의 독자들에게도, 실제로 다시 사용할 수 있도록 해 준 신학적 재산이기 때문에 여전히 중요한 인물이다. 우리는 웨슬리라는 영국 복음주의 전통의 가장 중요한 신학자를 가지고 있다. 이는 중요한 주장이다. 웨슬리는 우리가 그동안 알고 있었던 것보다 더 풍요로운 사람이다. 웨슬리는, 아우틀러가 우리에게 알려 주기 전에 우리가 알고 있었던 것보다 더 훌륭한 생각을 가지고 있었던 사람이다. 나는 아우틀러가 독자에게 웨슬리의 생각 속에 있는 깊은 일들을 소개해 주는 웨슬리안 동굴 탐험자 같다고 생각한다.

18세기 옥스퍼드에서는 웨슬리가 등장하기 전에 이미 교회 교부들에 대한 연구가 활발히 진행되고 있었다. 지금 우리는 웨슬리가 기독교의 전통, 특히 동방 수도사들의 이야기를 진지하게 읽었다는 것을 알고 있다. 그는 고대 세계의 신학, 특히 처음 세 명의 콘스탄틴 전 시대의 저자들을 집중적으로 읽었다.

웨슬리는 사려 깊은 사람으로 충분히 교육받은 신학자였다. 그럼에도 항상 평이하게 설교하기 위해 단순한 표현을 사용했기 때문에, 그의 작품을 일반적인 설교로 단순히 취급하기 쉽다. 아우틀러는 우리가 그의 글에 내재한 풍성함과 구성을 볼 수 있도록 도와주었다. 웨슬리는 잘난 체하지 않고 평이한 설교로 평범한 사람들에게 다가가기 위해 자신이 옥스퍼드에서 얻은 학식을 숨겼다. 아우틀러 같은 사람들이 이를 알아차리고, 그가 어떻게 훌륭하게 미묘한 차이를 덧붙여 기독교 전통을 실제적으로 유용했는지를 설명했다. 이 옥스퍼드의 신사는 분명히 훌륭한 로마와 희랍의 학자로서의 학문적인 은사를 가지고 있었다. 그가 옥스퍼드의 신사로 머물러 있기보다, 거리에서의 복음적 부흥운동에 활발하게 참여하기 위해 옥스퍼드를 떠난 것은, 그에게는 파기할 수 없는 직업상의 결정이었다. 그러나 그는 젊있을 때부터 계속해서 라틴어로 된 키케로와 희랍어로 된 로마의 클레멘트를 읽었다. 그리고 독일어로 된 게르하르트(Gerhard)의 찬송가와 다른 것들을 번역했으며, 가난한 사람들을 위해서도 많은 책을 출판했다. 그는 평생 배우는 사람이자 가르치는 사람이었으며, 자신의 학문적 능력에 제한받지 않고 평범한 청중, 즉 광부나 도시에 사는 가난한 자, 콘월(Cornwall)에 사는 주민을 만나고 싶어 했다. 그는 이들에게 기독교 고전을 포함한 많은 출판물을 통해 기독교 전통을 전달하기 위해 노력했다(이하 중간 생략-역주).

우리는 아우틀러를 연구한다. 그는 우리가 웨슬리안 전통과 일반 개신교, 가톨릭 그리고 에큐메니컬 신학과의 중요하고 강렬한 연결을 이해하는 데 도움을 주기 때문이다. 아우틀러와 함께하는 웨슬리 연구는 편협함이 없다. 아우틀러는 우리로 하여금 웨슬리를 두 세기 동안 미국과 온 세계를 위해 개신교에 높은 에너지 자원을 공급한, 경건과 생명력 있는 종교의 살아 있는 화신(embodiment)으로 보게 한다.

그러므로 나는 웨슬리를 공부하는 학도들에게 조금도 망설임 없이 이 책을 읽으라고 권한다. 당신은 이 책을 읽는 것이 즐거울 것이다. 그리고 당신의 믿음, 소망, 사랑이 깊어질 것이다. 당신의 교회의 정체성을 지나치게 주장하거나 방어하는 것은 위험하다. 아우틀러가 당신이 좀 덜 방어적이요, 20세기의 기독교 전통에서 다른 교회들에 더 관대하게 되도록 도와줄 것이다. 이 세기가 지나가면, 우리는 알버트 아우틀러가 정교하게 해석한 판단과 유쾌한 실제주의 그리고 가라앉지 않는 유머를 보지 못하게 될 것이다(이하 중간 생략-역주).

이 책에 실린 논문들은 아우틀러의 허락과 협력 아래 편집되었다. 1989년 9월 1일 사망할 때까지 그는 이 사업에 실질적으로 관여했다. 이 책은 잇따라 일어나는 논거로 논문을 접할 수 있도록 적절히 편집되었다. 모두가 협조해 이 책 전체를 편집했지만, 그중에서도 서론은 오든(Thomas C. Oden)이 맡았고, 논문과 논문을 연결하는 별개의 서론과 주석, 학문적인 부록을 작성하는 일은 롱던(Leicester R. Longden)이 담당했다.

이 논문들은 자연스럽게 두 부분으로 나뉜다. 우선 웨슬리와 그의 자료들에서 웨슬리안 신학적 전통에 앞서 있었던 일을 논의하는 것으로서, 첫 번째 부분에서는 '신학적 멘토로서의 웨슬리'를 다룬다. 여기서 우리는, 검토된 본문들을 수집함으로써 웨슬리를 메소디스트의 보호막에서 자유롭게 하고, 웨슬리의 독특한 신학적 입장을 명확히 나타냄으로써 그를 재발견하려는 아우틀러의 개혁의 진전을 드러내는 논문들을 선택했다. 두 번째 부분에서는 '웨슬리안 전통에서의 성령과 교회' 문제를 다루었다. 이를 위해 신학과 사회, 에큐메니즘(세계교회주의), 현대 교회론을 다룬 아우틀러의 논문들을 선택했다.

끝으로, 이 일에 많은 도움을 준 서던 메소디스트 대학교(Southern Methodist University)와 드루 대학교(Drew University)에 감사를 표한다. 언어학적인 작업을 도와준 로저스(Dirk Rodgers)와 이 프로젝트를 위해 여러모로 도와주며 격려를 아끼지 않은 칼라 아우틀러(Carla Outler)에게도 감사한다.

1990년 부활절에 드루에서
토머스 오든(Thomas C. Oden)

I
신학의 멘토인 웨슬리

1.1. 웨슬리의 신학적 방법론(웨슬리안 사변형법)

[1985] 여기 실린 논문은 아우틀러가 평생 지니고 있었던 확신을 드러내고 있다. 웨슬리안 전통의 후예들은 존 웨슬리 신학의 복음적이며 에큐메니컬적인 자료를 아직도 많이 찾아내야 한다. 아우틀러는 웨슬리가 웨슬리안 메소디스트 운동을 독특한 신학적 방법으로 인도했다고 말한다. 그것은 곧 성경을 '최상위 규범'으로 삼고, 이를 전통, 이성, 경험과 서로 연결해 성경을 해석하는 방법이다. 이 방법을 '사변형법'(quadrilateral)이라고 부르는 것이 아주 만족스럽지는 않지만, 웨슬리는 그렇게 불렀다. 아우틀러는 현재 신학하는 일에서 그 방법이 주요함을 여전히 인식하고, 자신의 지도교수요 영적 지도자인 웨슬리에게 은혜를 입고 있음을 스스로 인정했다.

존 웨슬리는 50년 동안 '메소디스트라 불리는 사람들'의 신학적 멘토로서, 동료나 어떤 도전자들 없이 홀로 봉사했다. 그 50년 동안 그는 연속적으로 한 교리적 논쟁에 휘말렸는데, 그것은 곧 영국 교회 신부나 감독들, 칼빈주의자들, 또는 가끔 자신의 그룹 안에 있는 반대자들과의 논쟁이었다. 교리적 합의(일치)가 그의 주요 관심사였으며, 그것은 메소디스트 협회의 안전에 필요한 전제조건이기도 했다. 그래서 그는 자신의 조력자들과의 첫 번째 연회(1744) 서두에서 다음 질문에 대해 토의할 것을 주장했다.

(1) 무엇을 가르칠 것인가?
(2) 어떻게 가르칠 것인가?
(3) 무엇을 행할 것인가?(즉, 어떻게 우리의 교리와 규율, 관례를 규정할 것인가?)

이런 대화와 토론에서 누가 결정적인 말을 할 것인지에 대해서는 물론 모두가 알고 있었다. 그러나 이런 질문이 기성 교회 안에 있는 종교단체로서는 응당 있어야 할 것임에는 모두 동의했다.

초기 메소디스트의 신학적 선언

메소디스트 운동이 성장하고 성숙해짐에 따라, 웨슬리는 그것에 많은 신학적·윤리적 교훈을 첨가해 다른 유형으로 공급했다. 즉 설교, 편지, 소책자, 성경에 대한 주석, 방대한 일기, (원죄에 대한 교리와 같은) 학술 논문 등이 그것이다. 그러나 나는 거기에는 교리적 신조와 비슷한 것["로마 가톨릭에게 보내는 편지"(Letter to a Roman Catholic, 1749) 등]도 있었다고 생각한다. 그리고 이 글은 존 피어슨(John Pearson) 감독이 웨스트민스터 신앙고백과 소교리문답서에 상응하는 책으로 쓴, 『신조 교리에 대한 해설』(*Exposition of the Doctrine of Creed*)에서 빌려온 것이다. 웨슬리는 (토마스 아퀴나스의)『신학대전』(*Summa Theologiae*)의 교리문답에 있는 개념은 하나도 다루지 않은 듯하다. 그렇다면 그는 그의 사람들이 무엇을 자신들의 교리 표준으로 인정할 것이라고 기대했는가?

그가 처음으로 한 것은, 네 권의 에드워드의 설교(1547)를 요약해 간단한 신학적 헌장, 곧 영국 교회의 칭의의 교리(The Doctrine of Justification according to the Church of England, 참조. *Journal*, Nov. 12, 1738)를 만드는 것이었다. 그리고 그의 부흥운동이 기세를 얻자 그는 자신의 협력자들을 불러 함께 모여 회의식 대화 방법으로 토의했다. 그는 그 대화에서 논의된 것의 요지를 직접 기록했다. 그리고 그것을 "웨슬리와 타인들 간의 대화 회의록"(1744년부터 이어짐)의 누적 판으로 출판했다. 이 회의록에 담긴 신학적 내용은 초대 메소디즘의 생각과 정신을 잘 나타내고 있다. 그[대회의록(The Large Minitues)] 견해가 미국의 신생 메소디스트 감독 교회(Methodist Episcopal Church)에 의해 채택되었다. 그러므로 이것이 현재 가지고 있는 교리 표준에 관한 메소디스트의 『규정집』(Book of Discipline)에 있는 "첫 제한적 규칙"(The First Restrictive Rule, 1808)의 악명 높은 말들에 포함되어 있다고 생각될 수 있다.

1763년에 이르러 웨슬리는 '교리에 대한 규범'(The Model Deed)이라는 것을 작성해 메소디스트의 교리가 제한하는 것을 정했다. 즉, 설교자는 메소디스트 채플에서 설교할 때, 웨슬리의 신약성경 주해와 네 권의 설교에 포함된 것 이외의 다른 교리를 설교해서는 안 된다고 규정했다. 이것은 그의 사람들에게 확실하면서도 융통성 있는 교리적 규정을 마련해 주었다. 그 안에는 성경이 가장 중요한 위치에 있다. 그러나 그것에 대한 해석에서는 초대교회의 전통과 비판적인 이성, 그리스도인의 은혜 경험에 대한 실존적 호소를 참작하도록 규정하고 있다. 이것이 그의 성경 주석에서 강하게 강조되고 있는 것이다. 그 '교리에 대한 규범'에서 언급하고 있는 네 권의 설교집에 있는 설교가 43편인지 44편인지는, "방황하는 생각"(Wandering Thoughts)이라는 설교가 있다고 보는지 아닌지에 달려 있다(이 설교는 1760년에 발행한 네 권의 설교집에는 없고, 그 후 1763년 이전에 발행한 설교집에는 있다). 이는 웨슬리가 분명히 합의된 교리적 표준(기준)에 대한 관심은 있었지만, 동시에 지나치게 협소하게 또는 법률 형태로 규정한 기준을 갖는 것은 싫어했다는 것을 말해 준다. 이와 같이 그는 주석과 같은 설명이나 거기에 살을 붙인 설교 견본을 만드는 일에도 만족했다(아마도 그는 표준 설교의 숫자를 가지고 옥신각신하는 것을 그만두게 했을 것이다). 그리고 물론 (찰스와 자신의) 찬미에도 만족했을 것이다. 이러한 비고백적인 규범(non-confessional norms)은 2세기 동안 그의 사람들에게 큰 도움이 되었다.

웨슬리가 교리적 표준을 너무 편협하게 규정하는 것을 거절한 것은 일종의 원칙의 문제였지, 결코 우유부단한 생각을 드러내는 것이 아니었다. 그러한 판단은 그가 자신의 신학적 이해에 대해 (그의 논쟁을 다룬 그의 글에서 보듯) 얼마나 담대했으며, 편집자로서 얼마나 독단적인 결정을 내리며 일했는지를 고려할 때 이치에 맞지 않는다. 수백 개의 글에서 하나의 예를 들어보자. 그는 (31권으로 된) 「기독교 문고」(A Christian Library)에 있는 웨스트민스터 소교리문답서(Westminster Shorter Catechism)에서 어떤 것은 매우 과감하게 수정할 수 있는 자유가 자신에게 있고, 또 그와 같이 거의 신성하다고 하는 글을 수정할 수 있는 권한이 자신에게 있다고 느꼈다. 그는 영국 교회의 공동기도문(The Book of Common Prayer)에도 과감한 수정을 가했다. 즉, 공동기도문의 시편에 관한 많은 부분을 기독교 회중의 표현에는 적합지 않다고 설명하면서 삭제하였다. 웨슬리가 메소디스트 사람들이 입회할 때 교리에 찬성한다는 서명을 하도록 하지 않은 것은, 이론이 분분한 기독교 교리에 대한 자신의 생각을 알고 있지만, 그 교리를 어떤 특정한 말로 축소하는 것은 그 내용을 잘못 이해하게 한다고 판단한 확신 때문이었다.

웨슬리의 신학적 방법

그렇다면 웨슬리는 교리에 대해 무관심했는가? 결코 그렇지 않다. 교리적 권위에 대한 그의 실질적 개념은 신중히 정리되었다. 그 개념은 종합적이면서 동적으로 균형 잡혀 있다. 그의 권위에 대한 도전이 있을 때, 그는 그것이 어떤 문제든 39개 조 신앙교리의 6조에서처럼 먼저 성경에 호소한다. 곧, 성경의 해결에 맡긴다. 그러나 그는 교리의 어떤 논쟁적인 부분은 성경 홀로 해결하지 못할 때가 있다는 것을 잘 알고 있었다. 그와 그의 비판자들은 성경 본문을 검증하다 종종 같은 본문에서 거듭 교착 상태에 빠졌다. 그래서 그는 성경을 대신하거나 교정하는 것은 아니지만, 초대교회와 그 성경의 의미에 대해 정당하고 보충적인 증거가 되는 많은 기독교 전통에 호소했다. 그러면서도 그는 조심스럽게 선택했다. 예를 들어, 아타나시우스 신조(Athanasian Creed)에 있는 비난을 나타내는 조항들은 거부할 권한을 주장했다. 그리고 몬타누스(Montanus)와 펠라기우스(Pelagius)를 중상하는 자들에게서 그들을 기꺼이 방어했다. 그는 '개인의 의견'(private judgment)이 개신교 개혁의 근본원리라고 강조했다.

그러나 성경과 교회 전통은 비판적인 이성의 (긍정적이든 소극적이든) 훌륭한 역할 없이는 충분할 수 없다. 그러므로 그는 반대되는 제안이나 논증 간의 논쟁에는 논리적 일치와 인정된 중재자로서의 이성의 역할을 강조했다. 그럼에도 여전히 충분하지 않았다. 결국 이 문제를 매듭지은 것은, 그가 알고 있는 대로 자신의 죄가 용서받았다는 확신의 경험이었다.

이처럼 우리는 웨슬리에게서 하나의 독특한 신학적 방법을 볼 수 있다. 곧, 그는 성경을 좀 더 상위의 규준으로 삼되, 교회 전통과 이성, 그리고 그리스도인의 경험과의 작용을, 하나님의 말씀인 성경을 해석함에서 동적이며 상호 작용하는 보조 도구로 사용한 것이다. 그런 방법에 의하면, 당연히 믿음이란 우리 양심을 깨우치며, 성경에 기록된 하나님의 말씀에 우리의 눈과 귀를 여는 것을 목표로 한 성령의 선행하는 역사에 대한 사람의 반응이 된다. 이는 하나님과 하나님의 일에 관한 우리의 지식은, 잘 만들어진 교리의 공식에 대한 정신적 동의가 아니라, 성육신한 은혜인 그리스도 안에 계신 하나님을 신뢰하는 믿음의 호응임을 의미한다. 이런 것이 웨슬리가 왜 '정통신학', '신학적 의견', '사변적 신학'과 같은 말을 반대했는지를 설명하는 데 도움을 준다. 그리고 그가 구원론과 그의 독특한 은총관, 즉 (회개로 시작해 칭의, 중생, 성화, 영광에 이르는) 모든 구원의 순서의 단계에 항상 함께하시는 하나님의 은혜에 열중한 이유를 해명해 준다. 또 중요한 기독교 교리에 대해서는 정직한 합의를 요구하지만, 신학을 형성함에서의 사소한 일에 대해서는 여러 다른 의견을 허용해, 그리스도인들이 "나는 이렇게 생각한다. 당신은 당신대로 생각하라"(Think and Let Think)라는 웨슬리의 입장을 이해하게 한다. 이런 입장은 교리적 타협에서 나온 것이 아니라, 쓸모없는 극단적 신조주의(dogmatism)와 교리무관심주의의 양 극단에 대한 건설적 대안이었다.

웨슬리의 신학적 다원주의는 실제로 (그의 기독론적 중심에 분명히 확고하게 서 있는) 복음적인 것이었고, 그 태도에서는 협조적(관대한 정신)이었다. 그는 모든 교리적 설명을 성경적 근거와 성경이 인정하는 것으로 판단했다. 그는 자신의 독자들에게 하나님의 계시로 알려진 편지와 증언을 보라고 권했다. 그러나 계시의 원천인 성경에 의존한다는 것이 결코 다른 시대에 있었던 지혜롭고 거룩한 그리스도인들의 통찰력에 호소하는 것을 배제함을 의미하지 않았다. 그리고 이는 열광주의나 비이성적 논의를 허용하지 않았다. 끝으로, 마귀도 신자들처럼 그들의 신학에서 분명한 것이 있으므로, 진정한 그리스도인이라면 '정통신학'을 넘어 진정한 경험, 즉 우리는 하나님이 사랑하는 자녀요 그리스도와 함께하는 상속자라는 성령의 내적 증거가 있어야 한다. 이것이 바로 개인의 확신, 곧 '마음의 종교'(heart-religion)의 의미며, 이는 우리의 마음이 종교의 형식에서 권능으로 옮겨진 것이다. 그리스도인의 경험이 기독교의 진리의 본질에 추가하는 것은 아무것도 없다. 이것의 결정적인 역할은 마음에 활력을 불어넣어 신자로 하여금 사랑

안에서 진리를 말하고 행할 수 있게 한다.

이 네 가지 기준의 복합적인 방법은 겉보기보다 대단히 정교하다. 그러나 오늘날 신학함에서 과거에 알았던 방법보다 유익할 것이다. 이 방법은 성경의 수위성을 보존하며, 전통의 지혜에서 도움을 받으며, 비판적인 이성의 역할을 받아들이고, 그리스도인의 은혜 체험을 강조함으로 실존적인 힘을 가할 것이다.

경험: 영국 교회의 트라이어드(Triad)에 대한 웨슬리의 수정

[크랜머(Cranmer)와 하프스필드(Harpsfield)로 대표되는] 에드워드 왕 시대의 종교개혁자들은 영국 교회를 성경의 권위 아래 두었다. 그러나 그들은 성경을 주로 기도문으로 이용해 신자들이 기도하면서 성경에 열중할 수 있게 했다. 영국 교회에서의 교리 문제, 특별히 논쟁에서 발생한 교리 문제에서는 성경이 모든 것을 결정짓는 기준이었다. 리처드 후커(Richard Hooker)의 『교회정치법』(Law of Ecclesiastical Polity, 1594년 이후)의 방법과 의도에서 무엇인가 다른 것을 알아차린다면, 영국 교회가 대륙의 개신교에서 얼마나 멀리 떨어져 있었는지를 알 수 있다. 후커(Hooker)에게서는 성경과 전통과 이성이, "하나님의 가슴에 자리 잡고 있으며, 세상의 조화에서 그 소리를 내는"(E. P. I, XVI, 8) 자연법에서 신중하게 조화를 이루고 있다. 그러한 자연법에 대한 이성의 발견과 계시에 대한 믿음의 발견 사이에는 모순이 없다(참조. E. P. III, ix, 2). 존 브램홀(John Bramhall) 감독과 시몬 패트릭(Simon Patrick)은 '기독교의 고대 문화'(Christian Antiquity)에 익숙해, 그것을 잘 사용했다. (웨슬리 형제가 태어난 때에 켄터베리의 대주교였던) 토머스 테니슨(Thomas Tenison)은 개신교의 신학 방법론을 '성경과 교회 전통, 이성을 결합해 사용한 것'으로 규정하고, 소치니 교도들(Socinian, 테니슨이 말한 대로 전통의 규모를 축

소하고 미지근한 성경적 합리주의보다 나을 것이 하나도 없는 것으로 끝내 버린 사람들)에 맞서 이 방법을 지지했다. 웨슬리 이후에는 프란시스 파제트(Francis Paget)가 영국 교회의 강점은 이성과 성경과 전통을 똑같이 다루는 데 있다고 그럴듯하게 주장할 수 있었다. 이것이 웨슬리가 서 있었던 전통, 곧 '성경, 올바른 이성, 기독교의 고대 전통'으로 판단하는 것이다(*Works*, Preface, vol. 1, 1771).

전통적인 영국 교회 트라이어드(Triad)에 '경험'을 추가할 것을 착상한 것은 웨슬리의 특별한 지혜였다. 그렇게 함으로 그는 그 본질을 고치는 것 없이 활기를 더했다. 이를 통해 그는 이론적인 믿음을 실존적 믿음으로 활용해, 모든 명목상의 기독교 정통신학의 자리에 '마음의 종교'를 강조하도록 한 것이다.

크랜머는 정통신학의 모든 교리를 찬성하며 여전히 악한 일을 하는 마귀에 대한 논평(*Homilies*, IV)에서 이 입장을 지지했다. 이 같은 경험에 대한 강조가 제럴드 크랙(Gerald Cragg)으로 하여금 그의 책 『18세기의 이성과 권위』(*Reason and Authority in the 18th Century*)에서 웨슬리에 관한 장(chapter)을 "새로운 활력을 준 믿음의 권위"(The Authority of Revitalized Faith)라고 부르게 했다. 웨슬리는 아마도 그 이름을 '활력 있는 믿음의 권위'(The Authority of Vital Faith)로 고치고 싶었을 것이다.

사람들은 웨슬리가 이 네 번째 요소인 경험을 추가하면서, '회심'의 개념을 영국 교회의 전통에 포함하려 했으며, 심지어 자기 자신과 다른 이들의 회심도 포함할 자리를 만들려 했을 것이라고 말할지 모른다. 웨슬리가 1738년 5월 24일에 있었던 올더스게이트 경험을 말하면서, 그가 그의 첫 회심(1725년에 그에게 있었던 진지함과 헌신)에 대하여, 그리고 또 1727년에 있었던 신비적 계몽에 대하여 말한 것은 중요하다. 올더스게이트 이후,

그리고 헤른후트(Herrnhut)에서의 모라비안들과의 불안정한 만남 이후, 그는 일지에서 1738년 11월에 자기 나름대로 이신득의(justification by faith)의 교리를 재발견한 것을 자세히 기록하고 있다. 이 일은 그가 (1739년 1월에) 얼마 동안 종교적 고민에 깊이 빠졌던 이후에 일어났다. 그리고 이런 과정은 1739년 봄 그가 자신이 전도자와 영적 지도자로서 사명이 있음을 발견함으로 정점에 달했다.

메소디스트 운동이 하나의 종교단체로서 영국 교회 안에서 성공한 것은, 그가 영국 교회의 전통을 부정하지 않고도 그 관례들을 개정할 자유가 있다는 생각을 뒷받침해 주었다. 그는 조용히 영국 교회를 개혁하는 가운데, 그의 종교단체들이 결국은 그들 자신의 교회로 분리해 가려는 길을 자신이 열고 있다는 것을 알지 못했다. 웨슬리는 자신의 종교단체들이, 교회는 (알곡과 가라지로 구성된) '혼합된 몸'(corpus mixtum)이라고 보는 영국 교회의 전통과 대조적으로, 더욱더 훈련된 참 신자들의 공동체가 되기를 강력히 요구했다. 영국 교회가 은총의 수단의 봉사자로서 교회를 신뢰함에 맞서, 웨슬리는 믿음으로만 의롭게 된다는 교리를 대치시켰다(그리고 실수로 이 교리가 영국 교회에서 새로운 것이었다고 말했다). 영국 교회가 세례로 인한 중생의 교리를 주장함에 맞서, 웨슬리는 복음이 요구하는 회심과 신생이 있어야 한다고 주장했다. 영국 교회는 공동기도문에 완벽한 청사진이 있다고 만족했지만, 웨슬리는 거기에 여러 가지 변칙을 추가했다. 예를 들어, 야외 설교, 즉흥적인 기도, 순회공연, 속회 등이었다. 교회와 국가 간에는 자연의 결연이 있다는 영국 교회 전통에 대해서는, 교회는 '자발적으로 모인 단체'라는 개념으로 대치시켰다. 이러한 변화의 결과는 권위의 문제를 새로운 상황에서 생각하게 만들었다. 즉, 그것을 개인의 양심이나 소그룹의 합의와 더 밀접하게 연결하고, (데이비드 왓슨의 말을 빌린다면) '책임 있는 제자로서의 신분'의 이상과 실제적으로 관련시킨 것이다.[1] 이 일의 실제적 결과는 메소디스트의 모든 남자와 여자를 그들의 신학자로 만드는 것이었다. 그는 그의 사람들에게 신학하는 일을 위한 실례(paradigm)를 제시한 일이 없었다. 아무래도 그는 그들이 나름대로 심사숙고하기를 바랐던 것 같다. 그러나 주해를 달지도 않은 그의 글이, 그의 이름을 지니고 그를 창시자로 존경하는 사람들을 참 '웨슬리안'으로 만들기는 충분하지 못했다는 것은 사실이다. 그래서 이번에 새로 출간한 웨슬리 전집의 편집자들은, 더 많은 주해를 첨부해 웨슬리안이나 웨슬리안이 아닌 사람들이 '평민을 위한 신학'(folk-theology)이라고 부르는 그의 신학의 풍요함과 지식을 발견하는 데 도움을 주고자 했다.

웨슬리안 사변형 방법의 핵심

'웨슬리안 사변형'이라는 문구를 문자 그대로 해석할 때는, 그의 훌륭한 생각이 달리 이해될 수도 있다. 이 말은 웨슬리의 신학 방법에서 권위에 대한 네 개의 기준인 4대 요소의 형태에 대한 은유로 생각되었다. 이 네 개의 양식에서 성경은 분명히 독특한 위치를 차지한다. 그러나 성경은 그 해석에서 모든 세기에 있었던 그리스도인의 지혜와, 사도 시대로부터 오늘에 이르는 동안의 문화에 의해 차례로 조명받는다. 그리고 비판적인 이성의 작용으로 복음이 문맹정책에 빠지는 것을 면하게 된다. 그러나 언제든 성경의 계시는 믿음으로 마음에 받아들여야 한다. 즉, 경험이 있어야 하는 것이다. 웨슬리의 신학은 절충적이며 다원론적이다. 그러면서도 논리적이며, 확실하고, 모든 것을 갖추었다. 그리고 '우리와 우리의 구원을 위해 하늘에서 내려오셔서 사람이 되신' 예수 그리스도의 복음에 초점

---

[1] David L. Watson, *Accountable Discipleship* (Nashville: Discipleship Resources, 1984); *The Early Methodist Class Meeting: Its Origins and Significance* (Nashville: Discipleship Resources, 1985).

을 맞춘 구원론에서 그 신학의 유익을 얻고 있다.

(오랫동안 기독교 사상사를 가르친 사람으로서) 내가 처음으로 웨슬리 전집에 관심을 갖고 읽었을 때, 나는 웨슬리가 여기저기서 말한 복음에 대한 요약, 즉 전에 사용한 것과 같지 않은 말을 사용하는 것을 보고 당황했다[이는 웨슬리가 콜리지(Coleridge)나 비트겐슈타인(Wittgenstein)이 이를 깨닫기 전에, 언어 특히 종교의 언어는 그 성격상 '불완전하다'는 신비를 잘 알고 있었다는 것을 말해 준다]. 나는 웨슬리가 그런 복음에 대한 요약문에서 목적한 바가, 그의 신학적 생각의 전부를 문제의 핵심인 구원론에 초점을 새로 맞추는 데 있었음을 차츰 깨닫게 되었다. 예를 들어 그는 다음과 같이 말한다.

> "'믿음의 유비에 따라 성경을 해설하자.' 사도 베드로는 이를 '하나님의 말씀을 따라'라고 표현한다. 말씀의 일반적인 성격은 물론, 우리에게 주어진 원죄, 이신득의, 그리고 현재의 내적 구원 교리의 큰 체계와 일치하게 성경을 해설하자. 이 모든 교리 간에는 훌륭한 유비가 있다. 그리고 성도에게 단번에 수신 믿음의 노리 간에는 밀접히고 친밀한 관련이 있다."('믿음의 유비'에 관한 로마서 12장 6절의 주석).

웨슬리는 신학적 대화를 하고자 한 사람이었다. 그러나 그의 진정한 관심은 여기에 있었다.

> "진정한 체험적 종교의 가장 본질적 부분, 곧 처음으로 마음에 감동이 생겨 주 예수 그리스도를 믿고, 중생하고, 성령 안에서 평안과 기쁨을 누리고, 거기서부터 우리 혈육과 더불어 싸우면서 마침내 완전한 사랑에 도달하는 것."[2]

---

2) 이는 아우틀러가 웨슬리의 긴 메시지를 요약한 것이다. "A Second Letter to the

모든 웨슬리안은 참 종교의 현관(porch), 문(door), 방(room)으로 표현하는 그의 은유를 잘 알고 있다(*The Principles of a Methodist, JWW* VIII:472-74). '구원의 순서'(*ordo salutis*)에 대해서도 그와 비슷한 요약이 있다. 이런 표현은 대개 적절한 곳에서 사용되지만, 어떤 것은 기대하지 않은 곳, 예를 들어 구약성경 주석 서문에 있다.

> (성경을 읽을 때) 항상 믿음의 유비에 주의하라. (이를테면) 원죄, 이신득의, 신생, 내적 외적 성결 등 교리 간에 있는 관계와 조화를 주의해서 보라.

영국 교회의 사제로서 그는 '브리스톨의 한 신사'와 함께 나눈 믿음(1758년 1월 6일)을 받아들일 것이다. 그것은 아래에서 말하는 영국 교회의 신조에 있는 것이다.

> 우리의 기도문, 교리신조, 설교문, — 그리고 또한 성경 전체의 취지(이는 많은 다른 경우에도 계속해서 선호해 사용하는 표현인 것에 주목하라)에 의해 확인된 영국 교회의 신조.

그는 다른 곳에서 복음의 본질적 내용을 아래와 같이 다른 말로 요약했다.

1. 성결 없이는 아무도 주를 볼 수 없다.
2. 이 성결은 우리 안에서 원하고 행하게 역사하시는 하나님이 하시는 일이다.
3. 하나님은 자신의 기쁜 뜻을 따라 그리스도의 대속을 위해 일하신다.
4. 성결은 우리가 그리스도 안에 있는 마음을 가져 그분이 가신 길을 걷

Author of the Enthusiasm of the Methodists and Papists Compared," *WJWB* 11:381를 보라.

게 한다.
5. 의롭다 함 받기 전에는 아무도 성결함 받을 수 없다.
6. 우리는 믿음으로만 의롭다 함을 받을 수 있다.[3]

이런 독특한 말은 한 설교에서 나왔다. 그는 이것을 다시 사용하지 않는다.

이와 같은 요약에 의한 진술 방법, 즉 그런 여러 가지 다른 표현은 '기독교 복음의 본질'을 너무 간략하게 만들거나 왜곡하는 것인지도 모른다. 웨슬리로서는 그런 복음적 언어로 기독교의 구원론적 핵심을 충분히 지적한 것이다. 그는 신학적 견해에 대해서는 모든 영역에서 매우 너그럽다. 심지어 로마 가톨릭의 지나친 신조나 칼빈주의의 예정론도 허용할 정도였다. 이것이 무관심한 것(adiaphora)에서 떨어져 나와 본질적인 것과 조화를 유지하게 했기에, 웨슬리가 엄격한 신조주의나 무기력한 무관심주의에 빠지지 않았던 것이다.

성경에 호소하다

우리는 이번에 새로 출간된 웨슬리 전집에서, 웨슬리가 자신이 말한 대로 모든 면에서 '한 책의 사람'(homo unius libri)이었다는 것을 독자에게도 보여주려 노력했다. 내가 웨슬리가 성경을 열거한 것(인용하거나 달리 풀이한 것, 간접적으로 언급한 것, 공감한 것 등)을 연구하면서 사용한 두 개의 색인을 보고 깨닫게 되었지만, 그에게는 진실로 성경이 제2의 언어였다. 도처에 있는 그의 웅변은 성경의 본문과 주석, 그리고 (보통 사람을 위한 평이하고) 단정한 산문으로 엮여 있다. 그가 성경에 호소하는 것은, 자신의 견해를 지지하기 위해 성경 본문을 사용하는 것 이상이다. 그의 더 큰 관심은 성경 각 부분을 성경 전체의 견지에서 이해하도록 하고, 의미가 분명하지 않은 본문은 더 명석한 본문에 의해(그리고 성경 전체에 의해) 하나님 앞에 선 사람으로서

---
[3] "The General Spread of the Gospel," 13.

기도하면서 해석하도록 하는 것이었다. 성경은 단순히 신자를 향한 하나님의 말씀이 아니라, 신자가 이해할 수 있도록 도와주는 성령으로 영감 된 말씀이다. 부조리하거나 하나님의 선하심을 비난하는 방식으로 읽는 것은 별도로 하고, 성경은 모두 문자적으로 해석해야 한다. 성경의 명령을 율법적으로 해석하면 안 된다. 그 명령은 '감추어진 약속'으로 이해해야 한다. 비유도 가끔 있다('광야의 상태' 등). 외경은 설교 본문으로 사용되지는 않았지만, 도덕적 교화를 위해서는 사용될 수 있었다. 웨슬리는 희랍어 성경 본문을 분해하고 해석하는 일에도 능숙했다. 그는 'Textus Receptus'(개신교에서 사용하고 있는, 에라스무스가 16세기에 편집한 희랍어 신약성경-역주)를 그 이전 성경 사본들에 근거해 자유롭게 교정하기도 했다. 그리고 어떤 희랍어에 미묘한 의견을 덧붙이는 일을 하면서 양심의 가책을 느끼지 않았다[사도행전 15장 39절의 *paroxusmos* 등(웨슬리는 '심히 다투었다'는 뜻의 이 단어에, 바나바는 화를 냈으나, 바울은 그렇지 않았다고 설명을 덧붙였다-역주)]. 결국 웨슬리가 사용한 성경 자료를 추적하면서 분명히 갖게 된 인상은, 그는 성경으로 산 사람으로 성경 전체의 취지를 확실히 이해했다는 것이다.

교회 전통에 호소하다

그러나 어떤 의미에서는 웨슬리를 '한 책'의 사람이었다고 말하는 것이 불합리한 듯하다. 웨슬리는 모든 종류의 책을 탐욕스럽게 읽었기 때문이다. 그는 특히 초기 교부들에 애정을 가지고 있었다. 희랍 신학자들이 고대 로마의 신학자들보다 복음을 더 깊게 이해하고 치료의 힘이 있는 것으로 받아들였다고 생각한 것이다. 그는 리처드 필드(Richard Field), 헨리 하몬드(Henry Hammond), 사이먼 패트릭(Simon Patrick)의 전통에 있는 영국 성공회의 선입관을 가지고 교부들에 접근했다(그는 교부들의 학문의 황혼 시대에 옥스퍼드에 있었다). 그는 [진 데일(Jean Daille)이나 코니어스 미들턴(Conyers

Middleton)과 같은] 교부들의 지혜를 중상하는 자들에게 조금도 위협당하지 않았다.

웨슬리가 동방 교부들에게서 배운 것은, 그리스도인의 생활을 하나님의 성품에 참여하는 것으로 보는(구원을 인간의 영혼 안의 망가진 하나님 형상의 회복으로 보는) 개념이었다. 그의 올더스게이트 체험은, 그가 그날 새벽 5시에 성경을 읽음으로 시작되었다. 그는 이때 베드로후서 1장 4절을 읽었다[참조. 웨슬리는 이 구절을 다음과 같이 의역했다. "ta megista hemin timia epangelmata dedoreta hina genesthe theias koinonoi phuseos"(그 보배롭고 지극히 큰 약속을 우리에게 주사 너희가 하나님의 성품에 참여하는 자가 되게 하려 함이라-역자 번역). 여기서 중요한 구절은 하나님의 성품에 참여한 자가 되게 한다는 부분이다]. 4)

웨슬리는 하나님의 생명에 참여한다는 개념에서 이미 은총과 자유의지의 관계, 성령이 항상 앞서 역사한다는 것, '완전'은 끝난 일이라기보다 진행 중임 것으로 보아야 함을 이해하고 있었던 것이다. 웨슬리의 글에는 '변제'(acquittal)나 '전가'(imputation) 등 안셀름이 사용한 언어도 많지만, '치유'나 '영혼을 치유한다'는 개념을 강조하는 언어가 더 많다. 웨슬리는 어거스틴파도 아니고 펠라기우스파도 아니었다. 그는 'dikaiosune'를 그리스도의 의가 회개한 신자에게 '전가된다'고 해석할 수도 있고, '나누어 준다'고 해석할 수도 있었다.

고대 로마 전통에서는, 사랑이 지식의 최고라고 가르친 성 티에리의 윌리엄(William of St. Thierry)와 같은 사람에게서 많이 배운 듯하다. 그리고 하나님은 아담의 타락을, 그가 죄를 범하지 않은 것보다 더 큰 선을 가져

---

4) *JWJ* I:472.

오게 하는 데 사용하셨다는 견해를 담대히 말한 루프레히트(Ruprecht of Deutz)나 휴(Hugh) 같은 사람에게서도 배운 것으로 보인다.

웨슬리에게 기독교 전통은 일종의 호기심이나 설명에 도움이 되는 자료 이상으로 중요했다. 곧, 그리스도인의 식견의 살아 있는 원천이었다. 웨슬리를 그의 자료와 대조해 읽는 것은, 마치 기독교 사상사의 길이와 너비를 통과하면서 별난 여행을 하는 것과 같다. 전통에 대한 활기찬 견해가 지금 에큐메니컬 대화의 전제조건이 되고 있는 까닭에, 웨슬리안(그리고 다른 이들)은 웨슬리가 기독교의 과거에서 얼마나 배웠는지를 발견하고, 또 우리를 위해 과거의 역사에서 중요했던 것을 배워야 한다.

이성에 호소하다

웨슬리는 단순히 과거의 것을 수집만 하는 사람은 아니었다. 그는 심지어 자신의 아버지의 불평부터 수산나의 그의 습관에 대한 불만의 이유조차 알고자 했듯, 모든 일에 대한 이유를 알고자 하는 성향을 나면서부터 가지고 있었다. 그는 대학교에서 배운 논리의 가치를 결코 무시하지 않았다. 또 현대 과학과 문화에 대한 관심도 평생 소중히 여겼다. 웨슬리는 [존 레이(John Ray)의 『창조에 나타난 하나님의 지혜』(*Wisdom of God in Creation*)와 웨슬리의 『창조에 나타난 하나님의 지혜에 관한 고찰』(*A Survey of the Wisdom of God in the Creation*)에서 볼 수 있듯] 종교와 과학을 조화시키려 했던 초기 하나님 중심의 이성주의 시대에서, [데이비드 흄(David Hum)과 이신론자들에게서 볼 수 있듯] 초자연주의를 철저히 반대하는 계몽운동의 시대로 전환되는 위험한 시기에 살았다. 18세기 영국에서 신학자가 되려면, [조셉 버틀러(Joseph Butler)나 윌리엄 페일리(William Paley) 등이 주장하는] 이신론 또는 세속주의와 싸워야 했다. 이성의 작용을 규준에 따르는 것으로 본 웨슬리의 인식은, 원칙에 의거한 것이자 실용적인 것이었다. 그는 [라무스(Ramus)의 추종자들5)이나 이후 칸트의 학도들이 말하듯] 논리적 질서를 존재 자체의 질서의 패러다임으로 생각했다. 그는 로크(Locke)와 올드리치(Aldrich)의 제자였다. 그러나 신비에 대한 생생한 느낌이 그로 하여금 ["공정하게 생각해 본 이성의 진상"(The Case of Reason Impartially Considered)에서 말했듯] 이성의 한계를 알게 했다. 리처드 브랜틀리(Richard Brantley)는 [『로크와 웨슬리 그리고 영국 낭만주의의 방법』(*Locke, Wesley and the Method of English Romanticism*, 1984)이라는 글에서] 로크가 웨슬리에게 끼친 영향을 분석했다. 그러나 내가 알기로는, 웨슬리와 말브랑슈(Malebranche), 캠브리지의 플라톤 철학자들, 존 노리스(John Norris), 버클리(Berkeley) 감독 등에 관해 필적할 만한 연구를 한 사람은 없다.

웨슬리의 이성에 대한 이해는 종교 인식론으로 발전했다. 그의 종교 인식론은 결정적으로 그의 직관에 대한 견해를 결정지었다. 그에게 직관은 사람의 마음에 있는 영적 감각으로, 특수하게 인간에게 주신 하나님을 알 수 있는 능력이다. 이 직관은 하나님의 창조 계획에 있는 것으로, 성령이 인간의 혼과 영에 들어오는 입구다. 최근 다니엘 조셉 루비(Daniel Joseph Luby)가 로마의 앙겔리쿰 대학교(Angelicum University)에서 쓴 "존 웨슬리에 있어서 은혜를 지각할 수 있는 일에 관하여"(The Perceptibility of Grace in John Wesley)라는 글이 박사논문으로 채택되었다. 이 논문은 웨슬리에게서 차지하는 (영적 실체에 대한) '즉각적인 인지'의 중요성을 훌륭하게 조사한 것이다. 이 예상하지 못했던 논문의 출현을 통해, 웨슬리안 입장에서의 '이성의 작용'에 관한 훌륭한 논문이 많이 나올 필요가 있다고 생각하게 되었다. 그러나 하나님과 하나님에 관한 일에 대한 우리의 지식은, 직감이나 추리 또

---

5) 웨슬리가 라무스의 영향을 받았다는 것에 대해서는, *The Encyclopedia of Philosophy*, VII:66-67을 보라.

는 추론의 결과로 얻는 것이 아니다. 그것은 항상 선행적이며, 어떤 우리의 노력 없이 얻는 선물이다. 그러므로 이 선물은 진리에 대한 정신의 직감이 (마치 '우리를 위한 그리스도'가 '나를 위한 그리스도'가 된 때와 같이) 마음에 확실히 인식되는, 마음과 머리의 변화라는 내면적 체험으로 경험되어야 한다.

여기서 조심스러운 식별이 필요하다. 은혜의 체험은 진실로 깊은 내적 경험이다. 그러나 이 경험은 단순히 주관적인 종교적 정서가 아니다. 이는 (분명히 마음에서의) 객관적인 만남, 곧 우리 자신이 아닌 진실로 초월적인 무엇과의 만남이다. 또 객관적인 실체, 곧 하나님의 값없이 주시는 은혜와 우리를 용서하시는 자비, 우리 주 예수 그리스도의 은혜를 신자에게 중재시키는 성령의 선행적인 역사에 대한 내적 확신이다. 그러므로 이 만남은 주어진 은혜, 곧 신뢰하는 믿음 또는 반항에만 작용할 수 있는 하나님의 역사에서 경험되는 것이다. 이와 같이 하나님의 은혜와 영적인 식견의 주어짐을 강조한다는 면에서, 웨슬리는 펠라기우스와 구별된다. 그리고 아르미니우스와 에피스코피우스(Episcopius)와도 구별된다. 웨슬리가 (어린 시절) 칸트를 알았다면, 그는 그의 『실천 이성 비판』(The Critique of Practical Reason, 1788)의 앞부분에 있는 다음 두 단락에만 동의했을 것이다.

> "우리의 모든 지식이 경험으로 시작한다는 것은 의심의 여지가 없다. … 그러므로 시간의 순서로 볼 때, 우리는 경험에 앞선 지식을 가지고 있지 않다. 모든 지식은 경험과 함께 시작한다.
> 　그러나 모든 지식이 경험과 함께 시작하지만, 이는 그것이 경험에서 생긴다는 의미는 아니다."

그러므로 열정적이고 경건한 영혼들이 자신의 느낌의 강렬함과 친밀함이 (그리고 마음이 이상하게 뜨거워진 웨슬리의 체험을 상호 연관된 증거로 말하면서) 진리의 척도라고 결론지을 때는, 다름 아닌 일종의 감상성(sentimentality)이, 쉽게 반이성주의에 빠질 수 있는 자기중심주의로 잇따라 일어날 수 있다. "마음이 이상하게 뜨거워짐을 느꼈다"라는 잘 알려진 표현에서 사용된 동사의 형태가 그 단서를 제공한다. 여기서 '느꼈다'는 능동태로, '이상하게 뜨거워졌다'는 수동태로 표현되었다.

이런 견지에서, 웨슬리가 요약한 다른 글을 읽어 보는 것이 도움이 될 것이다. 이는 그리스도인의 경험에 대해 잘 요약하고 있다.

> "하나님의 자녀가 경험한 것을 적절하게 표현할 언어를 찾는 것은 매우 어렵다(그는 종교적 언어는 내용을 은근히 내비치는 말이요, 여러 가지 뜻을 지니고 있다는 확신을 가지고 있었다). … 그러나 아마도 우리는 (표현이 부드럽든 강하든 사람들이 하나님이 가르치신 대로 증거하기를 바라면서) 다음과 같이 말할 수 있을 것이다. 곧, 성령의 증거는 영혼에게 주어진 내적 표현으로, 이를 통해 하나님의 영이 내가 하나님의 자녀요, 예수 그리스도께서 나를 사랑하시고 나를 위해 죽으셨으며, 나는 모든 죄를 용서받았고, 하나님과 화해되었다고 나에게 직접 증거하신다는 것이다(설교 "성령의 증거 I", I. 7)."

서그덴(Sugden) 박사는 포프(W. B. Pope)의 말을 상기시키면서, 이 구절이 웨슬리가 성령의 역사와 그에 전적으로 반응하는 인간의 역할의 객관성을 강조한 것이라고 논평했다. 이는 메소디스트 신학의 역사에서 이런 웨슬리의 훌륭한 노력이 그동안 주관주의와 감상적 행위로 오랜 기간 무익하게 지내온 것에서 우리를 어떻게 구원했는지를 일깨워 준다.

웨슬리의 사변형 방법의 과거와 미래

웨슬리의 신학 방법은 독특하며, 아마 유일하다고 해야 할 것이다(그러나 그 방법을 전적으로, 또는 그 신학 정신을 그대로 채택하고 있는 사람을 그의 제자들 중에서 찾을 수가 없다). 아담 클라크(Adam Clarke), 리처드 왓슨(Richard Watson), 포프 등이 그 가르침의 본질의 많은 부분을 파악했다. 그러나 이들은 웨슬리를 다른 모습의 신학자로 만들었다. 예를 들어, (클라크는) 웨슬리를 성경주의자로 만들었고, (왓슨과 포프는) 조직신학자로 만들었다. 심지어 왓슨은 자신의 웨슬리 신학 해설서를 칼빈주의자들의 형식을 따라 『신학원리』(*Theological Institute*)라고 제목 붙이는 데까지 이르렀다.

모든 웨슬리안은 성경의 수위성에 동의했다. 그러나 (항상 그런 것은 아니지만) 성경 해석의 방법에서는 그렇지 않았다. 이는 아마도 이들이 '믿음의 유비'에 초점을 맞춘 웨슬리의 성경해석법을 소홀히 한 데서 비롯된 듯하다. 믿음의 유비를 지배적인 개념으로 한 웨슬리안 주석가나 신학자의 논문을 전혀 인용할 수 없기 때문이다. 19세기에 이르러서는, 웨슬리가 기독교 전통(특히 교부들)에 깊이 의존한 일이, 쉘든(Sheldon)이나 셀(Cell)과 같은 메소디스트 역사가에 의해 조용히 불필요한 것처럼 취급되었다. 웨슬리가 이성을 적절한 한계 안에서 신뢰한 것은, 감정적 반지성주의로 후퇴하거나, 반대로 [보운(Bowne)과 브라이트만(Brightman)에서 볼 수 있듯] 이성을 지나치게 신뢰하는 것으로 바뀌었다. 웨슬리가 경험을 구원론적 범주로 강조한 것은 여러 형태의 경험주의로 변해 갔으며, 유용한 결과에 대한 실용적 호소에 의해 고무되었다.

'사변형'(quadrilateral)이라는 단어는 웨슬리 전집에서 나타나지 않는다. 더구나 이 단어가 광범위하게 오해되어 왔기에, 나는 이 단어를 새로 만들어 오늘날 사용하게 한 것을 몇 번이나 후회했다. 그러나 우리가 우리 믿음에 대한 이해(*intellecta*, 개념이나 이상)를 신학적 체계나 법조문 같은 양식 이외의 형식에서 찾아야 한다면, 성경, 전통, 이성, 경험의 네 가지에 의

뢰하는 이 방법이, 우리가 지금까지 알고 있던 방법 즉 성경주의, 전통주의, 이성주의, 경험주의와 비교한다면, 이보다는 복음주의의 장래와 에큐메니컬 운동에 더 도움이 될 것이다. (오늘날 메소디스트가 일반적으로 말하는 것처럼) 기독교의 권위를 성경과 경험 이 두 가지에만 두는 것보다는 이 방법이 더 유효하다. 사변형 방법은 신학자가 무리 없이 자신의 책임을 다할 것을 요구할 뿐이다. 다시 말해, 신학자는 성경을 비판적으로 잘 이해해야 하고, 과거의 그리스도인들의 지혜와 전통을 알아야 하며, 토론자들보다 일을 더 논리적으로 분석할 수 있어야 하고, 은혜에 대한 확신과 이 세상에서 기대되는 승리에 의해 확인된 활기 있는 믿음이 있어야 한다는 것이다.

앞으로 다가오는 시대는 우리가 좋아하든 그렇지 않든 후자유주의 시대로, 전계몽운동 시절의 교조주의와 (인간의 진보와 완전성을 말하는) 자유주의의 대담한 학설은 점점 시대에 뒤떨어진 것이 될 듯하다. 예측하건대, 지금은 온 세계가 어려운 때다. 약탈당한 세계나 선한 의도의 환상으로 가장한 자멸적인 전략에 빠진 인류에게는 보장된 장래가 없다. 아직도 분리되어있는 기독교 단체들은 정직한 교리적 합의에 이전보다 더 관심을 갖고 있다. 이는 지금이 웨슬리에 대한 연구가 독특한 공헌을 할 수 있는 때라는 것을 의미한다.

웨슬리의 신학이나 그 방법이 모든 것을 해결한다는 말이 아니다. 그것은 텔레비전을 보면서 다시 데워 즉시 먹을 수 있는 저녁 식사 같은 것이 아니다. 오히려 이는 새로운 세상의 문화적 상황에서 상상력을 가지고 갱신하는 것을 필요로 한다(제2차 바티칸 공회에서 법왕 요한 23세가 말한 것처럼 중심적인 요점은 보존하고, 그 방법은 다시 새롭게 하는 일이 요구된다). 웨슬리의 그리스도인의 존재에 대한 비전은 다시 생각되고 재평가되어, 과거 1740년에 소외된 영국 남녀들에게 그랬듯, 20세기 후반의 경험에 적절한 것이 되어야 한다. 이는 교조주의적이지 않으면서도 유행을 따르지 않는 새로운 방법에 집중할 것을 요구한다. 웨슬리는 그런 쓸모없는 양 극단화를 피했다. 우리도 그렇게 할 수 있다고 생각한다. 즉, 우리 신학자들이 웨슬리가 취했던 방법처럼, 성경에 (그 표상과 진리에) 깊이 몰두하고, 지난날의 그리스도인의 지혜를 진정으로 존경하며, 이성의 비판적인 통제를 정직하게 알아듣고, 은혜의 불과 불길에 열심히 주의를 환기시킨다면, 그렇게 할 수 있을 것이다.

웨슬리의 복합적인 신학 방법은 다른 교리적 전통과 좋은 연계를 갖게 하면서도, 그들의 교리를 대체시킬 위험이나, 자신의 정체성을 상실할 염려 없이 연관시킬 수 있는 더 나은 전반적인 이점을 가지고 있다. 그러나 최소한 그런 연계를 위해서는 두 가지 조건이 우선적으로 있어야 한다. 즉, 첫째로 웨슬리의 제자로 자처하는 사람들이 가두어 놓은 고정관념에서 웨슬리가 해방되어야 하고, 둘째로는 웨슬리가 자유롭게 창의적으로 이용한 그 다양한 전통을 회복해야 한다. 우리가 더욱 더 웨슬리 자신(『기독교 문고』와 《아르미니안 잡지》에 나타난 후기의 웨슬리를 포함해 전체 웨슬리)을 배우고, 더 나아가 웨슬리가 많은 영향을 받은 여러 기독교 전통을 배움으로, 이런 조건은 충족될 수 있을 것이다.

이것은 벅찬 도전이다. 이 일이 나에게 만족을 가져다주었음을 나는 기꺼이 고백한다. 또 나는 웨슬리와 그의 자료를 마음의 벗으로 삼은 것이, 나의 신학적 관심과 은혜 안에서의 성장에 큰 도움을 주었다는 것을 감사하면서 증언할 수 있다. 그러므로 나는 확신을 가지고 웨슬리안뿐 아니라 그런 하나님의 귀한 사람과 교우관계를 갖기 원하는 모든 사람에게 이러한 연구를 추천한다.

1.2. 신학자로서의 웨슬리에 대한 재평가

[1961] 아우틀러가 1961년에 미국 신학 협회에서 회장으로서 연설한 것이, 웨슬리와 그에 대한 지금까지의 이해를 다시 검토해야 한다고 처음으로 그가 주장한 것이 되었다. 아우틀러는 웨슬리의 저작물을 정밀한 글로 출판함에서 요구된 연구의 전략과 해야 할 일, 그리고 놀라운 사건들에 관한 흥미진진한 견해를 제시한다.

존 웨슬리는 교회사에서 위대한 전도자와 조직자로서 중요한 위치를 차지하고 있다. 신학자로서의 그의 명성은 그리 높지 않다. 메소디스트들은 그는 가슴이 뜨겁고 열심 있는 사람이라고 강조한다. 이는 우리가 다 인정하는 바다. 그러나 메소디스트가 아닌 사람들은 이런 고정관념을 회고하려는 의도가 거의 없다.

따라서 나는 다음의 항목을 정중하게 논의해 보고자 한다.

1. 웨슬리는 중요한 신학자였다.
2. 웨슬리의 방법론과 주제는 현대 신학에서 여전히 중요하다.
3. 웨슬리는 그를 따르는 사람이든 비방하는 사람이든 모두에게서 좀처럼 충분히, 그리고 공정하게 읽히지 않았다.
4. 이는 부분적으로는, 웨슬리의 글에 대한 적절한(**정밀한**) 책이 없기 때문이다.

나는 이런 진술의 옳음이 명백히 드러날 것이라고 기대하지 않는다. 최근 들어 다소 그렇게 느끼게 되었다. 그리고 이 일을 하면서 이는 내가 전에 기대했던 것보다 많이 다르다는 것이 드러났다.

「개신교 사상 시리즈」(Library of Protestant) 프로그램이 마무리되어 갈 때, 나는 거기에 웨슬리의 신학적인 글 한 권을 추가할 것을 제의했다. 그리고 웨슬리의 신학적인 글을 편집하되, 본문을 검토하고 적절한 각주를 달아, 지금까지 학생들이 쉽게 접하기 힘들었고 따라서 읽지 않고 지나친 원자료를 공급할 것을 제안했다. 처음에는 사람들이 이 제안을 냉랭하게 받아들였고, 몇 가지 반대 제안도 있었다. 존 웨슬리와 찰스 웨슬리에 존 플레처(John Fletcher)까지 합해 한 권으로 만들거나, 웨슬리를 횟필드, 벤(Venn), 로메인(Romaine), 사이먼(Simon)과 함께 묶어 한 권으로 엮자는 제안도 있었고, 웨슬리와 친첸도르프, 프랑케(Francke)를 한 권으로 묶자는 의견도 있었다. 그러나 마지막에는 존 웨슬리만으로 한 권을 만들 것을 투표로 결정지었다. 그 후 이 책은 여러 곳에서 많이 활용되었다.

이 작업을 시작하기 전에는 잘해 나갈 수 있을 것 같았다. 교부들에 대해 어느 정도 연구했고, 또 부분적으로는 사람들이 오리겐이나 어거스틴에 대해 글을 썼듯, 나도 존 웨슬리에 대해 그들과 같은 글을 쓰겠다고 말한 바가 있었기 때문이다. 바로 시작한 것은, 내가 그 책에 포함시키고 싶어 한 여러 항목의 글에 관한 일이었다. 그리고 그때야 나는 비로소 커녹(Curnock)이 편집한 웨슬리의 일지와 텔포드(Telford)가 편집한 웨슬리의 편지, 서그덴이 편집한 웨슬리의 표준설교집 이외에, 1829~1831년 잭슨(Jackson)이 웨슬리 전집(14권)을 출판한 후로는 웨슬리의 문집을 신중하고 정밀하게 편집한 책이 없음을 발견했다. 더구나 잭슨이 편집한 것은 포괄적이거나 비판적인 것이 아니었다. 글의 문맥이나 배경에 대한 상세한 설명도 전혀 없었다. 그런데도 이 책은 지난 130년 동안 아무 수정도 없이 재판되어 왔다. 이것이 존더반(Zondervan) 출판사가 본의 아니게 발행자의 짤막한 광고의 글을 덧붙여 재판한 것이다. 따라서 잭슨의 웨슬리 전집은, 그의 글을 다른 웨슬리의 여러 글과 대조하면서 개정해야 함이 명백해졌다. 이런 원고는 우리 영국의 메소디스트 형제들이 모두 수집해 보전하고 있어야 함이 당연했다. 그래서 나는 영국으로 건너갔다는데, 그곳 엡워스 하우스(Epworth House)의 문서보관자에게서 신학에 관한 논문 원고가 있음을 모른다는 이야기를 듣게 되었다. 논문을 뒤져 찾는 일이 더는 쓸데없다고 생각했다. 그러나 나는 웨슬리가 자필로 쓴 6편의 미출판 설교 원고, 출판된 설교 중 하나, 출판되지 않은 일지 조각들, 『신약성경 주석』의 배경에 대한 간단한 기록 등을 발견했다. 우연히 또 다른 것도 발견했다. 즉, 소피(Sophie)가 집을 나간 지 일 년이 되던 해에 웨슬리가 어머니를 위해 준비한 소피 홉키(Sophie Hopkey)와의 연애 사건에 대한 자필 서술과, 그의 비서가 가지고 있던 웨슬리와 그레이스 머레이(Grace Murray)의 관계에 대한 그의 자필 서술 사본 등을 발견하였다. 커녹은 이 두 원고를 보았다. 그러나 조시해 보니, 그는 그이 웨슬리안 경건과 빅토리아 시대의 기품에 대해서는 아무 언급도 하지 않은 채, 그의 여성들과의 애정 관계를 삭제하고 출판했다. 전기에 대한 자료에서는 이런 적은 자료의 추가가 웨슬리를 그의 일지에서 볼 수 있는 것보다 더 믿음직스럽고 단순치 않은 사람으로 보게 하는 데 도움이 될 것이다. 그러나 그의 신학적 글에는 어떤 도움도 되지 않는다. 그래서 이 책에는 포함하지 않았다.

다음으로 할 수 있었던 최선의 일은, 잭슨의 본문을 내가 원하는 항목들에 대한 잭슨 이전의 간행물과 대조하는 일이었다. 여기서 발견한 것은 웨슬리가 인쇄업자 운이 없었다는 것이다. 그 인쇄업자는 대부분 너무 바빠 웨슬리가 교정한 것을 고치지 못했다. 그리고 첫 출판을 마친 원고를 버리도록 내버려 두었다. 나는 미국과 캐나다에 있는 웨슬리안 소집품 센터(Wesleyana Collection) 등의 도움을 받아, 1770년 파인(Pine)이 편집해 출판한 전집에 있는 웨슬리가 손으로 쓴 주석을 대조한 많은 글을 구했다. 그것들은 지금 리치몬드 대학(Richmond College) 도서관에 있다.

이 소소한 일을 마친 후, 나는 웨슬리가 인용한 책들의 목록을 편집했다. 그리고 영국 자료관과 윌리엄 도서관에서 그것들을 열심히 연구하기 시작했다. 옥스퍼드에서는 존 보들리(John Bodley)의 사서가, 내가 크라이스트 처치 대학과 링컨 대학의 도서관에서 웨슬리 시대에 거기에 무엇이 있었는지 조사할 수 있도록 도와주었다. 거기서 나는 모든 사람이 이미 알고 있을 법한 것들을 발견했다. 즉, 비록 하노바 왕가 시대의 옥스퍼드(Hanoverian Oxford)는 쇠퇴했지만, 크라이스트 처치 대학에 있는 펠(Fell)과 올드리치(Aldrich)의 기탁물, 특히 교부들에 관한 것은 매우 인상적이었다. 나는 웨슬리가 옥스퍼드에서는 과도한 강박관념에 따른 신경증에 걸려 있어 매시간 빛을 봐야 했던 것을 기억하면서, 그의 자료에서 어떤 유형을 보기 시작했다. 그는 열정적인 독서가였으나, 항상 신중하거나 유순하지는 않았다. 그는 선택적인 인상에 전념하고 이후에 사용하기 위해 그것을 모았다. 그러나 그의 주요 관심은 신학적인 데 있었다는 것이 곧 드러났다.

이 연구에서 떠오른 인물상은 잘 알려진 것과 그렇지 않은 것 둘 모두였다. 그리고 나는 화이트헤드(Whitehead), 무어(Moore), 타이어맨(Tyerman)에 의한 웨슬리의 처음 전기들은 심각하게 검토된 바가 없었다는 것을 깨닫게 되었다. 그들의 책을 통해, 웨슬리의 신학은 그의 진짜 중요한 사역들, 곧 부흥운동을 이끌고 메소디스트 교회를 설립하는 일보다 하위의 관심사였다는 것을 추론할 수 있었다. 그러나 알렉산더 녹스(Alexander Knox)만은 그렇게 생각하지 않았다. 녹스는 한나 모레(Hannah More)에게 쓴 편지에서, 웨슬리의 관심은 주로 신학적인 것이었다고 주장했다. 그리고 웨슬리는 어거스틴과 크리소스톰을 종합했다고 말했다.[1] 나는 자료를 읽을수록, 웨슬리에 대한 메소디스트의 전기 중에서는 녹스의 것이 더 낫다는 확신을 갖게 되었다.

웨슬리의 신학은 여러 모양으로 이해되기도 하고, 오해되기도 했다. 셀(Cell)은 웨슬리에서 칼빈주의적인 것을 발견했다. 피에트(Piette)는 그에게서 가톨릭적인 강조점을 확인했다. 그러나 그것을 로마 가톨릭의 것으로 잘못 이야기했다. 캐논(Cannon)에게 웨슬리는 19세기 중반의 미국 감리교회를 닮았다. 힐데브란트(Hildebrandt)의 웨슬리는 루터란 경건주의자였고, 딜렌버거(Dillenberger)와 웰취(Welch)의 『개신교』(Protestant Christianity)에서는 그는 18세기 복음주의 운동에 몰두한 사람 중 하나였다. 리(Lee)는 웨슬리를 19세기 자유주의의 선구자로 만들었고, 녹스[2]는 그를 열광주의자로 보았다. 루프(Rupp)는 그를 청교도 중 하나로 보았고, 오토 날(Otto Nall)은 웨슬리가 "나는 그렇게 생각한다. 당신은 당신대로 생각하라"(Think and Let think)고 말한 것에 근거해, 그를 신학에 대해 무관심한 자로 보는 일반 견해를 대표한다. 물론 이러한 각 표현에는 나름대로 핵심적인 부분이 있을 것이다. 그러나 충분히 깊이 있게 웨슬리를 표현한 사람은 아무도 없다.

나보다 훌륭한 사람들이 실패한 데서 내가 성공하리라는 소망은 없

---

[1] *Remains of Alexander Knox, Esq.* 4 Vols. (London: Duncan and Malcolm, 1844), 3:152-53; 4:482-83을 보라.
[2] Ronald Knox, Roman Catholic author of *Enthusiasm: A Chapter in the History of Religion, With Special Reference to the XVII and XVIII Centuries* (New York: Oxford University Press, 1950).

다. 그러나 편집자로서 일을 시작하는 과정에서 신학자로서의 웨슬리의 새로운 모습이 내 마음에 구체화되었다. 그것이 나에겐 다른 어떤 것보다 이해가 된다. 그런 경우에는 항상 그것이 마치 잭 호너(Jack Horner)가 건포도원에서 가설을 만들었듯, 일종의 학구적 자만심이 아닌가 생각해 봐야 한다. 자만심을 거부하는 것은 헛된 일이다. 그러나 나는 마보의 필로크세누스(Philoxenus of Mabbogh)나 아쿠아스파르타의 마태(Matthew of Acquasparta)에 관해 똑같이 잘 쓴 학술논문이, 내가 존 웨슬리에 관해 쓰는 것보다 학문의 장에서 더 칭찬받을 것이라는 생각이 들었다.

웨슬리는 신학계의 거물이 아니었다. 어떤 신학 체계를 세우지도 않았고, 신학자를 위한 신학자도 아니었다. 지적인 신자들은 그를 좋아하지 않았다. 그는 상냥하지도 않았다. 그의 추리 능력(speculative power)은 별로 사용되지 않아 제한적이었다. 그는 의도적으로 평민을 위한 신학자가 되고자 했다. 그의 사상은 독서와 회의에서 얻은 것이지만, 그 형태는 끊임없는 일상 직무의 필요에 의해 구체화되었다. 그러나 일반 전도자와 달리, 웨슬리의 평판이 좋은 직무는 계속해서 그의 기본 신학적 신념에 의해 직접 영향을 받았다. 그는 반세기 동안 하나씩 하나씩 논쟁에 참여했다. 그러나 모두가 신학적 논쟁이었다. 그때마다 그는 자신이 순수한 기독교의 본질이라고 믿는 것, 곧 믿음으로 말미암는 칭의, 마음의 성결, 그와 일치하는 생활을 주장하는 입장을 취했다. 실제적인 문제는 신학적 규준으로 결정짓고, 신학적 문제는 경험적인 기독교에 대한 중요성에 의하여 판단했다. 설교자, 저자, 출판업자로서 웨슬리의 중요한 관심은 오늘날 우리가 말하는 '평신도를 위한 신학'에 있었다. 그가 항상 의도한 것은 '평범한 사람을 위한 평범한 말'이었다. 메시지를 두려워하거나 경멸하지 않는 우리에게 웨슬리는, 기독교의 진리와 그것이 일반 사람들의 비범한 생활에서 실제로 나타나는 것 두 가지에 똑같은 관심을 가지고 있었던 신학자이자 전도자(theologian-evangelist)로서 고려할 가치가 있다. 정도의 차이는 있지만 우리 모두는 평판이 좋은 기독교(popular Christianity)에 대해 걱정한다. 그러나 기독교 공동체 안에는, 실제로 최고의 지성은 아닐지라도 매우 높은 지성을 지니고 있는 자로서, 기독교의 메시지를 잘 정리해서 평범한 사람들이 믿고 이해하면서 그대로 살 수 있도록 하게 하는, 평민을 위한 신학자(folk theologian)로서의 중요한 직무가 있지 않은가? 웨슬리는 이 직무를 택하고 비범하게 그 일을 시행했다.

웨슬리의 '평민을 위한 신학'은, 로마 가톨릭과 과격한 개신교 사이에 있는 주요한 차이점을 잘라내거나 무시하고자 한 의도로 많은 전통을 독특하게 통합한 것이다. 그는 믿음과 선행, 성경과 전통, 계시와 이성, 하나님의 은혜와 인간의 자유, (하나님의 은혜가 선민에게만 주어진다는) 특정설과 만민을 위한 속죄설, 성령의 증거와 바른 규정(ordered polity), 회개와 완전의 가능성, 모든 신자의 제사장직과 권한이 부여된 대표직 등을 믿었다. 이는 웨슬리가 솜씨 좋은 신학자들처럼 절충주의자였다는 것을 의미한다. 절충주의에서 중요한 사항은 절충의 원리와 통합된 내용이다. 웨슬리의 경우에 그 원리는 복음주의적 보편성이라 할 수 있다. 그 내용은 광범위한 신학들에게서 선정되었다. 그가 널리 알고 있는 변화무쌍한 17세기 영국 신학으로 시작해, 그는 여러 곳에서 다른 사람들의 것을 자유롭게 가져다 자신의 것으로 활용했다.

예를 들어 (1) 그리스도인의 생활에 관한 교리는 청교도들에게서, (2) 성찬 예식(Liturgy)을 기독교의 연속성에서 중요한 요소로 강조한 것은 영국 국교회에 서명을 거부한 사람들(Nonjurors)에게서, (3) [테일러(Taylor), 베버리지(Beveridge), 틸러트슨(Tillotson), 호넥(Horneck) 등] 영국 찰스 왕(1.2) 시대의 신학자(Caroline divine)들에게서, (4) 심지어 관용보다는 이해를 우선으로 하는 [스틸링플리트(Stillingfleet), 틸러트슨, 버넷(Burnet) 등] 자유주의적인 사람에게서도 그들의 주장을 빌려다 활용했다. 처음에는 윌리엄 로우(William Law), 미카엘 몰리노스(Michael Molinos), 프랑스의 정숙주의자(Quietist)들과도 함께했다. 옥스퍼드에서는 사막 교부들(Fathers of Desert)에 대한 각별한 관심을 가지고 그들에 관한 연구를 시작했다. 그는 이집트의 마카리우스(Macarius)에게서 배운 4세기 수도원의 형태를 본 따 신성클럽(Holy Club)을 설계했다. 그러나 마카리우스의 글이 알렉산드리안(Alexandrian)과 카파도키아(Cappadocia)의 금욕주의 신학으로 이루어져 있다는 것은 몰랐다. 에프라임 사이러스(Ephraem Syrus)는 그가 찬송가와 예배의식에 관심을 갖도록 지도했다. 그는 두 개의 큰 책으로 된 베버리지의 'Synodikon'(그리스 정교회에서 사순절 첫째 주일에 읽는 문서)과 동방교회의 예식문 및 교회법을 조지아까지 가져갔다. 그리고 자신이 '선택한 그룹'과 함께 이것을 연구할 뿐 아니라, 서배너(Savannah)에 있는 교인들에게 이 자료에 근거한 이상한 예배의식을 실험 자료로 사용했다. 이로써 그가 얻은 반응은, 그것은 영국 교회의 것도 아니고, 가톨릭이나 비국교회의 것도 아니라는 비난이었다. 이는 악의의 비난이었으나, 생각했던 것보다 심한 것은 아니었다.

1738년 2월 1일 딜(Deal)에 도착했을 때, 이미 웨슬리의 머리에는 이런 신학의 실체가 있었다. 이는 머리에서 가슴으로 옮겨져 논쟁의 용광로에서 구체화되고, 역사에서 인정받아야 했다. 그러나 이 새 교리가 그 후 추가되거나 축소되는 일은 별로 없었다. 사무엘호(號)에서의 마지막 며칠 동안 그는 자신이 신학을 한 일에 대해 회고적으로 평가했다. 그리고 그 결과를 흥미로운 비망록에 기록해 놓았다.

그때는 큰 문제가 없었다. 웨슬리는 슬프게도 신용이 떨어진 사람이었고, 불쌍하게도 장래가 불확실했기 때문이었다. 웨슬리는 1725년 회심한 후 12년 동안, 마카리우스(Marcarius)가 가르쳐 준 금욕적인 방법이 불안에서의 자유와 온전한 구원으로 이끌어 줄 것이라고 생각해 여러 가지 노력을 했다. 신성클럽과 조지아에서 웨슬리는 나름대로 마카리우스가 수도원의 지도자로 묘사한 것과 같은 일종의 지도자(proestos)였다. 그의 거대한 계획은 큰 실패로 끝났다. 이 첫 35년 동안의 웨슬리를 '실제적인 천재'였다고 보기는 힘들다. 같은 시기에 웨슬리는 정숙주의자들에 대해 격렬히 반항했다. 마카리우스와 몰리노스 간에는 큰 차이가 있기 때문이다. 그래서 웨슬리는 직관적으로 동방교회의 '종합'의 개념과, '정적'(stillness)에 대한 로마 가톨릭이나 개신교의 견해에 협조하는 것을 선호했다.

그럼에도 약 2년 안에 이 강박적인 작은 사람은, 비위에 거슬리는 많은 사람을 사로잡는 놀라운 재능을 가지고, 그의 지도 아래 앞으로 반세기 동안 성장할 종교운동의 성공한 지도자로 인정받게 되었다. 이 놀라운 변화를 어떻게 설명할 것인가?

매콜리(Macaualay)의 학생은 그 답을 안다. 바로 '올더스게이트'다. 이것이 화이트헤드와 무어(Moore)가 처음 전기를 쓴 이후부터 웨슬리 신화에서 극적인 관심사가 되어 왔다. 이를 지금 비신화화하는 것은 애석한 일인 것 같다. 그러나 학생들이든 학자들이든 올더스게이트에 대한 웨슬리의 언급이 조금밖에 없다는 것을 알아차리지 못했다. 또 그가 인용한 다른 많은 중요한 사건이나, 더욱이 그가 그와 비슷하게 황홀경에 빠지고 (감정이) 고양되었던 순간에 대해 이야기하고 있는 이전의 다른 구절들(예를 들어 조지아의 일지)도 알지 못하고 있었다. 그리고 특히 중요한 것은, 웨슬리가 올더스게이트 사건 이후에도, 참 믿음이 있다면 있을 수 없는 영적인 불안정한 징후로 계속 어려움을 겪었다는 증거가 있다는 점이다. 올더스게이트 사건 이후 독일의 헤른후트에서는, 웨슬리에게 종의 믿음과 아들의 믿음을 가르쳐 주었던 모라비안들이 웨슬리를 미성숙한 사람(homo *perturbatus*)으로 여겨 성만찬에 참여하지 못하게 한 일도 있었다.

그러나 이것이 올더스게이트 사건이 웨슬리의 생애에서 극히 중요한 사건이었음을 부인하는 것은 아니다. 그 사건은 신념에서 믿음으로, 바람(hoping)에서 소유로의 진정한 변화였다. 그럼에도 조지아 선교의 첫 실패로 시작해 야외 설교를 처음으로 성공한 때까지 그가 경험한 여러 사건 중 하나일 뿐이다. 야외 설교의 성공은 웨슬리의 마음과 성직(vocation)을 정착시키는 데 올더스게이트 사건보다 더 큰 역할을 했다. 피터 뵐러(Peter Böhler)는 웨슬리에게 "당신이 믿음을 갖게 될 때까지 믿음을 설교하시오. 그러면 다음에는 당신이 믿음이 있으니 믿음을 설교하게 될 것입니다"라고 권면했다. 정확히 말하면, 이는 (웨슬리가 항상 믿고 있는) 이신칭의 교리에 대한 확신이 생겨 그의 설교가 '간증'이 될 때까지 그것을 설교하라는 뜻이었다. 그러나 실제로 일어난 일은, 웨슬리가 믿음을 설교해 마침내 다른 사람들이 믿음을 갖게 된 것이었다. 그리고 웨슬리의 믿음을 확인시키고 그를 복음 선교에 나서도록 한 것은 그들의 믿음이었다. 부흥이 시작된 후에는 내적 불안의 반응이 웨슬리의 글에서 거의 사라졌다. 그리고 마카리우스가 말하는, 흥분하거나 승리해도 별로 동요하지 않는 '아파테이아'(*apatheia*, 근심이 없음)가 그의 글에서 나타나기 시작했다.

성공은 논쟁을 불러왔고, 중요한 교리와 평범한 교리("나는 그렇게 생각한다. 당신은 당신대로 생각하라"라고 말할 수 있는 교리)의 구분이 필요해졌다. 처음의 균열은 그가 가까이 지내고 신앙의 빚을 지고 있던 모라비안들과의 사이에서 생겼다. 그러나 이들의 '정숙'(stillness)에 대한 강조, 은혜의 수단에 대한 멸시, 행위로 인한 칭의에 대한 공포 등은 결국 율법무용론(antinomianism)이 되고 마는 것이 점점 분명해졌다. 여기서 웨슬리는 날카롭고 엄중하게 선을 그었다. 웨슬리에게 율법무용론은 행위로 인한 칭의 교리와 마찬가지로 무서운 이단이었기 때문이다. 사랑으로 역사하는 믿음(faith-that-works-through-love)으로 인한 칭의가 웨슬리의 신학에서는 모든 것의 기초다. 그의 첫 책들 가운데 하나(1739)는 에드워드의 설교 중 첫 네 권의 축약판이다. 그는 36개의 4절판을 아무 흔적도 남기지 않고 매끄럽게 12개의 사륙판으로 축소했다. 그리고 그 책에 "영국 교회의 설교에서 간추린 구원, 믿음, 선행의 교리"라는 제목을 붙였다. 이 책은 웨슬리 자신의 신학적 선언문과도 같으며, 구원론과 윤리의 종합이라는 흔들리지 않았던 그의 입장을 정의한 것이다. 그는 "그리스도에 대한 우리의 믿음이 먼저 온다. 그러나 그 후로 그 믿음은 선행으로 강화되어야 한다"고 말했다. 문자 그대로 믿음으로 인한 칭의이기에, 의롭다 함을 얻기 위해서는 믿어야 한다.

모라비안들은 이를 종교개혁의 첫 조항을 부인하는 것으로 생각했다. 이에 응수해 웨슬리는 그들의 '어리석은 유신론(solifidianism)'과 '독일인의 정적(stillness)'에 대해 말하고, 모라비안 지도자들에게 깜짝 놀랄 만한 편지를 씀으로 (동방교회의 형태인) 자신의 신인협력설(synergism)을 논평했다. 이는 고통스럽고 슬픈 일이었으나, 분명히 교리적인 문제였다. 믿음은 영적이며 도덕적인 완전을 목표로 한 성장과 훈련의 과정을 생성하는 것이다. 모라비안들이 이(신인협동설)를 전 그리스도 교회의 가르침이라고 한 것은 옳았다. 그러나 거기에 '로마 가톨릭 교리'라고 딱지를 붙인 것은 잘못이었다. 그보다 이는 크랜머와 테일러의 전통이요, 닛사의 그레고리(Gregory of Nyssa)와 크리소스톰, '마카리우스의 영적 설교들'의 저자들의 전통이었다.

다음으로 큰 신학적 분쟁은 칼빈주의자들과의 사이에서 있었다. 그것은 예정론에 관한 것이었다. 웨슬리는 하나님의 통치권에 대한 칼빈주의의 교리에 대해서는 언쟁하지 않았다. 오히려 이 점에서는 칼빈주의와 머리카락 하나의 차이도 없다고 말했다. 웨슬리는 영국의 청교도와 조나단 에드워즈 같은 뉴잉글랜드 부흥사들의 계승자였다. 그러나 조지 휫필드가 1739년에 하나님의 예정을 설교하자, 웨슬리는 친한 친구들과 뼈아픈 분쟁을 겪게 되었다. 처음에 예정설을 하나의 '의견'(하나님의 최고의 은혜를 고백하는 여러 형식 중 하나)으로 가르치고 주장할 때는, 웨슬리가 그 교리에 특별히 반대하지 않았다. 그러나 칼빈주의자들은 이를 하나의 중요한 교리로 만들었다.

웨슬리는 세 가지를 근거로 그 교리가 부당하다고 반대했다. (1) 여러 형태의 예정론은 '조건 없는 유기'라는 엄격한 숙명적인 면을 동반하는 '이중 예정론'이 되고 만다. 웨슬리가 보기에, 이는 하나님의 선하심을 공격하는 것이요, 유기를 말함으로써 사람이 온전하게 회복되는 것을 하나님이 불가능하게 만든다는 것이 된다. (2) 예정이라는 것이 선택된 자에게는 위로가 될지 모르지만, 그로 인해 그는 죄인의 굶주림과 의에 대한 갈망을 억제하기가 쉽다. 그래서 율법무용론에 끌려들어 가게 된다. (3) 예정론은 구원의 순서에서의 '순간'의 중요성을 알지 못한다. 이 학설은 하나님의 결정이 과거에 있었던 것으로 설명하며, 알 수 없는 불확실한 것을 가지고 미래를 보증하려 한다. 웨슬리는 (주로 동방 교부들에게서) 다음과 같은 것을 배웠다. 즉, 예수 그리스도는 선택된 사람이요, 하나님의 모든 자녀는 예수 안에서 선택되었고, 성령이 선택의 실제 중개인이라는 것이다. 선택의 시간은 우리가 살아가고 있는 현재다. 선택은 일반적으로는 순간적으로 새로워진 순간에 일어날 수 있다. 그러나 이에서 타락할 수 있고, 또 다시금 회복될 수 있다. 그리고 선택된 자가 타락했다면, 그것은 믿음이 약해지거나 새롭게 반항하는 위기가 있었기 때문이다.

웨슬리는 예정론에 대해, 하나님이 그분의 피조물 안에서, 또 그들을 위해 행하시는 주권과 자유의 중요한 진리를 정말 나쁘게 해석한 것으로 보았다. 1740년에 웨슬리는 "값없이 주시는 하나님의 은혜"라는 설교를 출판했다. 그리고 1770년에는 칼빈주의는 믿음에 독이 된다고 비난하는 의사록을 공포했다. 이는 웨슬리안 메소디스트와 (주로 헌팅던의 백작부인과 연결된) 칼빈주의적 복음주의자들 간의 분열을 깊어지게 했다. 1752년과 1774년에 그는 "조용히 생각해 본 예정론과 그에 따른 생각"(Predestination Calmly Considered and Thoughts Upon Necessity)이라는 제목의 두 편의 흥미로운 논평을 썼다. 이로 인해 그에게는 '아르미니안'(Arminian)이라는 경멸적인 꼬리표가 붙었다.

이로써 아직도 내가 충분히 풀지 못한 복잡한 문제가 생겼다: 곧, 웨슬리와 아르미니우스의 관계다.[3] 웨슬리는 1740년 이전에 아르미니우스에 대해 읽었다고 하는데, 나는 그 증거를 찾지 못했다. 오히려 그는 1742년 이후에 아르미니우스를 읽었다. 그리고 1778년에 칼빈주의자들의 선전에 대항하기 위해 하나의 기관지(house organ)를 발행했는데, 그는 그것을 《아르미니안 잡지》(Arminian Magazine)라고 불렀다. 이 잡지에서 제기한 '아르미니안은 누구인가?'라는 질문에 대한 그의 답은, 유기의 교리를 부정하고 만인을 위한 대속의 교리를 지지하는 그리스도인이다. 그러나 이것이 아르미니우스 개인과의 명확한 관계를 뜻하는 것은 아니다. 나는 웨슬리와 아르미니우스가, 자신들의 전통이 옛날부터 내려온 것이라고 말하는 부류로서 개신교의 표본이라는 피터 헤일린(Peter Heylyn)이 쓴 역사책의 논제에 동의했을 것으로 짐작한다. 나는 헤일린을 한 명의 역사학자로서 극구 칭찬하고 싶지 않다. 그러나 아르미니우스의 도서관에는 [뱅스(Bangs)가 말했듯] 많은 부분이 교부들의 저작으로 구성되어 있다. 명백히 웨슬리는 고마루스(Gomarus)와 도르트(Dort)의 교회법을 반대하는 아르미니우스에 동의했다. 그리고 여하튼 한동안 조건적 선택과 무조건적 선

---

[3] 이후 아우틀러는 이 문제를 풀었다. 다음 장인 "신학자로서 웨슬리의 그때와 오늘"을 보라.

택을 구분하는 일에서 아미랄딘(Amyraldean)과 함께 일했다.

웨슬리가 칼빈주의자들을 화나게 한 것은 위험한 일이었다. 이는 그들이 웨슬리에 대해 가지고 있는 혐오를 확실하게 했기 때문이다. 그때부터 2세기 동안 그들은, 메소디스트는 가치 없는 것만 주장한다고 격렬하게 선전하면서 악평을 했다. 웨슬리의 마음은 말 타는 것이나 연설 연단에 있었지, 도서관에 있지 않았다. 그의 비범함은 머리가 아니라 가슴에 있었다.

세 번째 충돌은 부흥 초기에 영국 교회 당국과의 사이에서 일어났다. 아주 얄궂게도 처음으로 지방 당국의 허락 없이 설교하는 것에 대해 웨슬리를 위협한 사람은 위대한 신학자 조셉 버틀러(Joseph Butler)였다. 그리고 버틀러보다 더 분개하면서 그를 금지하는 것을 반대한 사람은 위대한 교회법에 통달한 학자인 에드몬드 기브슨(Edmond Gibson)이었다. 18세기의 영국 교회는 시대의 요구에 응하며 교회 내부를 정리하고자 하는 모든 면에서 침체되고 좌절된 상태에 있었다. 그렇게 된 중요한 이유는, (1) 에라스투스주의(Erastian)처럼 교회가 국가의 권력에 종속되어 있고, (2) 에라스투스주의적 해결을 하지 못하게 하는 사회 격동에 대한 준비가 되어 있지 않았으며, (3) 평의회(convocation)의 소집이 연기되었고, (4) 신앙 자유 헌장(The Acts of Toleration)의 결과가 불리했기 때문이다. 이로 인해 영국 교회는 진정한 영국 교회와 모든 영국 그리스도인의 교회가 되지 못하게 되었다.

이런 상황에서 일반 사역자들의 사역이 방해받고 있을 때 웨슬리는, 자신은 교회 안에서 또 교회를 위해 성령의 특별한 사명을 받은 '비정규 집전자'(minister extraordinarius)라고 생각했다. 그는 이 일을 위한 특별한 권한을 받아들였을 것이다. 그러나 그것이 없었더라도 옥스퍼드에서 성직을 수여한 것을 특별한 교구를 위한 허가로 이해했기 때문에, 그는 (그런 권한을) 받았다고 생각했다. 그는 자신이 존 길핀(John Gilpin)과 같은 사람이나 자유공화국에서 은퇴한 교역자들의 전례를 따르고 있다고 믿었다. 이렇게 허가를 받았기에, 그는 평신도 설교자를 자신의 부교역자(curate)로 채용하기 시작했다. 그는 '설교자'와 '성직자'를 분명하게 구분했다. 그리고 그것(성직자라는 명칭)을 그의 설교자들이 동의하든 그렇지 않든 그들에게 부과했다. 그가 1784년에 거행한 안수식은, 본래 그의 감독 권한을 미국에 있는 대리자들에게 위임하려 한 것이었으나 효과는 없었다. 미국의 메소디스트들이 영국 교회를 무시하고 제 갈 길로 갈라져 나가자 웨슬리는 무척 당황했다.

이 탈선의 주안점은 웨슬리와 동료 영국 교회 교인들과의 분규가 정치적이거나 실생활적인 것이 아니라 신학적인 것과 더 깊이 관련되어 있었다는 것이다. 웨슬리의 사역은 불규칙했고, 성격은 성가심(nuisance)이었다. 그러나 역사를 보면, 불규칙이나 성가심은 흔히 있는 것이고, 영국 교회 사람들에게 해결할 수 없는 문제는 아니었다. 웨슬리가 위반했다는 것은 교리와 규율에 관한 것이었다. 사람들은 그의 교리가 '열광주의'라며 고발했고, 그의 규율은 '광신(fanaticism)'이라고 비난했다. 이에 대한 웨슬리의 답은 그의 "이성과 종교를 가진 사람들에 대한 호소"(Earnest Appeal to Men of Reason and Religion)에서 볼 수 있다. 나는 그가 쓴 논문 가운데 이것이 가장 중요하다고 생각한다. 이 논문에서 그는 첫째로 이신론자들에 맞서고, 그다음은 (자유적인) 광교회파 사람들(Latitudinarian), 그리고 마지막으로는 나면서부터 보수로서 자연스럽게 인연을 맺고 있었던 토라당파(Tory) 교인들에 맞서, 자신의 사명과 메시지의 정당성을 주장했다. 그의 논리의 골자는 그의 상세한 기술이나 뉘앙스 이상으로 매우 간결하다. 그는 어느 누가 영국에 종교의 부흥이 절실히 필요하다는 것을 부인할 수 있겠느

나며 질문을 제기한다. 메소디스트 운동이 바로 그런 부흥이다.

메소디스트의 가르침은 (1500년대 헨리 8세 아래 있었던) 헨리시안의 종교개혁과 초대 교부들, 사도들의 교리다. 그리고 메소디스트의 규율은 복음을 진지하게 실생활에 적용시키려는 노력이다. 메소디스트는 이성주의자들이 하는 의심에는 면역된 사람들이다. 하나님의 계시에 둔감한 사람은 그런 일이 있었는지 없었는지의 문제를 포함해, 계시에 관한 일에는 어떤 타당한 결론을 추론해 거기에 도달할 수가 없기 때문이다. 만약 이성주의자들이 종교에 대해 합리적이기를 원한다면, 그들은 이것(메소디스트가 되는 것)을 심각하게 생각해야 한다. 종교에 대해 진정한 관심이 있는 사람들은 메소디스트와 협력해야 한다. 또 그들을 방해하지 않아야 한다. 부흥의 중요한 임무는, 인간이 은혜 안에서 성장하며, 하나님께서 인간을 위해 마련하신 목표(telos)에 도달하기 위해, 믿음으로 하나님께 응답할 수 있는 능력이 하나님으로부터 자신에게 주어져 있다는 것을 가정하면서, 그리스도인의 생활이 자신에게 주어진 잠재적 능력을 충분히 발휘하도록 하는 데 있다. 메소디스트는 복음을 진지하게 받아들이며, 온전한 구원에 대한 하나님의 약속을 강력히 기대하며 믿는다. 이는 '광신'이 아니다. 정확히 말해, 광신은 내적 감각이 성경과 전통, 이성의 평가자가 되게 한다. 그래서 메소디스트는 광신을 부정한다. 웨슬리는 그를 열광주의자라고 비난하는 비판자들이 그랬듯, 진정한 광신자들에게는 매정한 사람이다. 종교적 진리는 경험에서 얻어지지만, 경험으로 생기는 것은 아니다.

웨슬리의 경험 또는 확신의 교리는 (전적으로는 아니지만, 거의 같은 의미로) 실제로는 종교 지식의 교리다. 이 점에서 그의 멘토는 교부들이 아니라, (상상력에 대한 새 이론을 쓴) 버클리(Berkeley)와 (옥스퍼드의 플라톤 철학자) 존 모리스(John Morris), 말브랑슈(Malebranche)였던 것 같다. 그는 이상주의자였다. 그러나 헤겔파 철학의 로츠파(Hegelian Lotzean) 전통과는 분명히 다른 특별한 이상주의자였다. 전능하시고 변함없는 창조주이신 하나님은 모든 피조물과 피조물의 변화 과정에 완전히 자유롭게 접근할 수 있다. 인간이 하나님을 안다는 것은, '저기'가 아니라, 항상 '여기' 계시는 하나님을 아는 것이다. 그러므로 이는 자신이나 기본적인 사고의 범주에 대한 지식처럼 원초적인 지식이다. 곧, 즉각적이며, 증명할 수 없고, 부정할 수 없는 지식인 것이다. 그런 면에서 이는 지각과 유사하다. 감각적인 경험은 마치 즉각적이며, 전달할 수 없고, 의심에서 면죄된 것과 같기 때문이다. 의심과 과오가 해설과 실제 판단 양쪽 모두에서 생긴다(의심 많은 사람이 주장하듯 그런 경우가 많다. 그러나 원래부터 있는 시각의 힘은 그대로 있다). 그리고 그것으로 하나님을 알 수 있는 가능성이 있다. 성경은 그때 성령이 내적 자기 이해를 확실한 믿음으로 바꿔 주신다고 증언하고 있다. 이 신념이 신뢰로 바뀌는 경험은 '현재' '즉시' 이루어진다. 즉, 색깔을 보고, 음식의 냄새를 맡듯 그 상태가 뚜렷하다. 그러나 이것은 신의 현현이 아니다. 마술적인 지식이나 방향을 결정하는 힘을 갖게 하는 것도 아니다. 오히려 어린아이가 물에 떠서 수영을 시작할 때 갖는 확신과 같은 것이다. 이 물 위에 뜨는 경험은 추리된 것도 아니고, 확인된 사실도 아니다. 이는 실제로 경험한 진실이다. 행동이 판단에 앞서 있듯, 행동에 앞서 있는 실체다. 하나님께서 의롭게 하고 화해케 하시는 사랑에 대한 그리스도인의 확신도 이런 순서로 생긴다. 이 확신은 잃어버릴 수도 있고, 부패할 수도 있다. 또 회복될 수도 있고, 순화될 수도 있다. 이는 성숙해질 수도 있어, 믿음이 하나님의 사랑을 계속 신뢰하도록 성장하듯, 그들은 무엇보다 하나님을 사랑하는 자신의 의도를 신뢰하는 데 이를 수 있다. 이것이 '완전', 곧 그리스도인의 삶의 진정한 목표요 목적이다.

여기서 마침내 우리는 세상에 널리 알려지고 많이 논의되고 있는, 웨슬리와 (그의 특별한 교리이자 많은 오해를 받고 있는) 완전의 문제를 다루게 된다. 이 교리로 인해 웨슬리는, 아퀴나스나 웨스트민스터의 신학자들이 완전은 영광의 상태에 들어가야 가능하다고 주장한 데 반해, 자신은 이 땅에서도 완전이 가능하다고 주장한다고 생각한 사람들에게서 심한 박해를 받았다. 그는 자신이 '죄 없는 완전'을 가르쳤다고 말하는 것에 대해 분개하며 이를 부정했다. 그것은 사람들에게 마치 자신의 입장을 넌지시 달리 말함으로 단순히 그 입장을 굽히지 않으려 한 것처럼 보였다. 웨슬리는 결코 완전의 교리가 거의 자신만의 독특한 교리라고 주장하지 않았다. 그러나 유감스럽게도 그것이 의미하는 바를 이미 아는 사람들에게 제시하는 설명으로는 성공하지 못했다. 나는 지금 이런 많은 잡음이, 웨슬리는 동방교회의 전통, 즉 '*teleosis*'(완전해지고 있다)라는 인상주의적인 견해를 주장하고 있는 반면, 웨슬리의 비판자들은 로마 라틴파들의 견해, 곧 '*perfectus est*'(완전해졌다, 즉 정적인 또는 완결된 완전)를 주장하는 줄 알고 웨슬리를 부정하고 있다는 사실에서 나왔음을 보여 줄 수 있다고 생각한다. 나는 웨슬리가 그리스도인 플라톤 철학자들을 정확하게 다 습득했다고 생각하지 않는다. 그러나 그는 그들의 중요한 개념을 취해 자신의 복음적 사업 계획에 적용했다. 그는 (메소디스트의 성격에 있는) 이상적인 그리스도인의 개념은, 클레멘트(Clement)의 시문집 VII에 있는 그노시스파의 그리스도인의 모습을 본떠 만들었다고 솔직히 말하고 있다. 곧 클레멘트의 믿음과 지식의 수직과 수평 상태의 구분을 취해, 그것을 결정적 단계로 발전하는 수평선이 되도록 바꾸었다. 믿음은 그리스도인의 생활의 입구(문턱)다. 그리고 인간의 영혼에 신앙이 생기고 발전하도록 기초를 수립한다. 지식(gnosis)의 개념은 변화되어 사랑(agape)과 동등한 것으로 만들어진다. 사랑의 충만함이 구원의 전체며, 성화의 본질이다. 그가 동방 수도사들에게서 배웠듯, 칭의와 성화 사이에는 믿음과 사랑이 혼연일치되는 목표를 향해 나아가기 위해 영적인 훈련을 요구하는 어려운 길이 있다. 그러나 이는 시간을 거쳐 연장되는 과정이다. 그리고 어떤 순간에 당신이 의식하고 있는 의도들이 매우 열중하고 있다면, 당신은 그 순간에 그리고 그 순간 동안 완전한 것이다.

그리스도인의 훈련의 목표는, 악의 가혹한 행위에서의 해방과 그리스도인의 냉담한 상태(apatheia), 즉 무관심이 아니라 근심 없이 노력하는 지경에 도달하는 것이다. 웨슬리는 이런 사변적 개념을 내려놓고, 인생의 목표는 이 세상에서 얻을 수 있다는 메시지가 되도록 만들었다. 그러나 물론 이는 의롭게 하는 믿음이 있게 하시는 하나님의 값없이 주시는 은혜와 같은 것으로 얻는 것이 분명하다. 인생의 목표가 얻을 수 있는 것이라면, 모든 진지한 그리스도인은 이를 구하고 ('기다린다'는 문자의 의미 그대로) 기대해야 할 것이다. 여기서 '완전' '성결' '성화' '온전한 구원'이라는 여러 가지 표현은 모두 한 가지, 곧 자신의 의식적인 의지와 하고자 하는 행동에 관한 한 무엇보다도 하나님을 사랑하는 것을 뜻한다. 웨슬리에게서 '완전'에 반대되는 것은 '우상숭배'다. 곧, 의식적으로 창조주보다 어떤 피조물을 더 선호하며 사랑하는 것이다. 웨슬리는 다른 사람들처럼, 사는 날 동안 우리에게는 육신(sarv)이 있어, 마음(nous) 및 영(pneuma)과 대립하고 있다는 것을 알았다.

그의 완전의 교리에 버금가는 교리가 있다면, 신자 안에 있는 죄에 대한 교리일 것이다. 이 교리는, 은혜 안에서 성장하는 데는 지금까지 몰랐던 죄와 혼란이 폭로되는 일이 수반되며, 그때마다 위기가 갑자기 생긴다는 것을 인정한다. 그래서 사람들은 회개하고 하나님을 향한 충성 곧 완전을 유지하든지, 아니면 그것은 의도하지 않은 실수였다고 말하며 회개하지 않음으로 완전에서 벗어날 것이다. 웨슬리의 비판자들은, 이 땅에서 얻는 완전은 죄에 대해 유연하다고 생각했다. 이에 대해 웨슬리는 자기가 말하는 완전을 부정하는 자들은, 영혼이 육체 안에 있는 동안 죄가 하나님의 은혜보다 더 큰 힘을 갖고 있음을 인정하는 것이라고 반박했다.

일반적으로, 웨슬리는 온전한 구원의 은혜는 죽을 때 주어진다고 생각했다. 그렇다면 사람이 매우 진지하게 행한 극진한 충성에 대한 근원적인 질문에 부딪힌다. 이런 개념에서 웨슬리가 '죽음의 예술'과 '좋은 죽음'을 위해 수고하는 일에 늘 관심을 가지고 있었다는 것을 이해하게 된다. 그러나 완전이 죽기 전에도 있을 수 있음을 논리적으로 방해할 수 있는 것은 없다. 이 말은, 그리스도인이 의식적인 결의와 관계된 일에서는 하나님을 무엇보다 더 사랑하는 것이 가능하다는 것이다. 그러나 그렇게 받은 것도 잃어버릴 수 있고, 또 잃어버린 것을 다시 회복할 수도 있다. 웨슬리의 완전의 교리의 결정적 역할은, 정당한 그리스도인의 대망을 격려하고, 믿음이 사랑 안에서 완전해질 수 있음을 상기시키는 데 있다. 완전(teleiosis)은 채워져서 끝났다는 것을 의미하지 않는다. 오히려 '지금에서야 표준에 도달했다'는 뜻이다.

웨슬리의 기독자의 완전에 대한 교리와 관련해 이런 일이 일어난 것은 슬픈 이야기다. 웨슬리의 친구들이나 적들 모두 완전에 대한 라틴파의 설명은 너무 쉽게 들었지만, 웨슬리의 사상의 배경이 된 동방교회의 수도사에 대한 생각은 거의 하지 않았다. 우리 시대는 '의롭다 함'에 대한 바람과 기대를 꺾는 것은 쉬운 일이 되었다. 그러나 (그리스 정교회의) 성상파괴론자들은, 법적이며 추정적인 '의'는 구원론과 윤리학의 이분화를 매우 싫어하는 자들에게는 좋은 소식이 아니라는 것을 발견했다. 완전에서 웨슬리의 진정한 관심은 구원론과 윤리학을 균형 있게 유지함으로 그리스도인의 생활의 정직함과 충만함을 드러내는 데 있었다. 오늘날의 현대 신학에서 이런 균형을 유지하고 있는 신학을 도대체 어디서 찾아볼 수 있는가?

내가 은총에 대한 웨슬리의 교리에 관해 말할 수 있는 것은, 그는 은혜를 사람을 위해, 그리고 사람 안에서 (선행해 구원과 협력을) 행하는 하나님의 힘으로 생각했다는 것이다. 은혜는 성례전적이다(즉, 은혜는 항상 피조물을 통해 또는 피조물로 전해진다). 그러나 성직자 제도(sacerdotal)는 아니다(즉, 인간이 마음대로 하는 것이 아니다).

나는 웨슬리의 교회와 사역, 그리고 정치철학 또는 (현대보다는 중세 입장의) 경제학에 관한 견해를 자세히 말할 시간이 없다. 기관을 조직하는 그의 재능이나, 그가 다른 면에서 개신교의 문학작품집에 공헌한 것을 말하려는 것도 아니다. 현재 여기서는 그가 교회 역사에 미친 공헌은 별도로 하고, 기독교 사상의 역사에서 그가 남긴 공헌과 오늘의 신학에서의 적합성에 관해 신학적 재평가를 받을 만하다는 것에 만족하는 것으로 충분하다. 지금 당면한 문제는, 학문적인 연구로 그에게 접근할 수 없다는 것이다. 그의 작품을 적절하게 편집한 것이 나오기 전에는 이 문제는 해결되지 않을 것이다. 그런 전집이 나오면 이는 메소디스트뿐 아니라 그 외의 사람들에게도 귀하게 사용되고 가치 있지 않을까?

어떤 면에서 보면 웨슬리는 감동적인 사람이었다. 그가 설립한 운동이 그가 죽기 전에 만들어 놓은 일을 벌써 변경했다. 특히 미국에서는, 전에 웨슬리에 대해 읽고서 특히 그의 뜨거운 심정은 찬양하지만 그의 신학에는 별 관심 없이 반지성적인 선입관을 가지고 그를 대한 것보다 더 자주 웨슬리에 대한 이야기를 하고 있다. 이런 연민의 정이 웨슬리에 대한 연구를 많은 교파의 역사에 붙어 다니는 오류에서 지킬 수 있었다. 나는 웨슬리의 신학에 대한 연구는 그의 후계자들보다는 그에 앞선 선행자들의 견지에서 연구하는 것이 중요하다고 믿게 되었다. 나는 그런 연구가 우리의 새로운 시대에 현대신학에서 흔히 볼 수 없는 적합성의 성향과 신학하는 방법 곧 평신도를 위한 신학의 일을 진지하게 만들며 성공적으로 실천에 옮길 수 있는 신학적 방법을 제시할 것이라고 생각한다. 곧 그것이 복음적이며 보편적이라는 (곧 전체 그리스도 교회를 위한) 두 가지 면에서 에큐메니컬적이다. 그리고 개신교의 어떤 견해보다도 교부들의 전통과 정통적 정신을 수용한다. 그것이 현대 기독교에서의 골칫거리인 가치의 두 개의 분리(즉, 자유주의 대 신전통주의, 개신교 대 천주교, 하나님을 찬양하고 인간을 낮게 평가하는 사람 대 인간을 찬양하고 하나님을 애용하려는 사람, 가슴을 치는 자 대 열변을 토하는 자, 지식인 대 행상인)가 이루어지는 일에서 제3의 길을 제공한다. 웨슬리의 신학이 우리의 어려움과 위험 전체에 대한 치료의 여신은 아니다. 그러나 그의 신학이 의도하는 것과 기본적인 방법은 (오늘과 내일의 에큐메니컬적으로 신학하는 일에서) 하나의 유익한 방편으로 다시 고려할 만한 가치가 있다고 확신한다.

1.3. 신학자로서 웨슬리의 그때와 오늘

[1974] 아우틀러는 「개신교 신학 문헌」(Library of Protestant Theology)에 웨슬리에 대한 하나의 선집을 써달라는 요청을 받았다. 그때부터 그는 웨슬리 전집을 새로 출판하기 위해 웨슬리의 설교를 정밀하게 편집하는 일을 무려 40여 년 동안 해왔다. 그 기간 동안 그는 여러 논문을 통해 웨슬리가 신학자로서 타당성이 있음을 입증했다. 이 논문에서 그는 웨슬리는 종합하는 사람으로서의 은사가 있다는 점을 이야기하면서, 웨슬리가 그의 시대와 아우틀러 자신의 시대의 비틀거리는 자유주의 전통을 위해 중요한 일을 했다고 설명했다.

1777년에 제임스 커쇼(James Kershaw)라는 아일랜드 사람이 "모든 메소디스트는 고래에 먹혀 미국으로 가게 될 것"이라는 이상한 예언을 했다. 존 웨슬리는 그에 대해 "아주 미친 사람"[1]이라고 즉석에서 선언했다. 만일 커쇼가, 때가 되면 그 많은 미국의 메소디스트가 고래의 배가 아니라 오늘날의 방법, 즉 대륙 간의 제트기를 통해 영국으로 운송될 것을 미리 내다볼 수 있었다면, 우둔한 그의 예상은 빗나간 것이 아니었을 것이다. 그래서 우리가 오늘 밤 여기, 영국과 아일랜드와 유럽의 메소디스트들 및 다른 그리스도인들과 함께 적으나 매우 큰 무리로 모여, 특별한 행사 곧 세계 메소디스트 역사 협의회(World Methodist Historical Society)의 첫 번째 지역 협의회를 개최하고 있는 것이다. 우리는 여기 참석하게 된 것을 기쁘게 생각한다. 그리고 그 사려 깊은 계획과 비전은 물론, 회의를 잘 진행한 일에

---

[1] 웨슬리가 1777년 2월 1일에 크리스토퍼 호퍼(Christopher Hopper)에게 쓴 편지와 1777년 2월 15일에 조셉 벤슨(Joseph Benson)에게, 그리고 1785년 7월 8일에 토머스 라이드(Thomas Wride)에게 쓴 편지를 보라. *JWL* VI:252, 254; VII:279.

대해 감사한다. 영국 주최 당국이 베푼 친절과 환대에 대해서도 진심으로 감사한다. 우리 모두는 이 협의회가 앞으로 더 확장되며, 메소디스트들 특히 메소디스트 학자들이 역사적으로 탐구하는 일을 강화해 나가는 데 좋은 조짐이 되기를 간절히 희망한다. 나는 이 자리에 함께하게 된 것이 매우 영광스러우며 기쁘다. 이 프로그램 위원회는 나에게 웨슬리 당시와 현재에서의 웨슬리의 신학적 형성과 그 공헌을 연구해 발표하라는 임무를 부여했다.

우선은 일반 사람들이 웨슬리에 대해 어떤 태도를 가졌으며, 그가 그의 평가자와 해석자들에게 어떤 요구를 했는지에 관해 알아보려 한다. 여기서 내가 그에게 배운 큰 교훈 중 하나는, 그는 아무도 '선생님'(Rabbi)이라고 부르지 않았다는 것이다.[2] 또 그는 그가 믿음의 아버지라는 권위를 가지고 있다 해서, 자신의 견해나 태도 등을 비판 없이 받아들이라고 요구하지 않았다. 그가 평생 노력한 것은, 자신이 따라갈 어떤 스승을 찾는 것이 아니라 많은 스승에게서 계속 배우는 것이었다. 그는 근본적인 기독교 신앙의 핵심과 그것을 해석하는 데 여러 논의와 의견을 개진한 많은 스승에게서 계속 배웠다. 교리의 사소한 부분을 변경하는 일(Mutatis mutandis)에서 우리는 자유롭게 그가 보인 본을 따를 수 있다. 또 그가 '의견'과 근본적인 것 사이에 그은 한계선을 쉽게 발견할 수 있다. 그는 우리나 다른 사람이 모두 대담하게 "나는 그렇게 생각한다. 당신은 당신대로 생각하라"[3]라고 말할 수 있는 '의견'과, 그들의 정말 기본적인 식견 곧 오늘의 신학과 에큐메니컬 신학에서 우리에게 문제가 되는 중요한 식견

---

2) 참조. *A Christian Library* (1749-1755), I, ix, 10, 서문. 또 *JWW* XIV:222와 "Obedience to Parents," II.3.을 보라.

3) 그의 설교 "On the Trinity", 2; "On the Death of Mr. Whitefield," III.1; "The Wedding Garment," Sec. 14; "The Nature of Enthusiasm," 36; *JWJ* VI:133-34; VII:389; *JWL* VI:383; VII:190을 보라.

을 구분했다. 무엇이 핵심적인 것이며 무엇이 하나의 의견인지, 그리고 왜 그런지에 대해, 우리 안에서나 우리와 메소디스트가 아닌 사람들 간에 의견 차이가 있다면, 이는 우리가 웨슬리의 실례를 잘 따라야 한다고 생각한다.

내가 더 오래 웨슬리와 함께 지내며 일할수록 나는 그의 절충주의의 원리를 따르는 데 매우 자유로움을 느낀다. 그리고 그가 과거에 경쟁했고 현재는 상당히 잠잠해진 그의 위대한 기독교 교리의 체계를 볼 때 더욱 그렇다. 따라서 웨슬리가 영웅이었던 그 대형 종파에 좋은 이유(warrant)가 있었다 해도, 그 이유가 우리를 더는 구속하지 않는다. 내 경우에는, 그의 훌륭한 식견에 대한 나의 신뢰를 약화시키는 것 없이, (내가 보기에) 메소디스트 운동에 관한 그의 교리를 절대적이라고 보거나 합리화하는 데서 오는 실패와, 그가 좌절했을 때 그의 비판자들, 곧 그의 영혼을 구원해야 할 사람의 좋은 의견을 무시하면서 토론하는 태도를 변호할 필요가 없다고 느낀다.4) 우리가 실제로 그의 그런 실수를 모방하더라도 그의 실수를 핑계로 사용할 권리는 없다.

또는 다시금 내가 그랬듯 누군가가 웨슬리를 중요한 신학의 멘토와 지지자로 택할지라도, 여전히 그와 의견을 달리할 수 있고, 그의 중요한 신학적 견해의 어떤 부분을 수정하는 데 자유로울 수 있다. 예를 들어, 그는 성경문자주의를 주장하고 성경 주석을 산만하게 한다. 그러나 그것은 그의 시대에 해당하는 것이고, 우리 시대에는 적합하지 않다. 여기서 우리는 그가 기독교 계시의 자료로서 성경의 우위성을 주장하는 것을 거부하지 않으면서, 그 이외의 것에서는 그와 의견을 달리할 수 있다. 또 (내

---

4) 참조. "The Causes of the Inefficacy of Christianity," 18; "Some Account of the Work of God in North America," Ⅰ.8; "On Laying the Foundation of the New Chapel, Near the City-Road, London," Ⅰ.4; Ⅱ.11.

게는 적절치 않다고 느껴지는) 그의 기독론과 속죄론도 마찬가지다. 내가 생각하기는, 그런 견해는 기독론적 구원론을 핵심으로 강하게 강조하는 그의 주장을 약화시키지 않으면서도 매우 새롭게 설명할 수 있을 것이다. 그의 반로마적이고 (당시 사려 깊은 영국인들과 공유한) 반유대주의적인 편견은 말하지 않으면서도, 그의 토리(Tory) 정책들과 잉여농산물 저축에 대한 원시 마르크스주의자들의 비난과는[5] 다른 시각을 이제 가질 수 있게 되었다. 이런 것들에 대한 이해 없이는 웨슬리를 역사적으로 이해할 수 없다. 이런 결정은 우리가 그에게 충성하는지 아닌지에 근거할 일이 아니다.

이런 일들에서 웨슬리를 변호할 필요는 없다고 생각한다. 웨슬리의 지속적인 중요성은 다른 일, 곧 안전한 토대 위에 있기 때문이다. 내가 이처럼 판단하는 것은, 웨슬리가 18세기의 중요한 영국 교회의 신학자일 뿐 아니라 20세기 신학에서도 중요한 자산이기 때문이다. 12년 동안 그의 사상과 자료를 연구하면서 나는, 그의 신학이 그 당시와 현대에 중요한 것은 그것이 적어도 세 가지 주요 관심사에 의존하고 있기 때문임을 깨달았다.

첫째, 그는 많은 귀중한 전통의 명석한 종합자였다. 그는 자기가 선택해야 할 의견을 실제로 이해한 절충주의자였다. 둘째, 그는 효과적인 전달자였다. 그래서 일반 사람들이 그의 설교를 기쁜 마음으로 듣고 열정과 감명을 가지고 응답할 수 있었다. 셋째, 그의 시대의 절망적인 고난 속에서 그는 달리 취해야 할 제3의 신학의 길을 발견했다. 이는 신학에서 하나의 특별한 방법이 되었다. 나는 이 특별한 신학 방법이 신학자로서의 웨슬리를 해석하는 일에서 매우 중요하다고 여기게 되었다. 그의 이런 사고방식은 엡워스(Epworth)와 차터하우스(Charterhouse)에서 구체화되

---

[5] 참조. "On Riches", 4; "The Causes of the Inefficacy of Christianity," 12; "On Worldly Folly," Ⅰ.4; "The Danger of Increasing Riches," I.1, 16.

었다. 그러나 이는 옥스퍼드에서 특징 있게 정리되었다. 옥스퍼드에서 그는 중요한 영국 교회의 전통뿐 아니라 고전 시대의 문화의 본질을 흡수했다. 이후 평생 웨슬리는 희랍어와 라틴어를 일상적으로 공부하고, 그가 이어받은 (영국의 청교도들을 포함한) 영국 교회의 신학과 시간을 보낸다. 그의 배움에 대한 타고난 사랑이 평생의 습관이 된 것은 옥스퍼드에서였다. 그의 습관에는 그가 열심히 배운 것을 다른 사람과 공유하려는 열성도 있었다.

그는 자신에 대해 '한 책의 사람'(homo unius libri)[6]이라고 공언했다. 여기서 우리는 그의 의도를 이해해야 한다. 그런데 사람들이 그 말 자체를 오해하고 있다. 사실 그는 닥치는 대로 많은 책을 읽었다. 그리고 모든 것을 돌려, 손에 들어오는 프로젝트에서 사용하였다.[7] 대부분의 대중적인 사람은 제멋대로 수집한 제한된 파생적인(secondary) 자료에 의존한다. 그러나 웨슬리는 믿음에 관계된 원자료(primary source material)를 수집했다. 다른 전도자들도 그처럼 성경의 본문을 검토할 수 있었다. 그러나 아무도 그와 같이 신학과 현대 문화의 관계, 또 신학을 형성하는 일에 대해 깊은 관심을 갖고 다른 자가 없었다. 그의 시대에 세상을 감동시킨 일 중에 그가 몰랐거나 그에 대해 특별한 의견을 가지고 있지 않은 사건은 많지 않았다. 그는 레이(Ray), 호이겐스(Huygens), 부데우스(Buddeus), 허비(Hervey), 그리고 다른 이들과 더불어 '창조에서의 하나님의 지혜'를 개관했다. 이는 '자연신학'(natural theology)[8]에 대한 호기심에서 한 일이었다. 이 연구에서 그는 불가사의하게도 존 허친슨(John Hutchinson)의 기묘한 견해에 감명 받

---

6) 참조. *Sermons on Several Occasions*, 5의 서문과 그의 설교, "On God's Vineyard," I. 1; "A Plain Account of Christian Perfection," 10 (*JWW* XI:373); 그의 편지, "To John Newton," May, 14, 1765 (*JWL* IV:299).
7) 그는 다른 사람의 글을 가져다 쓰는 사람이었다. 그리고 그런 글을 간추려 쓰는 재능이 있었다(이하 생략-역주).
8) Cf. *Survey of the Wisdom of God in the Creation: or a Compendium of Natural Philosophy*, Five vols.; 3d ed., enlarged (1777).

았고, 아이작 뉴턴(Isaac Newton)의 이론들 때문에 불쾌감을 느꼈다.[9] 그는 세계의 다원성(plurality of worlds)[10]에 관한 일반 추정을, 오늘날 우리가 DNA 유전 정보를 말하듯 일상적으로 인용했다. 이 모든 이야기는, 그는 다른 종류의 전도자였다는 것을 의미한다. 곧 그는 생색내지 않고, 또 지칠 줄 모르는 지적 호기심을 둔화시킴 없이 대중의 마음에 다가가는 그런 학자였다.

그가 받아들일 수 있다고 생각한 전통은 하나도 없었다. 가입하고 싶어 한 특정한 신학파도 없었다. 이는 우리 대부분이 잊어버렸거나 알지 못했던 2세기 동안의 피와 잉크로 물들여진 논쟁의 분규를 통해 그가 자기의 길을 찾고 있었음을 의미한다. 이 배경은 그의 변함없는, 그리고 대체로 의식하지 못한 사고방식의 기준이다. 그의 중요한 신학적 진술은 고정화된 분쟁의 잔해들의 한 조각일 뿐이다. 그의 생각에 있는 결정적인 편견은 다 험한 과거의 산물이다. 그것이 웨슬리 신학의 후반기의 견지에서 읽을 때, 그가 그렇게 쉽게 잘못 해석된 이유다.

오랫동안 몹시 괴롭힌 이런 싸움은 정치적인 것이었다. 곧, 국가와 경제 사회, 그리고 교회에서의 적법한 권위의 진정한 위치에 관한 심각한 문제였다. 이 논쟁이 종교개혁 이전에 영국에서 소동을 일으켰다. 그리고 이 논쟁이 웨슬리의 국가 주권에 대한 직관적 두려움을 설명하는 데 도움을 준다. 그는 평생 토리당원으로서 (왕권의 절대주의는 부정했지만) 48년 동안 그가 싫어하던 '휘그 패권'(Whig supremacy) 아래 살아야 했다.[11] 그래서 그는 (교회나 도덕 문제에서) 특정한 목적의 직접적인 수단으로서의 정치를 쉽게 거

---

9) 참조. 같은 책, IV:44, 46과 III:328(이하 생략-역주).

10) "The New Creation," 8(이하 생략-역주).

11) Cf. Basil Williams, *The Whig Supremacy, 1714-1760*, in The Oxford History of England (Oxford: Clarendon, 1952).

절할 수 있었다. 사실 그는 교회나 국가에 굴종하는 정치에는 관심이 없는 사람이었다. 그러면서도 그것을 전복시킬 생각은 없었다. 따라서 그는 동시대의 많은 다른 사람보다 전도의 사명을 수행하는 일에서 정치적 혼란에서 좀 더 자유로웠다.

이때는 국가의 정신과 생각이 새로운 세속주의의 강한 도전과 옛 전통을 방어하려는 약한 세력에 의해 심하게 흔들리고 있을 때였다. 또 옛 이상주의와 새로운 경험주의, 그리고 [커드워스(Cudworth)와 노리스(Norris)의] 기독교 플라톤주의의 남은 사람들과 (뉴튼과 로크의) 신생 경험주의 간의 싸움의 시대였다. 웨슬리는 이런 대립화를 물리치고, 자기 자신의 제3의 대안을 착상했다. 거기서 그는 선천적 지식(innate idea)의 개념을 거절하고, 유한한 것(finite, 자연)에 대한 지식의 이론으로서 경험주의를 채택했다. 또 무한한 것(infinite) 곧 하나님과 하나님의 일에 대한 직관적 지식(direct intuition)을 주장했다. 시간이 더 주어진다면, 이는 더 조사해 볼 만한 가치가 있는 주제다. 이는 과학이 전권을 가졌다고 주장하는 옛 이야기의 전성기가 끝나가던 때에, 무엇인가 우리에게 말하고자 하는 특별한 것을 가지고 있기 때문이다.[12]

한편으로 웨슬리는 '전통'을 열렬히 사랑하는 자들과 '현대적인 것'을 지지하는 자들 간의 문제에 붙잡혀 있었다. 전통주의자들은 소박하고 아름다운 과거를 뒤돌아보면, 지금의 세대가 눈에 띄게 쇠퇴했다고 말했다. 현대적인 것을 좋아하는 자들은 17, 18세기의 지식의 폭발적 증가와

---

12) 예를 들어, "Princeton Galaxy" in *Intellectual Digest*, III:10 (June, 1973), 25-32, … (중간 생략-역주) … Carlos Castaneda's Journey to Ixtlan (New York: Simon & Schuster, 1972), Theodore Roszak's *Where the Wasteland Ends* (Garden City, N. Y.: Doubleday, 1972), William Burrough's *Exterminator* (New York City, 1973) (이하 생략-역주).

그 발전의 전망13)에 소망을 가졌다. 웨슬리는 사실 보수적이다. 그러나 미래에 대해서는 개방되어 있었다. 따라서 그는 만약 우리가 그것의 원인과 경계가 하나님의 섭리를 따라 생긴 것이라고 인정한다면, 언제나 그 정당한 '진보'(progress)는 전부 받아들일 수 있다고 생각했다.14)

웨슬리 시대의 영국은, 과거 봉건시대의 불공평함에 도시 슬럼가의 비참함이 점점 더해지는 가운데, 새롭게 부유하게 된 자와 가난하게 된 자들의 차이가 심했다. 그럼에도 하노바 왕조(Hanoverian) 시대의 영국은 전반적으로 이전 세기보다 더 부요했다. 정치적으로는 더 안정적이었다. 그러므로 알레비(Halévy)의 유명한 주장은 여러 면에서 잘못되었다. 첫째, 그 주장은 영국에 (1688~1689년과 1714년에 걸쳐 일어난 혁명에서 시민의 권력이 왕에게서 의회로 옮겨진) 진짜 혁명이 있었다는 것을 무시하고 있다. 둘째, 알레비와 톰프슨(Thompson)은 18세기와 19세기의 불만이 계속적인 반역을 일으키게 했다고 미리 추정하고 있다. 이는 이치에 맞지 않는다. 그중에서도 웨슬리를 현행의 사회 상태를 구제한 자로 보는 견해는, 그 사회에 대한 그의 열렬한 참여를 미리 가정하고 있는 것이다. 이것도 이치에 맞지 않는다.

웨슬리는 어떤 형태든 '반역'을 반대했다. 그는 『윌크스와 자유』(Wilkes and Liberty)라는 책을 비난했다. 그리고 미국의 애국자(patriot)들과 프랑스의 자코뱅(Jacobin) 당원을 책망했다. 반면 『킹 앤 컨트리』(King and Country)라는 책에 대해서는 좋게 평했다. 이 모든 것은 시민전쟁과 자유공화국에 대한 기억에서 기인한 정치적 혼란에 대한 공포에서 나온 것이다. 동시에 그는 그 현재 상황에 대한 강력한 비판자 그 이상으로, 사회 변혁의 적

---

13) George Hakewill, *An Apologie of the Power and Providence of God in the Government of the World* ⋯ 1627와 Joseph Glanvill, *Plus Ultra: or the Progress and Advancement of Knowledge Since the Days of Aristotle* ⋯ London, 1668을 보라.
14) 참조. "Of Former Times," 1787.

극적인 대행자였다. 나는 당시에 그처럼 가난한 사람들과 자신을 동일시하고, 그들에게 받아들여진 사람으로 [페인(Paine), 프라이스(Price), 코벳(Cobbet)이 아니고는] 다른 사람을 거명할 수가 없었다.15) 그의 동정심은 모두 가난한 사람 편에 있었다. 마르크스 이전에 웨슬리만큼 잉여 농산물을 축적하는 사회악에 대해 이처럼 혹독하게 말한 사람은 없다.

그러므로 우리가 웨슬리의 전도자로서의 역할을 지적한 것처럼, 그는 또한 다른 부류의 혁명가라고 나는 말하고 싶다. 그의 운동의 목적은 수천 명의 익명의 남녀에게 새로운 경험을 갖게 하는 데 있었다. 이는 하나님 앞에서 가치 있는 경험이요, 집약적인 작은 그룹에서 보기 드문 지도자의 역할을 하면서 새로운 존귀함과 지위를 갖는 경험이었다. 이것이 혁명 전후의 프랑스에서는 볼 수 없었던 새로운 종류의 정치적 집단을 만드는데 도움이 되었다. 즉, 반항하는 일에는 무관심하지만, 국내와 해외에서의 자비 사역에는 열정적으로 헌신한 꽤 큰 그룹이었다.16) 존 윌크스(John Wilkes)는 마침내 영국의 은행(Bank of England)을 그가 전에 도와서 일으켰던 집단으로부터 보호하기 위해 싸움을 시작했다. 웨슬리는 도의상 그런 집단에서 손을 뗐을 것이다. 그리고 영국의 은행과 같은 것에 대해서는 별로 걱정하지 않았을 것이다.

교리적인 면에서 영국 기독교는 오랫동안 그들을 괴롭혔던 자칭 청교도들과 '아르미니안'이라고 이름을 잘못 붙인 자들과의 대립으로 고통을 겪었다. 이 싸움은 윌리엄 휘터커(William Whitaker)와 피터 바로(Peter Baro), '람베스 신조'(Lambeth Articles, 1595), 그리고 햄프턴 법원 회의(Hampton Court

---

15) 웨슬리가 1780년 6월 14일에 Brian Bury Collins에게 쓴 편지를 참조하라.(*JWL* VII:23-24): … (중간 생략-역주) … "처음의 메소디스트는 가난한 사람들을 위한 종교였다"고 주장하고 있다(이하 생략-역주).

16) 이런 움직임에 관해서는 Bernard Semmel, *The Methodist Revolution* (New York: Basic Books, 1973)을 보라.

Conference, 1604)[17] 때부터 간헐적으로 격해졌다. 이는 사람이 하나님 앞에서 의롭다 함을 받는 것과, 우리의 구원에서의 인간의 역할에 관해 대립적인 주장을 하는 집단을 소용돌이치게 했다. 이것의 오랜 배경에는 영국의 명목론(nominalism)의 오랫동안 존속되어 온 전통들과 에라스무스파의 기독교가 있었다. 그러나 양측에는 더 생생하면서 아직도 쓰라린 기억이 있었다. 즉 라우디안(Laudian)의 탄압, 영국의 자유공화국[18]의 무법 상태, 왕정 회복의 만행, 옛 국교 반대파의 쇠퇴, 광교회파 사람들의 도덕주의(moralism) 등이 그것이다. 아르미니안들[19]은 율법무용론을, '예정' '불가항력적 은혜' '성도의 견인설'[20]을 주장하는 칼빈주의의 징후의 결과라고 보았다. 다른 한편 청교도들은 신인협동설을 주장하는 이들을 적으로 생각했다.[21]

웨슬리는 도덕적 정직을 주장하는 복음 아래서 자라 어른이 되었다. 그리고 1725년에 '거룩하게 사는' 전통으로 전향했다. 이것은 제레미 테일러(Jeremy Taylor), 윌리엄 로우, 토머스 아 켐피스(Thomas Kempis)와 (마카리우

---

17) 16세기 후반에 와서 청교도들은 영국 교회와 칼빈주의 교리를 지지했다. … (중간 생략-역주) … 그리고 '람베스 신조'는 이중 예정론과 불가항력적인 은혜 등을 주장했다. … (중간 생략-역주) … 엘리자베스 여왕이 왕궁의 허락 없이 출판되었다는 이유로 그것의 승인을 거절했다. 그리고 햄프턴 법원 회의(1604)에서 런던의 새 감독인 제임스(James)에 의해 다시 거절당했다. … (중간 생략-역주) … 영국 교회 내의 반칼빈주의자들은 아르미니우스의 영향을 받아 신인협동설을 주장했다(이하 생략-역주).
18) Cf. Christopher Hill, *The World Turned Upside Down* (New York: Viking, 1972), chaps. 6-10.
19) 피터 헤일린(Peter Heylyn)은 아르미니안이라고 부르는 대신에 '옛 영국 개신교도'(the old English Protestants)라고 불렀다. Heylyn, *Historia Quinquarticularis* (London, 1681), Part III, xxii, 631.
20) 옥스퍼드 영어사전(Oxford English Dictionary)은 율법무용론이 이 세대에 처음으로 일어났다고 기록한다.
21) 참조. Richard Hill, *Logica Wesleiensis: or the Farrago Double-Distilled Hanoverian* … (2nd ed.; 1775).

스, 닛사의 그레고리, 에프렘 사이러스 등) 동방 교부들의 전통이다. 이 전통에 대한 그의 역사적인 진술은 설교 "마음의 할례"(1732~33)에 잘 나타나 있다. 그리고서 1738년에 피터 뵐러와 다른 사람들의 지도로 그는 다시 한번 개종했다. 이때는 믿음으로만 의롭다 함을 받는다는 중요한 신조로 전향한 것이다. 이것이 그의 설교와 그가 처음으로 발행한 네 권의 설교선집 (1746~60)의 복음적 신학의 새로운 근거를 마련해 주었다. 좀 더 자세히 말하자면, 그것이 그의 기독교적인 이해 전체에 대한 근거를 마련해 주지는 않았다.

일반적인 복음주의자들 중에는, 진정한 칭의의 교리는 그 전제로 '예정' '불가항력적인 은혜' '성도의 견인설'을 가정한다고 생각하는 사람이 있었다. 그러나 웨슬리는 그들의 이런 주장에 한순간도 동의하지 않았다. 웨슬리가 칼빈주의자들에 동의한 것은 성경의 우위성과 원죄에 관한 것일 뿐, 그 이상은 없었다. 그래서 그는 여기서 또한, 반대편에 있는 복음주의자들과 광교회파 사람들에게 오해와 비난을 받는 대가를 치르면서도, 제3의 대안을 착안하게 되었다.[22] 그 대신 그는 명목론자들의 창조에서의 '하나님의 주권'(potentia absoluta)과 인간의 자유에 대한 '하나님의 적용'(potentia ordinata) 사이를 구별하는 것에 관심을 가졌다.[23] 더 나아가 그는 '자질대로 행함'(in se est)에 관한 중세의 전통에도 관심이 있었다.[24] 그리고 개신교의 이신칭의 신조를, 가톨릭에서 신자가 (중생에서 성화에 이르는)

---

22) 그가 받은 비판에 대해서는 다음 글을 참조하라. Henry Moore, *Life of John Wesley*, II:473-576; Josiah Tucker, *A Brief History of the Principles of Methodism* (4th ed., 1777).
23) 참조. "Thoughts on God's Sovereignty," *JWW* X:361-63. Heiko A. Oberman, *HMT* (Cambridge, Mass.: Harvard University Press, 1963), 30-37를 보라.
24) 참조. Oberman, *HMT*, 129-45. 또 "Methodism's Theological Heritage: A Study in Perspective" [reprinted below, 191-211]를 보라. 참조. "Working Out Our Own Salvation," III. 6-7; "The Signs of the Times," II. 10; "The General Spread of the Gospel," 9; "The Imperfections of Human Knowledge," 1; "On Schism," 21(이하 생략-역주).

성장 과정에서 실제 의를 전달받는다는 견해와 융합하려 노력했다.

이 논쟁에서 진부한 표현 중 하나는 '그리스도의 의의 전가'라는 문구였다. 이는 칭의의 4대 원인에 관한 트렌트의 스콜라 신학의 주장[25]과, 벨라르민(Bellarmin)이 "의인에 관하여"(*De Justificatione*)[26]에서 트렌트를 변호한 것을 회상하게 했다. 모든 개신교도는 벨라르민의 약식에 대해 비난했다. 그러나 청교도들은 더 나아가, 그리스도의 의가 죄인에게 전가되는 것을 의롭게 되는 것의 형식적 원인으로 보는 것과, '공로에 의한 원인'으로 보는 등 달리 말하는 것 사이에 날카로운 선을 그었다. 이는 단지 평계가 아니었다. 문제가 되는 것은 그리스도인의 생활의 내적 도약, 그의 심리적 동기, 윤리적 목표에 대한 극심한 차이에 있었다. 전가설을 주장하는 사람들은, 거룩한 생활을 강조한 사람들을 행위로 인한 의를 옹호하는 사람(결국 로마 가톨릭 신자)이라고 비난했다. 다음에는 그들이 도덕무용론자라고 책망을 받았다. 결과는 대버넌트(Davenant), 다운햄(Downham)과 같은 위대한 신학자와 제레미 테일러, 윌리엄 베버리지(William Beveridge) 사이의, 그리고 리처드 백스터(Richard Baxter)와 존 번연(John Bunyan) 사이의 질질 끈 열띤 논쟁이었다. 그리고 양쪽에는 각각 십여 명의 지지자가 가담했다. 여기에 웨슬리가 나타나 자기 자신의 결정을 내려야 했다. 그의 결정에 대한 이야기와 그가 어떻게 그런 결정에 도달했는지는 (그의 1738년 11월 12일 자 일기에 기록되어 있는데) 매우 우발적이어서 사람들의 오해를 불러일으키고 있다.

---

25) Shaff, *COC* II:94-95: "이 의인(Justification)의 궁극적 원인은 하나님과 예수의 영광이다. 그리고 효율적인 원인은 하나님의 자비와 성령의 역사, 영생에 있다. … 그러나 예수의 공로에 의한 것이다. … 형식적인 원인은 하나님의 정의다"(내용 일부 생략-역주).

26) 참조. James Brodrick, S. J., *Robert Bellarmine, 1542-1621* (London, 1950), Vol. II, chap. XIX, 1-69, "The Controversy About Grace." 또 Bellarmine's *Controversies* … III (1596), Parts V-VII를 보라.

"[조나단 에드워드의 '성실한 이야기'(faithful Narrative)의 발견에 의해 촉진된 신학적 중대국면이 있은 후 …] 다음 주에 나는 뜨겁게 논의되고 있는 이신칭의에 대해 영국 교회의 교리는 무엇이라 말하는지 주의 깊게 조사하기 시작했다. 그리고 교회의 설교문에서 발견한 것을 발췌해, 다른 사람들이 사용할 수 있도록 인쇄했다."[27]

칭의에 대한 영국 교회의 교리에는 일치가 없었고, 지금도 없다는 것을 아마 당신은 결코 짐작하지 못했을 것이다. 여기서 그 이외에도 종종 알아차리지 못하는 것이 있다. 즉, 웨슬리를 위해 문제를 해결한 것은, 뵐러나 올더스게이트 또는 (모라비안 교회 공동체의 마을인) 헤른후트(Hernnhut)가 아니라, 웨슬리가 가지고 있는 설교들과 신조들이었다는 것이다.

그러므로 우리는 웨슬리의 세 편의 설교, "마음의 할례"(1732~33), "믿음으로 말미암은 칭의"(1746), "우리의 의가 되신 주님"(1765)을 다음의 중요한 교리를 정착시키는 데 있었던 획기적인 사건으로 삼았다. 곧 (1) 회개는 (하나님의 은혜가 절실히 필요하다는) 자기 인식이며, 따라서 공로가 아니라고 다시 정의했다. (2) 인간의 모든 공로를 부인하고, 그리스도의 속죄의 죽음이 우리가 의롭게 되는 일에서 (형식적 원인이 아니라) 공로라고 주장했다. (3) (정식으로 죄라고 부르는) 의지적인 죄와 무의식중에 범하는 (방황하는 죄 또는 신자 안에 있는 죄와 같은) 과실(short failing)을 구분했다. (4) '마음과 생활의 성결'을 그리스도인의 생활의 목표로 삼았다. 이렇게 함으로 그는, '칭의'는 '용서를 받는 것'이며, 신자의 마음과 생활에 '실제적이며 상대적'인 변화가 있는 것이라고 말할 수 있게 되었다.[28] 칭의는 하나님이 (그리스도의 공로

---

27) *JWJ* II:101. 참조. 영국 교회의 설교문에서 발췌한, "The Doctrine of Salvation, Faith and Good Works," *JWO*, 123.
28) 참조. 그의 설교, "Justification by Faith," II. 5와 "The Scripture Way of Salvation," I. 3.

로) 우리를 '위해' 하시는 일이며, 성화는 (성령을 통해) 하나님이 우리 '안에서' 하시는 일이다. 칭의에서 우리는 하나님의 사랑을 받는다. 그러나 우리는 순종과 사랑을 통해 그것을 유지해야 한다.[29]

웨슬리는 칭의에서는 칼빈과 머리카락 하나의 차이도 없다고 주장했다.[30] 이 점에 관해서는 그가 옳았다. 그러나 그는 또한 본질적인 것으로 그리스도인의 완전을 가르쳤다. 이 교리는 칼빈주의자들과 함께 다른 의미에서는 도덕주의자들을 분개하게 했다. 그가 여기서 사용한 성구는 갈라디아서 5장 6절["사랑으로써 역사하는 믿음", 즉 '믿음 생활'(*fides formata*)]이다. 그리고 그의 중요한 개념은 두 가지, 곧 우리의 칭의에서의 하나님의 분에 넘치는 자비와, 우리의 구원을 성취함에서의 우리의 적극적 참여다.[31] 그는 왜 다른 복음주의자들이, 그가 모든 복음주의자와 협조할 것을 애원했는데도 자신을 멀리한 것인지를 죽기 전까지 이해하지 못했다.[32] 그러나 이것은 웨슬리가 개신교의 십자가 신학(theologia crucis)과 가톨릭의 영광의 신학(theologia gloriae)을 통합해 그리스도인의 생활의 교리에 특별한 풍요함을 주려 한 것이었다.

웨슬리가 우리의 구원에서의 하나님과 인간의 신비로운 상호작용에 대해 부단히 강조한 것은, 그가 믿음과 그 열매에 관해 반복해서 쓴 격언에서 발견할 수 있다. 그는 행복론자였다. 즉, 그에게는 인간의 강렬한 소망이 모두 행복에 맞춰져 있다는 것이 자명했다.[33] 그러나 인간이 원하

---

29) 참조. 그의 편지, "To Several Preachers and Friends," July 10, 1771 (*JWZ* V:263-67)과 "To Adam Clark," Nov. 26, 1790 (*JWZ* VIII:249).
30) 참조. 그의 편지, "To John Newton," May 14, 1765 (*JWZ* IV:298).
31) 참조. 그의 설교, "The Great Privilege of Those That are Born of God," I.6-10; II.9.
32) 그가 설교 "The Lord Our Righteousness," II.6-20에서 주장한 것을 참조하라.
33) 그는 설교 "The Righteousness of Faith," II.9에서 "사람이 추구할 수 있는 최선의 목표는 하나님 안에서의 행복이다"라고 말하고 있다. 또 그의 설교, "The Unity of

는 행복은 성결에 의해서만 얻을 수 있다. 따라서 웨슬리가 짝짓기 좋아한 단어는 '행복'과 '거룩'이다.34) 그는 성결의 본질을 명확히 말할 때는, 매우 단순하게 여러 단어를 결합해 설명한다. 성결은 하나님과 사람을 사랑하는 것이다. 즉, 다른 사랑과 관심을 지배하며 하나님과 이웃을 사랑하는 완전한 사랑이다.35) 결국 이 말은 이런 것이다. 즉, 하나님께서 먼저 사랑하셨으므로 우리가 하나님을 사랑한다. 그리고 하나님의 사랑의 힘 안에서 우리는 이웃을 정숙하게 사랑하기를 배울 수 있다.36)

이것은 하나의 교리적 융합 또는 실제적 종합, 즉 ('예정' '불가항력적 은혜' '성도의 견인설'이 없는) 개신교의 칭의의 교리와 가톨릭의 (사제직이 없는) 성화의 교리의 융합인가, ㅡ십자가의 신학과 영광의 신학의 결합인가? 어떤 면에서 이는 역사적인 신학자들에게 맡겨야 할 문제다[더 급하게 해야 할 일이 없다면, 그들은 이 점에 관해 다운햄(Downham)과 셜록(Sherlock)을 읽어야 한다]. 그러나 오늘날의 신학이 칭의와 성화에 대한 이런 문제가 새롭게 적실성이 있고 시급하다는 (즉, 우리가 화해하고 건전하기 위해 인간이 해야 할 일과 그것을 위한 하나님의 준비를 어떻게 해석할 것인가 하는) 시점으로 돌아오는 것은 또한 매우 좋은 일이다. 그렇게 된다면, 웨슬리가 착상한 제3의 대안은 많은 다른 의견보다 우리의 문제에 더 큰 영향을 미칠 것이다.

그들은 우리에게 현재는 성인이 된 세상(world come of age)이라고 말한다

---

the Divine Being," 9, 10을 보라.
34) 참조. *JWL* I:16, 92, 114, 218; *JWJ* I:447; II:89-90; JWW IX:235, 436; 그리고 그의 설교, "The General Spread of the Gospel," 27; "On Perfection," II:13; "Spiritual Worship," III:6, 7; "The Important Question," III:6; "An Israelite Indeed," I:2; "The Discoveries of Faith," 6; "The Unity of the Divine Being," 9, 16, 21; "The Wedding Garment," 19를 보라.
35) 참조. *JWW* VIII:4, 474; "The Important Question," III:2; "Of Former Times," 11, 22; 그의 편지, "To Mary Bishop, February 4, 1776 (*JWL* VI:205-6).
36) 참조. *A Christian Library* 서문, 7; I:viii (*JWW* XIV:222). 그리고 "The Unity of the Divine Being," 16을 보라. 그 외는 생략-역주.

[이는 물론 디트리히 본회퍼보다 2세기 전에 데이비드 흄(David Hume)이 지적한 것이다]. 그리고 우리는 이 세상이 산산조각이 나고 있음을 볼 수 있다. 명백하게 루소, 포이어바흐(Feuerbach), 테야르(Teilhard) 등이 우리에게 붙들라고 격려했던 —인간에게 잠재력과 전망이 확실히 있다는— 확신은 새롭게 의심받게 되었다. 그들의 유토피아적인 환상과 우리의 미래도 비극적으로 실체가 없는 것이 되고 말았다. 그들은 (그리고 우리는) 근원적인 인간의 결함의 실체를 고려하지 않았다. 부분적으로는 과학이 우리에게 많은 것을 약속하고 우리를 여러 면에서 해방시켰기에, 어느 정도 우리가 '타락'과 '원죄'에 대한 옛 신화를 부인할 수 있었기 때문이다. 그리고 이는 서방 사회에 아노미(사회적 가치관의 붕괴)와 도덕무용론의 물결이 일어나고, 그 모든 문화적 부산물인 옛 전통이 없어지고, 자유주의와 근본주의 전통이 더는 충분할 수 없으며, 심지어 새로 일어난 오순절 운동도 충분하지 않은 시대에 이르러 더 분명해졌다. 그러나 굶주린 인간의 마음은 여전히, 웨슬리가 말하는 값없이 주시는 하나님의 사랑의 복음과 그리스도인의 사랑과 기쁨의 수양을 필요로 한다.

전통적인 종교에서 영적 자극을 얻기 위한 (무언가) 살아 있는 믿음에 대한 새로운 열망은 모든 곳에 있다. 숨 막히는 각성이 온 세상에 퍼지고 있다. 그리고 그와 함께 인간의 삶에 참으로 높은 가치를 약속하는 것은 거의 무엇이든 환영했다. 이것이 바로 마약판에서 벌어지는 일이다. 그리고 이것이 (기성 사회의 가치관을 부인하는) 반문화와 (사회의 가치관을 두려워하지 않고 대하는) 만남 문화(encounter culture)가 우리에게 말하고자 했던 것이다. 대부분의 일반 그리스도인과 많은 사람에게 기독교는 몹시 지루한 것이거나, 단지 하나의 이익집단이다. 오든(Oden) 교수는 웨슬리의 협회들과 현대의 치료 그룹 간에는 강한 인상을 주는 유사점이 있다고 지적했지만,[37] 웨슬

---

37) Thomas C. Oden, *The Intensive Group Experience; The New Pietism*

리를 흥분하게 한 방법들이 오늘날에는 유효하게 작동하지 않을 것이다. 그러나 웨슬리의 종교에 대한 관심, 하나님의 임재와 사랑을 강하게 느끼게 해주는 예배에 대한 강조, 소그룹의 우애에 대한 강조, 허식과 사소한 문제에 대한 냉담함 등 이 모든 것은 여전히 오늘 우리의 마음에서 공명한다. 웨슬리는 교회 안팎의 관습에 얽히고설킨 일에 대해서는 우리보다 덜 불안해한 듯하다. 오히려 그를 놀라게 하는 것은, 많은 사람의 교회 일에 대한 완만한 태도(flatness)이다. 38)

그리고 또한 다른 미개척 분야로서는, 자유주의 전통이 인간의 안전성에 대해 갖고 있는 기본적인 신뢰가 비틀거리고 있으며, 이성의 지배가 로작(Roszak), 카스타네다(Castaneda), 페렐만(Perelman)과 같은 사람에 의해 날카롭게 도전받고 있다. 과거 데카르트 철학의 '명료하고 뚜렷한 사상'이라는 규정도 점점 더 대담하게 의심받고 있다. 페렐만의 '새 수사법'(The New Rhetoric)39)은 이런 새로운 사고방식에 대한 안내문(sign-event)의 역할을 한다. 이는 인간적 견지에서 중요한 진리는, 닫힌 시스템이 아니라 통찰력의 분출과 설득의 비법을 통해 온다고 주장하는 새로운 사고방식이다. 그러나 웨슬리는 뉴턴이나 로크의 선형 비전(linear vision)에 동의하지 않았다. 그리고 여전히 인간의 변화와 자기실현에서40) 감정의 언어(language of feeling)에 대해 가르치고자 하는 무엇을 가지고 있었던 듯하다.

웨슬리의 시대처럼 우리 역시 새로운 인간성에 대한 참신한 비전에 매혹

(Philadelphia: Westminster, 1972), 56-88.
38) 참조. "Thoughts Upon Methodism," in *JWW* XIII:258: "나는 메소디스트라는 사람들이 유럽이나 미국에서 존재하지 않게 될 것을 걱정하지 않는다. 그보다는 그들이 힘없는 종교의 형태를 가지고 죽은 종파로 남게 되지 않을까 걱정스럽다."
39) Notre Dame, Indiana, 1969.
40) 참조. 그의 편지, "To Samuel Furley, May 21, 1762" (*JWZ* IV:181) (이하 생략-역주).

되어 있다. 이제 남자나 여자, 청년이 어떤 부류나 처지에 있든 그 존엄성과 권리에서 평등하고, 우리 가운데 모독자들이 있음에도 역시 그러함을 부정하는 것은 신성 모독이다. 우리는 마침내 마르크스와 프로이드가 말하는 복음의 세속적인 모습(vision)을 보았다. 곧, 인간의 노력에 의해 부정과 환각에서 해방된 인간 공동체다. 웨슬리는 이러한 세속주의를 즉각 물리쳤을 것이다. 그리고 인간의 결함에 대한 무분별이 자신의 환각에서 기만당한 인간성을 이해할 수 없는 멸망으로 인도할 수 있음을 강조했을 것이다. 그러나 이는 이런 새로운 상황에서 그가 말하는 '좋은 소식'은 또한 새롭게 적실할 수 있다는 것을 의미한다. 즉, 그의 '좋은 소식'은, 성령의 공동체에서 그리스도의 속죄의 사랑을 통해 값없이 주시는 하나님의 은혜에 대한 성경의 계시, 재앙에 대한 유일한 대안으로서 사람의 마음을 지배하는 하나님의 의로우신 복음이다.

그러나 인간의 곤경에 대한 이러한 새로운 인식은 또한 오늘날에 다른 중요한 문제, 곧 교단 신학의 경계를 가로지르는 일을 발생시킨다. 만약 인간의 곤경이 근본적으로 심각하다면, 하나님과 인간 사이의 확실한 화해에 대해 생각할 수 있는 조건은 무엇인가? 이 점에서의 종교개혁의 경직된 정반대 입장은 이제 실제 선택사항이 아니다. 단지 그것이 법적인 전제조건이라면, 우리가 지금 알고 있는 인류의 상황에는 이제 적합하지 않다. 더 나아가 (19세기의 자유주의, 신정통주의, 실존주의 등) 고전적 인식 또한 우리 눈앞에서 붕괴되고 있다. 그리고 로마 가톨릭이 에큐메니컬 포럼에서 우리와 함께함으로, 우리는 다시 벨라르민과 뉴먼(Newman)의 대작들을 다루어야 하며, 이는 적절한 일이다. 과거에 존재하던 개신교와 가톨릭 간의 공백이 메워지지는 않았지만, 전에 있었던 것과 같은 과거의 과실이 남아 있지는 않다. 과거의 방식, 즉 칭의에서 하나님의 전적인 선물을 강조하는 개신교의 입장, 아니면 성화에서 실제 의로움을 강조하는 가톨릭의 입장[41])이라는 '둘 중 하나'의 방식은, 새로운 '둘 모두'의 방식을 필요로 한다. 날로 부도덕해지는 사회에서, 도덕주의를 염려하는 개신교의 걱정은 더욱 비현실적이다. 그리고 도덕무용론에 대한 가톨릭의 염려에는 정당한 이유가 있다. 그러나 그에 대한 전통적인 안전장치는 덜 효과적이었다.

이런 많은 일에 대해 웨슬리가 직접적으로 한 말은 별로 없어 보인다. 그러나 내가 아는 바로는, 하나님의 은혜와 인간의 지각과 같은 중요한 문제에서는 그의 기본적인 통찰력이, 기독교 사상의 전 역사 또는 최근의 정신 치료법에서 여전히 적절하다. 그의 지난날의 (그러나 아직도 이용 가능한) 의견의 배후에는 그리스도인의 삶에 대한 포괄적이며 실제적인 견해가 있다. 즉, 무엇보다도 하나님과 그 밖의 모든 것에 대한 견해, 인간이 치유할 수 없는 (따라서 그리스도 안에서 새로운 피조물이 되어야 하는) 깊은 고통에 대한 견해, 진정한 인간성을 회복시키는 하나님의 사랑인 그리스도의 사랑에 대한 견해, ('종교 체험'의 동의어인) 모든 의식에서 하나님이 감동시키는 존재인 성령에 대한 견해 등이 그것이다. 이 외에도 웨슬리는 (무아의 경지, 이적 등) 성령의 놀라운 은사를 판단하는 실제적인 규준을 뚜렷하게 가지고 있었다.[42]) 이는 심지어 오늘의 새로운 은사 시대에도 적용되는 일이다. 우리는 마치 우리가 성령이 무엇을 해야 하고 또 하지 말아야 하는지 아는 것처럼, (방언이나 그 외의) 놀라운 은사에 대한 고백을 즉각적으로 거절해서는 안 된다. 웨슬리는 냉철한 사람이었으나, 원칙적으로 의식의 혼미한 상태(ecstasy)나 흥분하는 일(mind-blowing)에 대해 멸시하는 태도를 갖지도 않았

---

41) 참조. *Lumen Gentium*, chap. V. [in *The Documents of Vatican II* (New York: America Press, 1966)(이하 생략-역주).
42) 참조. 고전 12:28. 또 그의 편지, "To Dr. Warburton, bishop of Gloucester, Nov. 26, 1762 (JWL IV:340)을 보라. 그가 열거한 기이한 은사는 귀신 내쫓기, 방언, 뱀을 다루는 것, 영적 치유, 영 분별 등이다.

다. 그가 강조한 것은, 그런 은사는 그 자체에 목적이 있는 것이 아니라, 항상 성령의 일반적인 은사 곧 사랑, 기쁨, 평안, 인내, 친절의 은사로 판단 받아야 한다는 것이었다.[43] 믿음이 그렇듯 모든 영적 은사는 사랑하기 위해 주어진 것이다. 하나님이 사랑이시기에, 사랑이 하나님에게서 나오는 모든 것의 척도다.

이 외에도 다루고 싶은 것이 많이 있지만, 한 가지만 더 언급하고자 한다. 이는 '전달자'로서의 웨슬리에 관한 것이다. 그가 훌륭한 전달자였다는 것은 부인할 수 없다. 그의 이야기는 가망이 없는 청중에게도 통했다. 즉, 킹스우드의 광부들에게 예수와 (로마의 시인) 호라티우스(Horace)를 인용하며 히스테리를 유발하고, 엉터리 같은 생활을 하던 그 으스대는 사람들에게도 이야기가 통했다는 것이다. 이 사실은 내가 여러 해 동안 그를 연구한 후에도 여전히 내 마음을 사로잡고 있다. 한번은 어떤 친구가, 설교자가 전자 매스컴의 놀라운 잠재력을 사용하다 큰 실수를 한 것에 대해 논평을 했다. 그의 논제는 장기간에 걸쳐 말로 발언하는 시대는 지난 지 오래다는 것이었다. 즉, 오늘날에는 모두가 눈으로 '스폿'(spot, 프로그램 사이에 끼워서 하는 방송-역주)을 본다는 것이다. 즉, 간단한 뉴스와 광고를 '라디오 스폿' '텔레비전 스폿' '간단한 입력'(short input)으로 본다는 것이다. 그 결과 우리 대부분은 벌써 이질적이며 귀에 거슬리는 정보에 의해 너무 많은 짐을 지게 되어, 새로운 '입력'은 덜 필요로 하고, 그보다는 새로운 전망(perspective)을 더 많이 필요로 하게 되었다.

그러나 우리의 설교에 대한 전통은 다른 방향으로 향한다. 그것은 우리에게 오는 청중은 기독교의 기본적인 것을 갖추고 있으므로, 이들이 주로 필요로 하는 것은 집중력과 동기부여라고 추정한다. 곧, 옛 진리에 대

---

43) 참조. 갈 5:22.

한 명확한 설명이 필요하다는 것이다. 이것이 내가 신학교 다닐 때의 슬로건이었다. 그러나 오늘날에 이는 분명히 사실과 반대되는 것이다. 교회 안팎에서 일반적으로 부족한 것은 기독교적 관점이다. 교실이 아닌 곳에서 진리를 충분히 설명하는 것을 들으려 남아 있는 사람은 거의 없다. 더욱이 전자 미디어가 우리에게 지속적인 노출을 제공하고자 해도 그렇게 할 수 없을 것이다. 그러나 열심 있는 복음 전도자들은 예외다. 그들의 '사업 흥행'은 전혀 다르다.44) 이와 같은 사람이, 이것은 바로 '짧은 스케치'(short sketch)의 효과라고 말했을 때, 나는 웨슬리가 설교와 편지를 통해 복음을 짧게 요약하고, 그의 독특한 방법으로 물을 뿌리듯 자유롭게 복음을 전했다는 사실이 떠올랐다.45) 그리고 이것이 그가 당황함 없이 매우 쉽게 설명하고, 논쟁할 때 은유를 사용할 수 있었던 이유다.46)

내 경우에는, 나 자신이 이런 종류의 일을 잘하는 법을 배우는 옛 방식에 너무 집착하고 있다고 느낀다. 나는 격언이 너무 쉽게 슬로건으로 격하된 것을 보았기 때문에, 그것을 신뢰하지 않는다. 그리고 나는 나의 신학적 설명이 매우 분명하고 단순하게 되었을 때는 언제나 무엇인가 빠뜨린 것이 있을 것이라는 반사적 불안감에 사로잡힌다. 그러나 여기에는 새로운 젊은 세대의 설교자들이 자신들의 새로운 수사법으로 옮기는 일을 잘 배울 수 있는 어떤 교훈이 있다고 나는 믿는다. 그들은 다음과 같은 '규칙'을 가지고 그렇게 할 수 있을 것이다.

1. 청중이 온전한 복음을 들을 수 있게 해야 한다(이는 곧 명쾌하며 주의를 끄는

---

44) 참조. James Morris, *The Preachers* (New York: St. Martin's Press, 1973).
45) 참조. 그의 설교, "Heavenly Treasure in Earthen Vessels," I.3; "The Wedding Garment," 6; 그의 편지, "To George Downing", April 6, 1761 (*JWL* IV:146); "To Various Clergymen," April 9, 1764 (*JWL* IV:237).
46) 종교의 '현관' '문' '방'에 대한 유명한 비유; 참조. 그의 편지, "To Thomas Church", June 17, 1746 (*JWL* II:268).

잘 간추려진 언어를 사용해야 한다는 뜻이다).
2. 우리의 목표는 청중이 반응하게 하는 데 있다(즉, 웨슬리가 '적용'이라고 말하는 '행동'이 따르도록 직접 소리를 높여야 한다).[47]
3. 적용은 지속적인 반응을 목표로 해야 한다(즉, 훌륭한 소그룹에 의해 보강받아야 한다).
4. 설득은 반드시 자기 자랑이 아니라 지식과 권위에 근거해야 한다.

이와 같은 설교는 교회를 능히 돌아서게 할 것이다. "왜 그렇게 되지 않겠는가?"라고 첫 번째로 질문할 사람은 웨슬리일 것이다.

우리는 웨슬리가 현대 신학자로서 적절하다는 식의 말이 오늘의 상황에서는 매우 어리석은 것임을 안다. 한 가지는, 이는 메소디스트 신학자와 설교자들이 모두 한결같이 웨슬리를 신학자로 신중하게 취급하라는 뜻을 함축하고 있는 것이다. 그런데 불행하게도 우리는 그렇게 하지 못하고 있다. 지금은 신학을 최우선 사항으로 가슴에 품지도 않고, 소중히 여기지도 않는 반지성주의가 메소디즘 안에 있다. 더 나아가 (또는 결과적으로) 우리는 루터나 칼빈, 성 토마스, 그리고 다른 신학자들이 함께 일하는 데 필적할 만한 웨슬리안 에큐메니컬 전통을 가지고 있지 않다. 많은 메소디스트 신학 교수가 에큐메니컬 센터에서 교육을 받아 왔다(이는 옳은 일이고 적절한 것이다). 그러나 그들은 에큐메니컬 신학 작업에서 자신들의 신학 원천인 웨슬리 자신을 잘 모르고 있었다. 그 결과 웨슬리안 신학자들이 가끔 멸종 위기에 처한 신학자처럼 알려지기도 했다. 그리고 일반적으로 말해, [웨슬리가 에큐메니컬의 자원으로 게오르게 플로로프스키(Georges Florovsky)와 같은 정교회 사제와 마이클 헐리(Michael Hurley)와 같은 가톨릭 교인, 리처드 듀플레시스(Richard DuPlessis)와 같은 오순절 교회 교인, 마틴 슈미트(Martin Schmidt)와 같은 루터교 교인, 가트 린(Garth Lean)과 같은

---

47) 그의 편지, "To Joseph Taylor," Feb. 14, 1787 (*JWL* VII:369)를 보라.

영국 교회 교인에게서 겨우 인정받은 것을 제외하고는] 여전히 메소디스트가 아닌 사람들에 의해 웨슬리가 에큐메니컬 자원으로 발견되어야 한다. 비록 그렇더라도 웨슬리를 인식하는 날은 올 것이다. 적어도 우리는 그날을 준비해야 한다. 즉, 웨슬리가 깨달은 하나님의 은총에 대한 통찰력, 곧 인간의 생명력을 그의 가능성으로 충분히 변화시키는 하나님의 은총에 대한 비전, 그리스도의 십자가와 승리에 대한 비전, 그리스도인의 생활에서의 성결에 대한 비전 등이, 앞으로 있을 재앙에서 살아남을 수 있는 그런 기독교에서 제자리를 찾을 때가 올 것이다.

웨슬리는 찬송을 부르면서 임종을 맞았다. "나는 숨을 쉬고 있는 한 나의 창조주를 찬양할 것이다"라는 아이작 왓츠의 찬송이다. 만약 그것을 경건의 몸짓이라고 말하고 싶다면 그렇게 하라. 엘리자베스 리치(Elizabeth Ritchie)가 웨슬리의 죽음에 대해 말했듯, 이는 웨슬리가 오랫동안 사람들에게 가르친 '죽는 기술'(ars moriendi)을 무의식중에 행한 것임이 분명하다. 그러나 여기에는 그 이상의 무엇인가가 있다. 즉, 그것은 인생의 숨결이 무엇을 위한 것인지에 대한 그의 마무리 발언이었다. 그리고 그 길고 긴 세월 동안 그에게 어떤 일이 있었는지를 말해 주는 것이었다.

우리는 하나님과 사귐을 갖도록 창조되었다. 하나님은 우리의 생애에 계속해서 찬양과 축복의 행위가 있도록 우리를 만드셨다. 이는 우리의 중요한 목적일 뿐 아니라 진정한 기쁨이다. 웨슬리는 살아가면서 이 근본적인 현실에 대한 즐거운 증인이 되었다. 이는 그의 모든 경험과 생각의 기본적인 선율(cantus firmus)이었다.[48] 그러므로 그것은 '거룩하게 살고 거룩하게 죽는다'는 그의 처음 비전을 마지막에 되풀이한 말이었다.

나는 숨을 쉬고 있는 한 나의 창조주를 찬양할 것이다.

---

48) 참조. "Sermon on Our Lord's Sermon on the Mount IV," III. 4. 이하는 생략-역주.

그리고 죽음으로 내 목소리가 사라졌을 때,
찬양은 나의 고귀한 능력을 사용할 것이다.
나의 찬양의 날은
나의 생명과 생각 그리고 마지막 존재에서,
또는 영원히 살아서
결코 지나가버리지 않을 것이다.

1.4. 기독교 전통에서의 웨슬리의 위치

[1976] 이 논문은 1974년에 존 웨슬리 전집이 옥스퍼드 판으로 출판된 것을 기념하기 위해 학자들이 드류 대학교에 국제 대회로 모인 자리에서 발표한 것이다. 아우틀러는 웨슬리가 18세기 영국 교회의 가장 중요한 신학자였다는 자신의 주장을 지지하기 위해, 잘 알려진 자료와 그간 묻혀 있던 역사적인 자료를 깊이 탐구했다. 이 논문은 옥스퍼드 기독교 사전(The Oxford Dictionary of the Christian Church)과 함께 읽을 필요가 있다.

기독교 전통에서 차지하는 존 웨슬리의 위치를 단 한 편의 논문에서 개관적으로 쓴다는 것은 좀 두려운 일이다. 기독교 사상의 역사를 평생 연구했지만, 역사상의 문제로 보이는 기독교 전통에 대한 지식은 천박할 뿐이다. 그러나 10여 년 동안 '믿음과 질서' 분과에 속한 '교회 전통에 대한 신학적 연구 위원회'(Theological Study Commission on Tradition and Traditions)에서 일하면서, 교회 전통을 하나의 신학적 문제로 많이 생각하게 되었다. 그리고 10여 년 동안 웨슬리를 연구하며 보낸 지금의 노년에, 나는 웨슬리가 오늘과 내일의 기독교 전통에서 중요한 위치를 차지하고 있다는 것에 관한 놀랍도록 많은 연구를 하게 되었다. 그러나 이 논문에서는 지면 관계상 그 많은 증거와 논의된 바를 모두 소개하지 못하고, 단지 개괄적인 종합만을 소개할 수밖에 없다. 이 일에 대해 마음이 불편하거나 회의적인 사람들에게는, 나는 이것이 더 많은 자료에서 가져온 것이라고 주장하며 변호할 수밖에 없다. 그 외에 전체 원고보다는 그에 대한 요약을 선호하는 사람이라면 이 글에서 도움을 얻을 수 있을 것이다.

우리 시대까지 분명히 웨슬리의 위치는 (다른 평가도 있기는 하지만) 확실하게 인정받았다. 즉, 그는 메소디즘의 창설자였다. 메소디스트 승리론자에게는 이것만으로도 충분했다. 사람들은 메소디즘을 교회 역사에서 가장 위대한 실제라고 말한 타이어맨의 찬가를 생각한다.[1]. 여기서 필요한 것은 적절한 원인론(etiology)이었다. 그런데 웨슬리가 그 필요로 하는 원인을 충족시킨 것이다. (톰프슨처럼) 메소디즘을 격렬히 반대하던 자들 중 과격한 자들은 메소디즘이 영국의 노동계급의 혁명적 운동을 지지하지 않은 것에 대해 웨슬리를 원망했다.[2] [알레비, 로버트손(Robertson), 셈멜(Semmel)과 같은] 일반 역사가들은 깊은 신학적 근거를 살피지 않았지만, 웨슬리가 역사적인 영향력을 행사했다고 인정했다(셈멜은 조금 다른 입장을 취했지만, 그럼에도 그의 책은 이에 대한 웨슬리의 입장을 연구하는 데 의미 있는 자료로 보인다).[3]

메소디스트가 아닌 사람들은 (약간의 예외도 있지만) 웨슬리를 쉽게 무시해도 되는 사람으로 알았다. 또는 웨슬리를 자신들의 여러 전통의 견지에서 평가하려 했다. 예를 들어, 힐데브란트는 루터의 표준으로 웨슬리를 판정했다. 피에트는 웨슬리의 교리에 가톨릭의 요소가 있다고 인정했으나, 그의 개신교 신학을 잘 이해하지 못했다. 슈미트 교수는 웨슬리의 신학은 청교도주의와 경건주의가 결합된 것으로 보았다.[4] (내가 알기로는) 호

---

1) 참조. Luke Tyerman, *The Life and Times of the Rev. John Wesley* (New York: Harper, 1872), I :1.
2) *The Making of the English Working Class* (New York: Pantheon, 1964), 41-46, 53-54, 362-64.
3) Bernard Semmel, *The Methodist Revolution* (New York: Basis Books, Inc., 1973; London: Heinemann Educational Books, 1974).
4) Martin Schmidt, *John Wesley: A Theological Biography* (London, 1962), I:309.

튼 데이비스(Horton Davies)를 칼빈주의자로 인정하지 않는 한, 대부분의 칼빈주의 역사가는 웨슬리를 깊이 연구하지 않았다. 그리고 [셀, 뉴턴, 몽크(Monk)와 같은] 메소디스트 학자들은 웨슬리의 믿음과 사상에는 청교도적인 요소를 강조하는 것이 있다고 주장했다. 일반적으로 영국 국교회파 사람들은 웨슬리를 메소디스트라고 인정하는 것에 만족해 왔다. 알렉산더 녹스(Alexander Knox), 로버트 사우디(Robert Southey)[그리고 캐논 오버톤(Cannon Overton)]는 웨슬리를 자유스러운 영국 국교도인이라고 생각했다. 그리고 오늘날에는 로널드 녹스(Ronald Knox), 그린(V. H. H. Green), 가트 린과 같은 사람에 의해 특별한 연구가 진행되어 왔다. 그러나 이들 가운데 웨슬리를 중요한 영국 교회 신학자라고 본 사람은 아무도 없다. 아무도 그의 신학적 입장을 설명하기 위해 그의 많은 자료의 잡동사니를 풀려고 시도하지 않았다. 로마 가톨릭은 [헐리(Fr. Hurley)와 같은 예외도 있지만] 이따금 웨슬리의 칭의의 교리를 초기에 트렌트에서 논의된 것5)이나 이후의 벨라르민과 비교하면서 유사점과 차이점을 알아차리기 위해, 웨슬리가 말한 반로마 가톨릭주의를 살펴볼 필요는 없다고 생각했다. 내가 아는 가톨릭교회 인물 가운데, 웨슬리의 '성결한 마음과 생애'에 관한 가르침과 (바티칸 공회의의 주요 문서 가운데 하나인) '교회헌장'(Lumen Gentium) IV와 V에 있는 특기할 만한 글 사이의 비슷한 점을 (글로) 말한 사람은 아직 없다.

웨슬리에 대한 나의 개인적인 관심은, 메소디스트라는 교단의 영웅으로서의 그의 기능과 위치보다는, 내가 그를 특별한 역사적 상황에서 신학자로서 놀라운 일을 성취한 사람으로 간주하게 된 것과 관계가 있다. 그동안 역사 신학자들은 그의 이런 점을 간과해 왔다. 이는 일반적으로 웨슬리가 신학자를 위한 신학자가 아니었기 때문이다. 또 부분적으로는 그

---

5) 참조. Hubert Jedin, *A History of the Council of Trent* (London, 1958), Vol. II, ch. v, 166-96.

가 어떤 하나의 학파에 속하지 않았고 그리고 어떤 학파를 창설하지 않았기 때문이다. 웨슬리의 추종자들이 많지 않았다는 점에 대해서는 이후 더 많은 연구가 필요하다. 역사 신학자들은 대중 전도자들과 보급자들을 의심하며 파생적이거나 지극히 단순한 존재로 보려 한다. 역사적으로 두드러졌던 신학자들은 그들의 비범한 특징에 따라 규정된다. 예를 들어 형이상학(어거스틴과 토마스)이나 성경 해석법(루터), 조직적인 것(칼빈) 등이 그것이다. 그러나 웨슬리는 평민을 위한 신학자였다.—즉 그는 [루터나 할레(Halle)의 경건파처럼] 어떤 학파에 기초하지 않았고, (칼빈이나 녹스처럼) 정치적 기반도 가지지 않았으며, (그의 사후에 생겼지만) 새로운 교파를 만들 의향도 없었다.

다른 한편으로 웨슬리처럼 고전 문화에 몰입하고, 현대 과학과 사회 변화에 개방된 전체 기독교의 전통을 하나의 살아 있는 자원으로 인식한 대중 전도자는 별로 없다. 그리고 웨슬리와 같이 성례전적인 공동체를 신자가 경험을 얻는 환경으로 만들려는 교회의 비전을 가진 사람은 거의 없다. 혹 리처드 백스터, 찰스 시므온(Charles Simeon), 성 존 보스코(St. John Bosco) 등이 그와 유사하다고 생각할 수 있다. 그러나 어떤 점에서만 비슷할 뿐, 전부가 그렇지는 않다.

이에 따른 논지는 '이 웨슬리를 어떻게 잘 묘사할 수 있을까'라는 어려운 문제에 대한 답을 내게 알려 주었다. 즉, 존 웨슬리는 그리스도인의 삶의 성격 곧 그 시작, 성장, 의미, 사회적 영향, 궁극적 목적 등의 해묵은 문제에 대해 분명하고도 종합적인 답을 주고 있기 때문에, 18세기 영국 교회의 가장 중요한 신학자였다는 것이다. 그가 단독으로 부흥운동을 이끈 50년 동안 부단히 고민한 문제는 구원론에 관한 것이었다.—즉, 언어적이거나 추상적인 답변으로는 위안이 될 만한 동기가 별로 없었던 사람들 사이에서의 구원론이 문제였다. (자료를 수집하고 다루는 등) 신학하는 데 있었던 그의 창의적인 모든 일에는 이런 현실적인 관심과 고민이 있었다. 이것이 그의 해석법('성경만으로'), 전통을 중시하는 것, 논쟁에 대한 충동, 다른 복음주의자들과의 끈끈한 동맹, '이성적이고 종교적인 사람들에게 호소'하는 용기 등을 설명해 주고 있다.

기독자의 존재의 성격에 대한 근본 문제는, 주로 (옥스퍼드에서 계속적으로 교신한) 그의 어머니의 신학적인 지도를 통해 처음 엡워스(Epworth)에서 그에게 정의되었다. 그것이 신성클럽에서의 불안정한 경험에 의해 재정의되었다. 그리고 조지아에 있는 모라비안들과 잘츠부르크 이민자들(Salzburger, 독일어를 사용하는 개신교 식민지 주민-역자 주)과의 만남으로 이 문제를 집중적으로 다시 생각하게 되었다. 그 후 피터 뵐러와 믿음에 대해 고민하며 답을 모색하기에 이르렀다. 그 고민은 올더스게이트에서 극적으로 잠시나마 해결되었다. 그러나 더 큰 문제가 그가 부흥을 이어 가고 신학적 사고를 펼쳐 나가는 동안 내내 그를 압박했다. 어느 정도는 기본적인 생각이 결코 변하지 않았기 때문에, 그는 자신의 신학적 입장이 1738년 이후 변했다는 것을 부인했다. 그러나 그 입장의 뉘앙스와 균형은 변했다. 그리고 이 변화가 바로 내가 그의 절충 방식, 예를 들면 「기독교 문고」(The Christian Library)에 있는 신학적 잡동사니와 《아르미니안 잡지》에 있는 그 이상한 발굴물들을 설명하기 위해 찾은 유일한 단서다.

이 가설의 조건에서 우리는 웨슬리의 신학적 위치의 계속된 변화를 믿을 만한 견지에서 설정할 수 있으며, 더 중요하게는 적어도 웨슬리의 일정한 양식(회개와 칭의-중생-성화)의 역동성을 이해하는 가운데, 웨슬리의 율법무용론에 대한 반감[6]과 은총의 교리, 웨슬리가 복음주의 원리를 기독교의 공

---

6) 참조. Semmel, *The Methodist Revolution*, ch. II, "The Battle Against 'Speculative' Antinomianism," 23 이하와 ch. III, "Confrontation with 'Practical'

통적 요소들과 결합한 것 등에서도 그러한 설정이 가능하다. 요약하면, '믿음만으로'와 '거룩한 삶'을 진정한 변증법으로 독특하게 결합한 사람은 웨슬리였다.

모두가 아는 대로, '믿음만으로'와 '거룩한 삶'이 정반대를 이루고 있는 것은, 전통적인 개신교와 비텐베르크, 제네바, 로마 간의 가장 고통스러운 문제였다. 이 두 가지의 본질적으로 다른 견해가 루터와 칼빈으로 하여금 타우퍼(Täufer)를 가톨릭 신자라고 격렬하게 반대하게 만들었다.[7] 이 대립이 [앨리슨(Allison) 교수가 그의 『도덕주의의 탄생』(The Rise of Moralism)[8]에서 편향된 연구일지라도 중요한 것을 말했듯] 영국 교회 신학과 2세기 동안의 완강한 논쟁에서 두 개의 경쟁하는 전통이 생겨나게 했다. 맥아두(McAdoo) 감독이 [『영국교회주의의 정신』(The Spirit of Anglicanism)[9]에서] 이 같은 현상을 좀 다르게, 그리고 한층 풍부한 뉘앙스로 논증했다. 로마 가톨릭교회, 곧 얀센주의(Jansenism)와 '도움에 관한(De Auxiliis) 논쟁'에서의 소란스러운 갈등의 핵심인 유추적용(Mutatis mutandis)은 사변적인 문제가 아니라, 사람이 그리스도인이 되어 그리스도인으로 산다는 것이 무엇을 의미하는지에 대한 문제였다. 이것이 왜 제2차 바티칸 회의가 획기적인 사건 가운데 하나였는지에 대한 이유다. 즉, 이 회의가 은혜와 자유의지에 대한 오랜 문제를 조사할 수 있는 새로운 풍토를 만들어 주었기 때문이다. 로마에서의 제4차 가톨릭 감독 회의에서는 '현대 세계 복음화'의 주제를 집중적으로 다루었다. 만약 이것을 방콕 회의, 로잔 회의, 예루살렘 회의와 대조해 본다면, 기독교의 전도와 양육이 에

Antinomianism," 56 이하.
7) 참조. John S. Oyer, *Lutheran Reformers Against Anabaptists* (The Hague, 1964), 212, 234.
8) New York: Seabury, 1966.
9) New York: Scribner's, 1965.

큐메니컬 지평선에 있다는 것이 진실로 명백해진다.

이것이 웨슬리였다. —그는 성경과 전통에 대한 오래되고 좀 더 귀중한 전통에 근거한 개신교의 고뇌의 계승자였다.— 그리고 그는 당시 어느 신학자보다 분명하게 옛 종교개혁의 양극성이 기독교의 기독교의 미래를 규정하는 것을 멈추었다는 것을 인식했다[이 부분에서 그는 버틀러(Butler)를 능가했고, 그의 정신은 더 강력했다]. 따라서 —부흥운동의 소용돌이 속에서 그 변칙들에 대한 반동으로— 웨슬리는 자신의 신학적 사명은, 모든 대립화를 부인하는 가운데 '믿음만으로'와 '거룩한 삶'을 모두 인정하는 메시지를 전하는 것이라고 생각했다.

우리는 기독교 전통에서의 웨슬리의 위치를 이 시도에서의 성공과 실패의 관점에서, 또한 그 시도가 오늘 우리에게 어떻게 적절하느냐의 관점에서 말할 수 있다.

물론 거의 처음부터 예민한 감시자들이 있었다. 그들은 웨슬리가 신학적 협잡에 빠져 끝이 매우 좋지 못할 것이라고 생각했다. 1742년에 [조시아 터커(Josiah Tucker)라는] 브리스틀 성도교회의 젊은 감독보좌(vicar)는, 웨슬리의 가르침에는 불안전한 것이 있고, 그것들이 혼란을 일으키고 있다고 논평했다.[10] 1745년 9월부터 1748년 3월까지, 자신의 이름을 '존 스미스'(John Smith)라고 표기하는 한 친절한 비평가는, 웨슬리로 하여금 그의 뚜렷한 영감의 교리가 그가 잘 아는 가톨릭의 은혜, 은혜의 수단, 성찬식에 관한 견해와는 상반된다는 것을 볼 수 있도록 도우려 노력했다. 그러나 웨슬리는 그의 권고를 공손하게 거절했다.[11] —사실 그는 자신의

---

10) *A Brief History of the Principles of Methodism* (Oxford, 1742).
11) *The Principles of a Methodist. Occasioned by a late Pamphlet entitled, "A Brief History of the Principles of Methodism"* (Bristol, 1742)를 보라(이하 생략-역주).

비판자들에게서 배운 것이 없다. — 그리고 그 대신 이미 '믿음만으로'와 '거룩한 삶'은 함께 있을 수 있으며, 실제로 메소디스트 신자들이 경험했다는 것을 주장했다. 이 일과 관련해 같은 기간에 웨슬리는 '믿음만으로'의 한쪽만 강조하는 것 때문에 홧필드와 헤어졌다. 윌리엄 로우는 그 반대편만 강조했기 때문에 그와도 헤어졌다. 웨슬리는 불(Bull)이나 틸러트슨(Tillotson) 등이 그를 위해 상징하는 국교회(Establishment)에 맞서서, 그들은 '믿음만으로'에 앞서 도덕적 결심, 곧 행위를 주장한다고 비난하였다. 그는 [링컨 대학의 교원(Fellow)으로서 취해야 할 도덕적 의무가 있는] 신학사(B.D.) 학위를 한 '가정 연설'(supposition speech) 때문에 상실했다. 그것은 분명 그의 설교 중에서 최악의 설교였다: 그의 라틴어는 우아했지만, 정신은 무자비하고 위선적이며 무모했다.[12]

부흥운동이 지속됨에 따라 웨슬리에게 준엄하게 도전한 자들은 영국 교회에 남아 있는 칼빈주의자들이었다. 더욱이 그들 간의 논쟁은, 칭의의 근거가 "외적 근거(formal cause)"인지 "공로로 인한 것(mertorious)"인 것인지에 대한 오랜 구별에서 생긴 것이었다. 이 문제에 대한 논쟁은 일찍이 프리스(Frith), 가디너(Gardiner), 카트라이트(Cartwright), 후커(Hooker), 휘터커(Whitaker), 바로(Baro), 데버넌트(Davenant), 토머스 잭슨(Thomas Jackson) 등으로 거슬러 올라간다. 마침내 1765년에 웨슬리가 ["우리의 의가 되신 주님"(The Lord Our Righteousness)이라는 설교에서] 칭의의 근거는 외적 근거라는 주장을 부정하면서, 그리스도의 죽음의 공로로 인한 근거(meritorious cause)임을 주장했다. 5년 후 그는 이 불안한 협정을, 칭의에 대한 그의 연회 신학적 의사록(minute)에서 박살내 버렸다. 내가 이 의사록에서 처음 느낀 것은, 그것이 소홀하게 작성되었다(뉘앙스가 부족하다!)는 것이다. 그러나 얼마 후 이

---

[12] "Hypocrisy at Oxford," Isa. 1:21, June 27, 1741. 토머스 잭슨이 "The True Christianity Defended"(JWW VII:452-62)라는 제목으로 이 설교의 영어판을 출간했다(이하 생략-역주).

는 웨슬리가 칼빈주의자들을 분개하게 하려 한 것이었다고 믿게 되었다. 그가 한 일이 실제로 그것이었다. 그다음에 그는 공격을 누그러뜨리려 했다. 그러나 그들의 비위에 거슬리는 견해를 철회하지는 않았다. 그렇지 않았다면 쉽게 억압당했을 경우, 플레처의 "변호"(Vindication)13)를 출판하지 않았을 것이다. 예정론자들에게 월터 셀론(Walter Sellon)과 토머스 올리버스(Thomas Olivers)를 놓아 주지 않았을 것이다.14) 웨슬리가 '믿음만으로'를 버렸다는 것은 결코 사실이 아니다. 마찬가지로 그가 1770년 이후로, 다른 복음주의자들의 '거룩한 삶'에 대한 왜곡을 반대하며 오히려 그것을 강조하고 있다는 것을 부인할 수도 없다. 그러므로 그의 첫 번째 위대한 설교 "마음의 할례"(The Circumcision of the Heart, 1732~33)와 마지막 위대한 설교 "혼인 예복"(The Wedding Garment, 1790)은 그의 일생에 걸친 탄원이었다: 곧, 이는 무엇보다 우선하는 하나님의 사랑과, 하나님 안에 있는 모든 이의 사랑을 위한 것이었다.

이 "시작"과 "끝" 사이의 중간에는 웨슬리의 자료와 그의 자료 사용에 대한 정교한 분석을 하고 있었기에 단순한 설화도 출판되지 않았다. 짐작하기로는 그가 독자들에게 (성경 말씀 외에는) 증거자료에 의한 입증(documentation)이 별로 필요치 않다고 보았기 때문에, 이 점에서는 그가 전혀 도움이 되지 않는다. 그러므로 필요한 것은 (내가 보기에 적절하게 해야 할 일은) 그의 자료 및 설교, 일지, 「기독교 문고」,《아르미니안 잡지》등에서의 편집 절차에 대한 어떤 형식적인 비판을 고려하면서, 웨슬리 자신이 읽은 것과 대조해 웨슬리를 읽는 것이다. 이것이 내가 해온 일이다. 그러나 이

---

13) "A Vindication of the Rev. Mr. Wesley's Last Minutes: occasioned by a circular, printed letter … ." Signed "J. Fletcher, July 29, 1771."
14) Cf. Walter Sellon "A Defence of God's Spvereignty …."; "Arguments Against General Reprobation Considered; An Answer to Aspasio Vindicated; Sermons on 딤전 4:14, 딛 3:5. in Works (London, 1814), 2 vols. 이하 생략(역자)

일을 아직 마치지 못했다(아마도 영영 끝내지 못할 것 같다). 그리고 불완전한 탐구에서 중요한 채취를 더 하기에는 공간이 너무 좁다. 그러나 이것이 내가 웨슬리를 그의 시대에서, 그리고 그의 방식대로 비판적인 역사 편찬의 시각에서 보려 노력한다고 말하는 것을 설명해 줄 것이다.

그동안 과소평가된 사실이지만, 웨슬리의 부모는 비국교주의에서 가르침을 받았지만 후에 영국 국교회로 개종했다. 그의 아버지 새뮤얼에게는 '자기본위'(self-seeking)의 성격이 있었다. 그 성격 때문에 그가 관대하게 어리석었거나, 슬프게도 자기기만에 빠졌다고 말할 수 있다. 그는 어리석었으며, 괴짜였고, 타고난 패배자였다. 그러나 그의 주요 동기는 완고하게 원칙에 의거했다. 그리고 그 원칙은 그의 첫 개종을 유발한 비국교주의의 무법 상태의 두려움에 의해 강화된 토리의 영국교회주의(Tory Anglicanism)였다. 헨리 서셰버럴(Henry Sacheverell)과 애터버리(Atterbury) 감독에 대한 비현실적인 방어 또는 비국교도들에 대한 무모한 공격을 이밖에 어떻게 달리 설명할 수 있겠는가? 수잔나 웨슬리의 영국 교회로의 개종은 더 반사적이지만 그럼에도 고통스러웠다. 비국교주의의 위대한 창시자의 막내딸이 비국교도에서 그 반대 방향으로 옮기는 일이었기 때문이다.

존 웨슬리는 이런 보상 없는 미덕의 풍토에서 자라나, 아르미니안이나 라우디안(Laudian)이라고 정당하게 부를 수도 없고, 물론 광교파(Latitudinarian)라고 부를 수도 없는 하나의 신학적 지위에 이르렀다. 그 대신 그것은 피터 헤일린(Peter Heylyn)이 이미 설명하고 변호한 '옛 영국 개신교'였다. 이는 도르트(Dort)나 아르미니우스보다도 오래됐고, 헨리 8세보다도 오래된 것이었다.[15] 웨슬리안은 이것을 (당시 널리 퍼져 있던 영국 교회의 견해인) 도덕적 청렴의 복음으로 이해했고, 웨슬리가 그것을 주입했다. 그리

---

15) 참조. Peter Heylyn, *Historia Quinquarticularis* (London, 1681), Part III, ch. xxii, 631.

고 그는 아버지에게 (약어법을 포함해) 설교의 기술을 배우고 있었다. 어머니 수잔나에게서는 [카스타니자-스쿠폴리(Castaiza-Scupoli)와 스쿠걸(Scougal) 의] 의지-신비주의(will-mysticism)의 핵심을 배웠다.16) 그는 아버지와 어머니의 영향으로 평생 예정론을 혐오하게 되었다.

그는 차터하우스(Charterhouse)와 크라이스트 처치 대학에서 고전과 성경이라는 두 개의 뿌리를 가진 기독교 인본주의의 전통에 대한 기초적인 방향의 전환을 경험했다(나는 이를 '개종'이라고 부르고 싶다). 그가 후에 정규 학교교육에 대해 느낀 불만은, 그가 그것을 통해 정보와 통찰력, 그리고 (그럼에도 쉬운 말로 평민에게 전하는) 수사학 등을 일평생 습득하게 되었다는 명백한 사실과 저울질해 볼 필요가 있다.

1725년 그는 다시 개종했다. 이번에는 그의 어린 시절과 청춘기의 '거룩한 삶' 전통에 대한 실존적인 중요성을 향한 개종이다(이것이 그가 "기독자의 완전에 대한 해설"의 두 단락에서 말하고자 하는 것이다).17) 만약 사람이 (독일 경건파 사람들이 주장하는 대로) 인생에서 한 번만 개종할 자격이 있다면, 이것이 그것은 아니었다. 그러나 '거룩한 삶'은, 그가 1738년 이후 상소한 '믿음만으로'처럼, 그의 계속되는 그리스도인의 관심사에서 심오한 원리가 되었다. 웨슬리는 나중에 그의 그리스도인으로서의 성장의 이 단계에서 이 '믿음만으로'에 대해 들어 본 적이 없다고 주장했다.18) 하지만 이것은 적어도

---

16) 참조. Juan de castaniza [i.e., Lorenzo Scupoli], *Spiritual Conflict*, tr. by Robert Reade and revised by Richard Lucas (London, 1698); Henry Scougal, The Life of God in the Soul of *Man; or the Nature and Excellency of the Christian Religion*, etc. (1677); 6th ed. with a preface by Gilburt Burnet (London, 1733).

17) *A Plain Account of Christian Perfection, as Believed and Taught by The Reverend Mr. John Wesley, from the Year 1725, to the Year 1777*, in *JWW* XI:366-448(이하 생략-역주).

18) 참조. "Remarks on Mr. Hill's Review" (*JWW* X:403); … (중간 생략-역주) … 그의 편지, "To William Law," May 14, 1738 (*JWL* I:239-42); … (중간 생략-역주) …

과장된 것이다. 그가 후에 도르트와 예정론(TULIP)에 의해 촉발된 대토론에서, 모든 문제 즉 존 살마슈(John Salmarsh)와 토비아스 크리스프(Tobias Crisp)의 율법무용론, 그리고 불과 백스터, 번연에 대해 넌지시 언급하고 있기 때문이다. 또 그는 자신의 새로운 신학의 타당성을 증명하기 위해 (1738년에) 크랜머 편에 섰고, 그의 전도자들에게 백스터의 『칭의에 대한 격언』(Aphorism on Justification, 1640)을 읽도록 했다. 이 책은 백스터가 이미 버렸기 때문에 희귀한 책이 되었다.[19]

웨슬리가 이 모든 것을 올더스게이트 이후에 습득했는가? 물론 아니다. 옥스퍼드 대학에서의 서툰 강의도 이 악명 높은 과거에 대해 그를 가르치지 못했을 것이다. 그리고 그의 시대에는 존 가이즈(John Guyse, 1680~1761)나 필립 도드리지(Philip Doddridge, 1702~1751) 같은 사람이 있었다. 웨슬리가 말하고자 한 것은, 그가 모라비안들과 잘츠부르크 이민자들을 만나기 전에는, 사람에게 '믿음만으로'가 필요하다는 도전을 받아본 적이 없었다는 것이다. — 피터 뵐러, 올더스게이트, 헤른후트(Hermhut), (1736년에 출판되고 웨슬리가 1738년 10월에 읽은) 조나단 에드워즈의 "미국 동북부에서의 놀라운 하나님의 역사에 관한 충실한 이야기"(Faithful Narrative of a Surprising Work of God in New England)와의 조우의 결과는 분명히 좋은 것이었다. 그리고 그것은 두 가지 결론을 더 낳았다. 1738년은 웨슬리에게 신학적으로 놀라운 해였다. 그리고 올더스게이트는 '믿음만으로'와 '거룩한 삶' 사이의 우선순위를 뒤바꿔 버리고, 다시는 그것을 뒤바꾸지 않기로 결정한 극적인 순간이었다.

그러나 올더스게이트가 웨슬리의 마음을 안정시키거나 이후의 견해들을 고정시켰다고 생각하는 것은 잘못이다. 그는 본능적으로 반응을 나

"On the Wedding Garment," 18 (JWW Ⅶ:317) (이하 생략-역주).
19) 백스터는 1649년의 마지막 출판을 허락하지 않았다.

타내는 사람이었다. 그리고 즉흥적인 종교 운동의 전개는 (한번 보기에는 그 징후가 풍부할지라도) 그가 고백한 것보다 더 그를 심한 신학적 혼란에 빠뜨렸다. 모라비안들은 이를 빨리 알아차리고 그를 미성숙한 인간(homo perturbatus)으로 여겨 성찬식을 막았다.[20] 그리고 (그가 1739년 1월 4일의 일기와 1766년 6월 27일에 찰스에게 쓴 편지에 기록했듯) 그에게는 반복되는 종교적 절망의 일시적인 틈이 있었다.[21] 더 중요한 것은 그가 전에 칭의와 확신을 같은 것으로 주장해 많은 사람을 몹시 절망시켰는데, 이제 와서는 그 주장을 조용히 버렸다는 것이다.[22] [1960년대에 콘(Colne)과 그 밖의 여러 곳에서 온전한 성화를 '제2의 축복'으로 공언하는 것이 유행이었다. 웨슬리는 그 현실을 받아들이고, 그것에 대한 이론적 설명으로 조정했다. 마침내 모라비안과 칼빈주의자들과의 투쟁에서 그에게 강요된 변화가 일어난 것이다.

올더스게이트에서 그에게 있었던 궤적에서 나타난 여러 가지 일에 대해 논평할 수 있는 한 가지는, 웨슬리가 마침내 '믿음만으로'를 구원 사역에서 저절하고 중요한 자리에 놓았지만, 단순히 '거룩한 삶'의 주제를 버리거나, 칼빈주의자들처럼 그 주제를 '믿음만으로'에 병합하려 하지 않았다는 것이다.

"우리는 [베자(Beza)가 말했듯] 구원에서 이것이 앞서는가, 저것이 앞서는가[곧 칭의가 앞서는가, 성화가 앞서는가]를 조금도 고민할 필요가 없다. 구원은 결코 저것 없이는 이것도 얻을 수 없기 때문이다."[23]

---

20) 참조. Daniel Benham, ed., *Memories of James Hutton* (London, 1856), 40.
21) 참조. *JWJ* II:125, *JWL* V:14-16, *JWO* 80-82.
22) 참조. Bernard G. Holland, "'A Species of Madness': The Effect of John Wesley's Early Preaching," in *Wesley Historical Society Proceedings*, Vol. XXXIX, Part 3 (October, 1973) 77-85, 81-85.
23) 참조. William Forbes, *Considerationes Modestae et Pacificae* (1658), in *A Library of Anglo-Catholic Theology* (1850), I:173.

이는 사실상 '믿음만으로'에 대한 전통적 개신교의 견해가, 웨슬리의 완전의 교리와 사랑에서의 완전함을 이 세상에서 기대하는 것을 인정하지 않으므로, 그가 그들의 견해를 부인했다는 것을 의미한다.[24] 그는 그들의 입장에서 어느 정도 (기독론, 원죄 등) 전통적인 어거스틴의 기반에 근거한 구원론을 전개했지만, 그것은 기독교 윤리를 복음적으로, 또 복음을 도덕적으로 만들었다. 그리고 칭의와 중생을 연결하고, 의의 전가(imputation)와 전달(impartation) 모두를 인정하며, 인간의 자만심과 수동성을 모두 부인했다. 그는 여러 가지 '규칙'을 만들었다. 그러나 동시에 철저히 규칙을 지켜도 단지 '명목상의 그리스도인'(Almost Christian)의 상태로 있게 될 것이라고 경고하기도 했다. 그는 (오든 교수가 날카롭게 지적했듯)[25] 그리스도인의 성장을 위해 집중적인 소그룹 양육과 상담을 개발했다. 이 모든 것은 그의 큰 계획, 곧 믿음과 사랑의 열매에 근거한 그리스도인의 생활을 표현하고 촉진하기 위한 계획에 포함된 것이었다. 그는 1738년 11월 12~18일 동안의 자신의 활동을 보고하면서 다음과 같이 간략하게 시사했다.

> "11월 12일 주일, 나는 (옥스퍼드의) 더블린 성에서 설교했다. 그다음 주에는 믿음으로 말미암는 칭의에 대해 많이 논의되고 있는 것에 관해 영국 교회 교리는 무엇이라 말하는지 좀 더 자세히 연구하기 시작했다. 그리고 설교들에서 발견한 것을 발췌해 다른 이들이 사용할 수 있도록 인쇄했다."[26]

이는 이상하게 삼가서 말하는 것이다. 여기서 말하는 참조문은 분명 설교집과 교리 신조, 그리고 그 결과로 출판된 책(웨슬리가 처음으로 발행한 신학 서적), 영국 교회의 구원과 믿음과 선행에 관한 교리(Doctrine of Salvation, Faith

---

24) 참조. "The Large Minutes," 1766, 54.
25) Thomas C. Oden, *The Intensive Group Experience: The New Pietism* (Philadelphia: Westminster, 1972), 56-88.
26) *JWJ* II:101.

and Good Works According to the Church of England, 1738)다. 하지만 이 안건 자체로 인해 일주일 내내 웨슬리가 바쁘지는 않았을 것이다. 설교집과 교리신조는 복합적인 배경을 가지고 있었다. 그래서 그 후 토론이 이어졌다. (모두가 알고 있었듯) 웨슬리도 '이 많은 논쟁이 되고 있는 것'에 대한 영국 교회의 교리는 결코 합의에 도달한 적이 없었다는 것을 알고 있었다.

(적어도 웨슬리에게는 결정적이었던) 설교집은 크랜머의 것이었고, 크랜머 뒤에는 그로퍼(Gropper)나 콘타리니(Contarini)와 함께, 마르틴 부처[Martin Bucer, (그의 두 면이 있는 의(*justitia duplex*)의 교리와 『레겐스부르크의 책』(*The Regensburg Book*, 1541)에 나오는 화유적 공식]이 있었다. 또 크랜머의 배후에는 멜란히톤(Melanchthon)의 '원인의 일치'(*causa concurrens*)가 있었다. 게다가 크랜머의 장인인 안드레아스 오시안더(Andreas Osiander)가 있었다는 것도 그다지 부수적인 사실은 아니다. 한층 더 먼 배경은 영국의 기독교 휴머니즘의 원천, 곧 에라스무스였다. 그리고 그 배후에는 영국의 명목론의 자유의지 전통[27]과 리처드 롤(Richard Rolle)과 노르위치의 줄리안(Juliana of Norwich)의 '기록한 삶' 신비주의가 있었다.

교리 신조는 '믿음만으로'의 전통을 위한 영국 교회의 보루였다. 그리고 그 신조는 칼빈주의자들에 의해 그들의 유명한 5대 교리 'TULIP'를 공식적으로 찬성하는 것으로 여겨져 왔다. 그러나 웨슬리는 교리 신조에 대한 예정론자들의 해석은, 청교도 공화정치가 붕괴된 후 70년 만에 대부분의 영국 교회 신학자들에 의해 사실상 거부당했다는 것을 알았다. 그래서 그는 흥미로운 작업을 했다. 즉, (에드워즈로부터 줄리안까지의) 덤불을 거쳐 돌

---

27) 참조. Wesley's Oxford Diary, V, [vi]; 그의 설교, "On Working Out Our Own Salvation," III, 6-7 (*JWW* VI:512-13); "The Signs of the Times," II, 10 (*JWW* VI:311); "The General Spread of the Gospel," 9 (*JWW* VI:280); "The Imperfections of Human Knowledge," 1 (*JWW* VI:337); "On Schism," 21 (*JWW* VI:410).

아가 작업하면서, 크랜머의 비길 데 없는 수사법을 축소하고 그것을 자신의 지위를 쌓는 데 사용하기로 결정한 것이다. 그는 당시 청교도와 비국교도들에게 대항해 여러 가지 이유[감독제도(prelacy), 예복(vestment), 세속적인 지원에 의존하는 정착한 성직자 등]로 영국 교회의 주장을 포기할 준비가 되어 있는 영국 국교회 사람이었다. 또 그는 타우퍼의 노방설교의 전통을 이어받고 집중적인 소그룹 훈련을 시작하려는 시발점에 있었다.[28] "세계는 나의 교구다"라는 말도 과거 타우퍼의 모토였다.[29] 그런데도 그는 여전히 그의 복음주의 메시지를 영국 교회의 뿌리에 접목하기로 결심한, 확고하고 자의식이 강한 영국 교회 회원이었다.

그는 로마 가톨릭교회를 거부하고, 나아가 후커의 『교회 정치 규정 V』(*Law of Ecclesiastical Polity*, V)와 일치하는 성례의 은혜의 교리를 개발하려 애쓰면서 사제 제도까지 거부했다. 그는 당시 곧 옥스퍼드의 세인트 메리(St. Mary) 교회에서의 일을 마칠 것이지만, 링컨 대학에서는 아무것도 하지 않으면서 계속 급료를 받았다. 그는 영국 교회와 그와 관련된 거의 모든 일을 비난하고, 그 사제직과 대학교들에 대해 전면적인 판단을 내리고, 엑서터(Exeter)와 글로스터(Gloucester)의 감독들에게 등을 돌렸다. 그리고 심지어 메소디스트의 분리가 사실상 미리 결정된 후에도, 여전히 영국 교회에 메소디스트 사람들과 함께 머물러 있었다. 사람들은 (현지의 문제 등을 제외하고) 메소디스트와의 총격전을 피하기 위해 감독들 사이에 무언의 합의가 있었다고 추측할 수도 있다. 이렇게 메소디스트의 사역은 영국 교회 안에서, 또는 영국 교회를 위해 계속되었다. 리처드 그레이브스(Richard Graves)는 『영적 돈키호테』(*Spiritual Quixote*)에서 풍자적으로 다음과 같이 말했다.

---

28) 참조. Oyer, *Lutheran Reformers Against Anabaptists*, 128(이하 생략―역주).
29) 참조. Franklin Littell, "The Anabaptist Theology of Missions," in *The Mennonite Quarterly Review*, XXI:1 (January 1947): 12.

> "우리의 현대 순회 개혁자들은 하나님의 지시를 따를 필요를 느끼지 않고 있으며, 인간의 법을 무시하며 행동하고 있다. 그들은 기독교 공동체에 복음을 팔아넘기고 있다."[30]

루터의 로마서 주석 서문이 올더스게이트에서 웨슬리가 가슴 뜨거운 체험을 하는 데 큰 자극이 되었다는 것에 관해서는 많이 언급되지만, 루터의 갈라디아서 주석[31]과 성화에 대한 불충분한 교리에 대해 웨슬리가 후에 혹평한 일에 대해서는 별로 말하지 않는다. 웨슬리는 다음과 같이 말한다.

> "믿음만으로 의롭다 함을 받는다는 교리에 대해 루터보다 더 잘 글로 설명한 사람이 누가 있는가? 또 성화의 교리에 대해 루터보다 무지하고, 그 교리의 개념에 대해 더 혼동하고 있는 사람이 누가 있는가?"[32]

루터와 웨슬리를 가장 멀리 갈라지게 한 것은, 극복할 수 없는 인간의 탐욕과 '신자 안에 있는 죄'에 대한 서로 다른 견해다. 이것은 기독자의 완전을 이 세상에서 기대할 수 있는지의 문제에 대한 그들의 견해 차이와 관련이 있다.

웨슬리와 칼빈의 관계에서, (내가 생각하건대) 칭의에 대해서는 웨슬리는 제네보아(Genevois)와는 머리카락 하나의 차이도 없다고 계속해서 말했다.[33] 그리고 그는 칼빈주의자들이 말하는 'TULIP' 중 'T'(전적인 타락과 원

---

30) *The Spiritual Quixote: Or, the Summer's Ramble of Mr. Geoffry Wildgoose* (1773) [Barbauld Edition, London, 1820], 1:55.
31) 참조. JWJ II:467.
32) "On God's Vineyard," I.5 (*JWW* VII:204).
33) 참조. "Minutes of the Second Annual Conference, Bristol, Thursday August 1, 1745," Question 22f. in *JWO* 151-52. 또 그의 편지, "To John Newton," May 14,

죄)에 관해서는 매우 비슷한 견해를 가졌다. 그러나 그 외의 네 가지('ULIP')는 받아들이지 않았다. 웨슬리는 예정보다는 하나님의 선행적 은혜를 말함이 좀 더 유익하다고 생각했다. 그리고 제한된 속죄설보다는 분명하게 만인을 위한 구속을 말하며, 어떻게 은혜가 불가항력적으로 역사할 수 있으며 성도가 영원히 견인될 수 있는지에 대해 반문했다. 죄인 안에 잃어버린 바 된 하나님의 형상에 대한 그의 교리에는 치료적인 측면이 있기에, 그 복원의 가능성이 타락한 상태에서도 남아 있는 것이다. 웨슬리는 죄를 정욕에서 나오는 것으로 보는 대신, 의지에서 비롯되는 것으로 보았다. 그러므로 그는 죄를 알고 있는 하나님의 법을 위반하는 것이라고 정의했다.[34] 웨슬리와 칼빈주의자들 간의 요란한 논쟁은 예정(pedestination)의 교리에 있었다. 그리고 더 깊은 논쟁은, 그리스도의 속죄의 죽음이 의롭게 하는 믿음의 형식적 근거인지, 공로로 인한 근거인지에 있었다. 트렌트 회의는 칭의의 근거로 다섯 가지를 말했다.

1. 영원한 근거: 하나님의 영광
2. 효과적인 근거: 하나님의 무한한 자비
3. 공로로 인한 근거: 그리스도의 수난과 죽음
4. 수단이 되는 근거: 세례
5. 외적 근거: 하나님이 베푸신 정의[35]

청교도들은 윌리엄 퍼킨스(William Perkins)의 지시를 따라[36] 즉각적으로 트렌트 회의의 다섯 번째 근거는 타고난 인간의 의의 도입, 곧 행위로 의

1765 (*JWZ* IV:298)를 보라.
34) 참조. "On Perfection," II.9; III.9 (*JWW* VI:417, 423); 또 그의 편지, "To John Hosmer," June 7, 1761 (*JWZ* IV:155)를 보라.
35) 1.3, 신학자로서의 웨슬리: 그때와 오늘"에 있는 각주 25를 보라.
36) 참조. William Perkins, *A Golden Chaine, or The Description of theologie; Containing the Order of the Causes of Salvation and Damnation, According to God's Word* … London, 1591.

롭다 함 받음을 의미하는 것으로 잘못 이해했다. 그래서 그들은 반대로 그리스도의 죽음이 칭의의 외적 근거라고 주장했다. ─이에 따라 'TULIP'의 형태는 논리적 귀결로, 외적 근거는 그 정의에 의하면 효과적이라는 의미가 있으나, 그리스도의 죽음이 모두에게 효과적이지는 않다고 말하게 된다.

이에 대한 영국 교회의 반응은, 칭의의 형식적 근거는 믿는 모든 사람에 대한 하나님의 서약하시는 자비라는 것이었다. 이는 (트렌트 회의의 셋째 항목에 있듯) 그리스도의 죽음을 공로로 인한 근거로 주장함을 인정하는 것이다. 웨슬리는 '믿음만으로'를 의의 전가와 전달, 상대적 변화와 실제 변화, 칭의와 중생 등을 언급하면서 25년간 설교한 후에, 우리가 언급했듯, 설교 "우리의 의가 되신 그리스도"에서 이 입장을 명확히 서술하지 않을 수 없다고 생각했다.

이것(그리고 1770년의 의사록)은 웨슬리가 지난 20년간 지속적인 논쟁에 사로잡혀 지겨움과 과잉에 이르게 되었다는 것을 의미했다. 그 어조는 그가 그 전쟁에서 자신의 주요 무기로 만들었던 기관지, 곧 '아르미니안 삽지'(1778)에 반영되어 있다. 이 이름은 칼빈주의자들이 (옥스퍼드에서는 '메소디스트'라고 불렀듯) 자신에게 붙여 놓은 경멸적인 꼬리표를 받아들인 것이다. 이는 그들이 대부분의 상대편에게 내던진 통명이다. 로드(Laud)는 아르미니안이었다. 할레스(Hales)와 몬터규(Montague), 백스터도 마찬가지다. 웨슬리는 주로 칼빈주의자가 되지 않았다는 의미에서 아르미니안이 되었다! 그는 또한 '백스테리안'(Baxterian)이라고 불렸을지도 모른다. 그리고 어떤 경우에도 그의 '아르미니아니즘'(Arminianism)은 그의 형성기에 아르미니우스에게서 직접 배운 것이 아니다. 웨슬리는 자신이 좋아하는 신학자는 거의 모두 자신의 「기독교 문고」에 수록했는데, 아르미니우스는 거기

에 포함되지 않았다.37)

《아르미니안 잡지》에는 피터 베르티우스(Peter Bertius)의 장례식 설교38)와 도르트39)에 대한 친레몬스트란파(pro-Remonstrant)의 역사가 있다. 그리고 그것이 전부다.

이 논쟁의 장에서 발견할 수 있는 것은, 우리가 말해 온 오래된 논쟁에 대한 과거 목격자들의 엄청난 명부다. 그중 몇몇은 너무 불명확해서 웨슬리가 그들을 발견할 때마다 사람들은 의아해한다. 예를 들어, 거기에는 (영국 측에서는) 토머스 고드(Thomas Goad), 새뮤얼 호아드(Samuel Hoard), 존 플라페레(John Plaifere), 로렌스 워목크(Laurence Womock) 등과 (유럽 측에서는) 세바스티안 카스텔리오(Sebastian Castellio)가 있었다. 이들은 모두 자유의지와 거룩한 삶을 주장했다. 나는 플라페레와 카스텔리오 두 사람을 12명의 표본으로 소개한다. 이들은 대표적인 인물이며, 웨슬리 학자들에게 (내가 아는 한) 무시되어 왔다. 이 점에서 내가 잘못 이해했다면 친절하게 시정해 주기 바란다.

존 플라페레는 잘 알려지지 않아 '국가 전기 사전'(Dictionary of National Biography)에는 실리지 못했으나, '영국 박물관 목록'(British Museum Catalogue)과 '매칼핀 소장품'(McAlpin Collection)40)에는 그에 대한 하나의 항목이 있다. 그러나 그 하나의 항목, "나는 복음에 호소한다"(*Appello Evangelium*, 1651)는 대단히 흥미로운 논문으로 밝혀진다. 청교도 권력이 정점에 이

---

37) 참조. Sir Henry Wotton's biography (with a character sketch of Arminius) in XV:342 이하.
38) 참조. Vol. Ⅰ (1778), 9-17.
39) 같은 책, 17-28; 49-58; 97-107; 145-54.
40) *Appello Evangelium [An Appeal to the Gospel] for the true doctrine of the Divine Predestination, concorded with the orthodox doctrine of God's free-grace and man's free will* …. London, 1651.

르렀을 때 그것이 발표된 것을 생각하면 더욱 흥미롭다. 이 논문은 하나님의 은총과 인간의 자유의지에 대한 정통 교리와 조화된(일치된) 하나님의 예정의 성실한 교리를 주장하고 있다. 그리고 에라스무스의 자의식이 강하다. 더욱 예상치 못했던 (또 중요한) 것은, 무자비한 혐오자 웨슬리가 『그리스도인에게 필요한 교리와 깊은 지식』(A Neccesary Doctrine and Erudition for Any Christian Man, 1543)이라는 오래된 책에 있는 칭의에 대한 플라페레(Plaifere)의 글을 길게 인용한 일이다. 그는 그 특정 구절을 거의 그대로 남겨 두었다. 우리 중 몇몇은 물론 이 책이 (헨리 8세의) '왕의 책'(King's Book)이라고 불린다는 것과, 칭의에 대한 신조를 기초한 자들 중 한 사람은 아마도 스티븐 가디너(Stephen Gardiner)였다는 것을 알 것이다. 이 사람은 (중세기 유럽에서 가끔 있던) 법왕과의 심한 언쟁에서 가톨릭 왕을 완강하게 지지한 견실한 가톨릭 감독이었다. 플라페레를 인용한 것이 《아르미니안 잡지》 1권, 545-49쪽에 실려 있다. 또 『왕의 책』(1932) 레이시 판(Lacey edition)의 147-51쪽에 같은 글이 실려 있다. 그리고 거기서 트렌트 회의에서 폴(Pole) 추기경이 주장한 것과 비슷한 칭의에 대한 견해를 논의하고 있다.[41] 이 모든 것에 대해 우리가 어떻게 생각해야 하는가?

웨슬리가 카스텔리오의 『예정, 선택, 자유의지에 대한 대화』(1578년 초판) IV권(1781)과 V권(1782)에서 100페이지 이상을 선택했다는 것은 어쩌면 더 이상한 일일지도 모른다. 대부분은 카스텔리오를 잘 알 것이다. 그는 우아한 라틴어 학자요, 성경 번역자이며, 유명한 성경 이야기꾼이자, 종교적 관용을 열렬히 옹호한 사람이다. 그러나 뷔송(Buisson)만이 이러한 대화에 대한 실질적인 논의를 시도했다. 그것도 그다지 눈에 띄는 것은 아니었다. 웨슬리는 1696년 프랑크푸르트에서 발행한 책에서 그들에 대한 이야기를 하고 있는 것으로 보인다. 그 책에는 『그리스도를 본받아』

---

41) 참조. Jedin, *A History of the Council of Trent*, II:172, 181, 189.

라는 책의 번역(수도원에서 키케로식 라틴어까지)과 함께, 네 개의 대화(#IV, De fide)가 묶여 있다. 웨슬리는 토마스 아 켐피스의 이 책을 킹스우드 학교의 교사들이 읽기를 원했다. 그러나 그는 다름 아닌 파우스투스 소시누스(Faustus Socinus)에 의해, 그 안에 있는 "독자들에게 보내는 말씀"(address to the reader)도 알아챘을 것이다! 웨슬리는 카스텔리오의 '대화'들이 프란시스 놀리스(Francis Knollys)와 벌리(Burleigh) 경, 레스터의 얼(Earl of Leicester)에게 비난받았고, 다음으로 엘리자베스 여왕에 의해 폐지되었다[42]는 것을 알았거나 몰랐을 수도 있다. 이것이 내가 그의 서론을 매우 흥미롭게 여기는 이유다.

"오늘날과 지난 시대에 예정에 관한 수많은 논문이 쓰였다. 그러나 나는 지금까지 200년 전에 쓰인 카스텔리오의 '대화'들만큼 좋은 감각과 유머가 있는 것을 보지 못했다. 그러나 나는 그것이 우리말로 된 것이 있는지는 알지 못한다. 그러므로 그것이 영어로 번역된다면 모든 편견 없는 독자에게 기쁨을 줄 것이라고 믿는다."[43]

독자들은 카스텔리오(Castellio)를 어떻게 이해하고, 또 우리는 웨슬리의 관심 또는 웨슬리가 유일하게 영어로 번역한 인쇄물에 대해 어떻게 이해할 것인가?

이는 웨슬리가 논평 중인 엄청난 도서 목록(드물게 유명한 제목들, 또는 우리에게 유명하다고 알려진 것들)을 가지고 있었음을 보여준다. 그는 전에 있었던 논쟁들을 식별력과 통찰력을 가지고 비판적으로 검토했다. 그리고 (만약 사람들이 대중에게 알려지지 않은 그의 단서를 알기 위해 애쓴다면) 세상이 볼 수 있도록 스스로 고른 이미지에 따라 자신이 원하는 것을 선택했다. 그것은 평민을 위

---

[42] 참조. Ferdinand Buisson, *Sebastien Castellion: sa vie et son oeuvre (1515-1563)* (Nieuwkoop: B. de Graff, 1964), Appendice cxviii, II:498.
[43] *The Arminian Magazine*, IV:vi. 참조. *JWW* XIV:289.

한 영국 교회 신학자의 이미지요, 대중 전도자와 소그룹 치료 전문가의 이미지다. 그리고 그의 메시지는 '성결로 인도하는 사랑으로 역사하는 믿음'이었다. 이 중심 비전은 분명하고, 그 해설은 그의 통역자들 중 누군가가 지금까지 깨달은 것으로 보이는 것보다 훨씬 더 풍부한 뉘앙스를 가지고 있다. 더욱이 기독교 사상의 역사에 있는 웨슬리의 동료들의 명단을 검토한 후, 나는 실용적 지식(scientia practica)으로서의 신학에 대한 그의 이해까지 뛰어넘거나 심지어 일치시킨 극소수를 발견한다(소수의 사변적 천재는 제외한다).

구원의 신비에 대한 그리스도인의 사고의 과정에 대해, ―많은 분석적 죄를 다루는 놀라운 일반성을 감히 표명하려는― 사람들은 두 가지 큰 대조적인 관점으로 볼 수 있다. 이 두 관점은 항상 불안정한 긴장 상태에 있었고, 어느 한쪽이 다른 한쪽을 약화시키는 데 성공했을 때 그 효과는 약해졌다. 하나는 우리가 라틴어 계통의 기독교(Latin Christianity)라고 칭하는 기독교와 많이 연관되어 있고, 다른 하나는 특별히 동방 및 희랍 교회와 연관되어 있다.

라틴어 계통의 기독교에서 관례적으로 사용하는 언어는 '허용' '변제' '사면' '최후의 영광' 등이고, 희랍 계통의 교회에서 자주 사용하는 언어는 '용서' '화해' '참여' '완전' 등이다. 라틴어 계통 기독교에는 (로마와 중세의) 법정에서 사용하는 은유나 이미지가 많고, 희랍 계통의 기독교는 하나님에게로의 존재론적 참여[곧 하나님의 변형(metousia theou)]의 비전에 매료되어 있다. 하나는 십자가를 강조하고, 다른 하나는 십자가를 가리킬 뿐 아니라 그것을 지나 저 너머의 영광을 가리킨다. 훌륭한 칭호가 붙은 신학자는 누구도 이러한 강조점 중 하나를 완전히 부인한 적이 없다. 그러나 (정치를 참고로 설명하지 않고서는) 두 전통의 어조에서 극적인 차이를 보거나 느끼지 못하는 역사학자들은 이상하게도 무감각하다. 그럼에도 우리의 새로운 에큐메니컬 시대, 즉 우리가 이 운동에서 실질적인 정치가의 능력이 거의 붕괴된 현재의 순간에 있음으로써 비극적으로 불구가 된 시대의 주요 특징 중 하나는, 서방과 동방의 신학이 상호 작용하며, 기독교의 영성에 대한 우리의 새로운 견해와 경험이 있다는 것이다. 이것은 도전과 부분적인 성취로 사면과 참여 두 주제의 중요한 통합을 파악한 개신교 신학자는, 매우 독특한 시스템에 대해 대변하는 많은 사람만큼이나, 적어도 우리 시대에 적합한 관련이 있다는 것을 의미한다. 이는 오늘날 유행하고 있는 소위 새로운 신학이라고 불리는 것보다 더 관련성이 있다. 나의 판단에 의하면, 웨슬리는 이 중요한 통합을 분명히 파악했다. 그래서 웨슬리가 그때와 오늘날에도 특별한 위치를 차지하고 있는 것이다.

더 세밀한 요점을 말하자면, 전통적인 개신교에서는 모든 '용서-참여' 주제와 의식적으로 대조를 이룬, 보수파들이 사용하는 '법론상의 용서'(forensic-pardon)라는 주제가 지배하고 있었다. 로마 가톨릭은 '참여'의 주제를 유지했지만, 그것을 자신들의 성례전에 관한 이론과 은혜의 수단에 대한 사제들의 통제와 연결했다. 그러므로 그 주제는 이레니우스(Irenaeus), 닛사의 그레고리, 고해신부 막시무스(Maximus)와 같은 교부들의 전통과 구별되었다.

웨슬리는 그가 요한복음에 있는 그 중요한 자료를 발견하고, (그가 합류한 옥스퍼드에서의 교부들에 대한 연구가 한창일 때) 그에 대한 교부학 해설자들을 알기 전에, 카스타니자-스쿠폴리(Casta iza-Scupoli), 렌티(de Renty), 그레고리 로페즈(Gregory Lopez)에게서 '참여' 주제를 전해 받았다. 심지어 그중엔 윌리엄 로우(William Law)도 있었다. 따라서 그리스도인의 존재의 비전으로서의 '거룩한 생활'이 그의 가장 초기의 방침이었다. 그러나 '믿음만으로'에 대한 확고한 강조로 균형을 맞추지 않는 한, 그러한 방침에는 결함이 있다. 그리고 이 문제가 올더스게이트 이전[44]과 그 후[45]에도 종종 신비주의자들에 대한 웨슬리의 격렬한 불평거리가 되었다.

그러나 '믿음만으로(sola fide)'에는 극단주의가 내재해 있다. 그래서 웨슬리는 그것을 유신론(solifidianism)이라고 해서 비난했다.[46] 이것이 루터 교회에서는 성경 주석가들과 신학자들에 의해 교회에서 지배적인 경향을 보이거나, 정신생활에 몰두하는 경건파로 가는 양상을 보였다. 이 두 가지 모두 정치적 정숙주의(political quietism)의 한 종류에 속했다. 개혁파의 전통에서 '믿음만으로'에 대한 강조는 주권적 은혜를 주권적 권능, 곧 예정으로 전환하려 하고, 신정치를 정치적 이상으로 보려는 경향이 있었다.

웨슬리는 (내가 발견한 바로는) 거룩한 삶을 목표로 하는 사랑으로 역사하는 믿음이라는 개념에서 이러한 양극성에 대해 제3의 대안을 모색했다. 즉, 용서는 참여하기 위한 것이다. 그가 지치지 않고 외쳤던 구원은 은혜로 인해 믿음으로 받는 것이며, 우리가 행해야 한다고 하나님께서 준비하신 선한 일, 곧 우리의 하나님에 대한 사랑을 이웃과 모든 피조물에 대한 사랑으로 실천하는 일을 하기 위한 것이다(참조. 엡 2:8-10). 그렇다면 이 믿음이 도덕적 법을 유효화하는가? 결코 그렇지 않다(참조. 갈 2:17; 롬 6:15). 오히려 우리는 믿음으로 법을 입증한다.[47] 더 나아가 믿음은 목적 그 자체가 아니다. 따라서 믿음은 틸리히(Tillich)이 말하는 궁극적인 관심사도 아니다. 사랑이 축복의 수단이듯, 믿음은 사랑하기 위해 있는 것이다.

---

44) 1738년 1월 24일 자 일지(*JWJ* I:420); 참조. 그의 편지, "To Samuel, November 23, 1736 (*JWL* I:207).
45) 참조. *JWJ* III:18, 241; 또 *JWL* V:341; VI:44를 보라.
46) 참조. *JWJ* II:174; "Predestination Calmly Considered," *JWW* X:266f.; *JWW* XIV:231.
47) 참조. Sermons, XXXIV, "The Original, Nature, Property, and Use of the Law," XXXV, "The Law Established Through Faith, I"; XXXVI, "The Law Established Through Faith, II" (*JWW* V:433-66).

이것이 인간을 위해 하나님이 본래 세우신 뜻이다. 거룩한 삶(곧 순수한 의도를 가진 사랑)은 행복한 삶이다. 다른 삶은 현재든 언제든 행복하거나 행복할 수 없다. 그러므로 칭의와 성화는 믿음, 소망, 사랑으로(어느 하나가 아니라 셋으로) 받아들이고 함께하는 하나님의 선물이다. 웨슬리는 이것을 믿고 가르쳤다. 그러므로 그는 '메소디스트의 창설자'라는 틀림없는 훌륭한 역할보다는 이로 인해 기독교 전통에서 좀 더 확실하게 중요한 위치를 차지하게 되었다.

우리는 이 메시지와 사명의 동시대에서의 적절함을 후기에서만 말할지도 모른다. 내가 보기에는 상황이 그러하다. 16세기에서 18세기의 문제들은 우리가 근본주의자라고 부르는 여전히 살아 있는 우리 선조의 경우를 제외하면, 그 역사적 양식에서 이제 더는 현재의 문제가 아니다. 루터파와 개혁파 간의 논쟁, 그리고 영국 국교회와 로마 가톨릭과 타우퍼(Tufer) 간의 논쟁은, 현대 신학의 입장에서 본다면 단순히 시대에 뒤떨어진 것일 뿐이다. 그러나 아직도 그들의 논쟁에서 논의하고 수호하려던 일은 남아 있다. 따라서 확실하게 에큐메니컬 입장에서의 새롭고 명확한 표현이 요구된다. 과거의 표지, 곧 '믿음만으로' '성경만으로' '거룩한 교회' '거룩한 전통' 등은 (모두 또는 어느 것이든) 이제 미래의 신학계에서는 다시 활기 있게 논의되지 않을 것이다. 그러나 여전히 의미 있는 삶과 죽음에 대한 마음의 고통과 공허와 갈망을 완화할 수는 없다. 그리고 은혜로 받아들인 하나님의 최고의 은혜 없이는 그런 것이 있을 수 없다. ('믿음만으로' 외에 어떤 다른 방법이 있겠는가?). 또 '거룩한 삶'(하나님의 은혜가 인간의 사랑을 개인적이고 공동체적인 행복으로 꽃피우고 열매 맺게 하는 것) 없이는 그런 일이 불가능하다. 오랜 복음주의자와 가톨릭교도의 구분은 더는 유익한 양극성이 아니며, 오직 생각할 수 있는 기독교의 미래는 교회가 진정으로 관용적이요, 복음적이며, 개혁적인 것이다. 존 웨슬리는 관용의 정신을 가진 복음주의자로서, 사랑으로 성숙한 신앙에 의해 창조된 기독교적 삶에 대한 영웅적인 비전을 가진 개혁자였다. 그는 또한 신학자였다. 곧, 그는 성경과 전통을 깊이 생각하며 그 안에서 살아갔고, 경험과 이성의 잣대로 자신의 모든 것을 판단했다. 바로 이 웨슬리가 미래의 교회에 보물을 제공하고 있는 것이다. 이를 무시한다면 미래의 교회는 더 가난해질 것이다.

물론 모순적이지만 이 논문은 쉽게 검증될 수 없다. 웨슬리에 관해 제대로 된 비평 연구판이나 에큐메니컬 학문의 전 영역에서 나온 만족할 만한 연구가 부족하기 때문이다.

메소디스트라는 보호막과 메소디스트가 아닌 사람들의 무관심에서 웨슬리를 구해 내는 것이 「웨슬리 전집」 옥스퍼드 판의 본래 목적이었다. 내가 보기에 이는 여전히 그 프로젝트가 무엇보다 우선적으로 보장하는 것이자, 가장 희망하는 바다.

1.5. 웨슬리의 초대 교부들에 대한 관심

[1983] 아우틀러는 18세기의 문맥을 넘어선 웨슬리에 대한 비판적인 해석을 촉구한다. 그의 연구는 초기 동방 기독교의 영성의 흔적이 그 시대의 다른 신학자보다 웨슬리에게서 더 많이 나타나고 있음을 보여준다. 아우틀러는 교부들의 전통에 대한 웨슬리의 독특한 사용이, 그의 은혜에 대한 성령 중심의 견해의 주요 원천이라고 본다. 이 모든 것이 웨슬리가 기독교 전통의 복잡함과 깊이를 이해한 유능한 평민 신학자였다는 아우틀러의 주장에 추가적인 증거를 제공한다.

존 웨슬리를 그의 추종자들 및 비판자들이 만들어 낸 고정관념에 의해 판단하는 것은 불행한 일이다. 웨슬리의 전집이 어느 정도 주의 깊게 읽힌 경우는 드물게 있었지만, 적절한 비평 연구판이 없으므로 [린드스트롬(Lindström), 데쉬너(Deshner), 피에트, 슈미트, 베이커(Frank Baker)와 같은] 훌륭한 학자들이 웨슬리를 18세기와 19세기의 상황에서 해석하게 되었으며, 그의 방대한 초기 자료는 연구할 수 없었다. 그 결과 웨슬리는 아직 그 자료와 표현이 그의 생각에 영향을 미친다는 관점에서 매우 넓게 깊이 연구되어야 한다. 「웨슬리 전집」 옥스퍼드 판의 목적은 이러한 불균형을 바로잡고, 웨슬리 연구의 새로운 유형을 개발하는 데 있다.

우리에 관한 모든 것은 고정관념에 의한 해석의 결과를 낳는다. 항상 변함없이, 메소디스트 그룹과 19세기 메소디즘에서 유래한 다른 전통들에는 웨슬리 영웅 숭배 사상, 곧 창시자의 후광이 있다. 메소디즘은 1700년 중반부터 최근까지 모든 교회 역사에서 정말 놀랍게 성공한 단체 중 하나로, 하나님이 일으켜 세우신 것이며, 메소디스트들이 보기에 거기에는 매우 숭고한 목적이 있었다. 이것은 전도자로서의 존 웨슬리의 카리스마와, 찬송 작가로서의 찰스 웨슬리의 서정적 재능, 하나님의 섭리에 따른 성령의 돌보심, 그리고 특히 메소디스트의 진취성에 의해 메소디스트의 민속학에서 잘 설명되었다.

그러나 메소디즘의 성공 이야기는 널리 갈채를 받지 못했다. 영국 교인들에게 그것은 대체로 곤혹스러운 일로 보였다. ㅡ즉, 메소디스트는 그들의 사제직 규정에 대해 근거 없는 주장을 하고 문학이나 건축, 윤리에 대한 개탄스러운 취향을 가진 주제넘은 분파주의자들의 전형으로 보였던 것이다. 루터교도들과 칼빈주의자들에게는 복음주의 열정의 감정적이고 실용적인 조치에서 한탄스러울 만큼 낮은 신학 교육의 수준에 만족하는 '신인협동설을 말하는 자들' 또는 '열광주의자들'로 보였다. 그리고 메소니스트들에게 물을 수 있는 잘못은 무엇이든 웨슬리 형제, 특히 존의 책임으로 쉽게 돌려질 수 있었다. 우리는 웨슬리가 이러한 중대한 유보사항의 대부분에 대해 많은 증거를 제공하고, 그러므로 그의 초기 비평가들의 결정이 그러한 기독교적 급진주의자들에 대한 적절한 처벌이었음에 대한 무시를 정당화하기 위해 항상 지나치게 단순화했다는 것을 인정한다. 그래서 웨슬리 연구는 메소디스트에 의해 그리고 메소디스트를 위해, 또는 매우 예외적으로 메소디스트를 주요 청중으로 삼은 비메소디스트들에 의해 내부로 전환되었다. 최근까지 더 많은 메소디스트가 로마 가톨릭보다는 피에트와 토드(Todd)를 읽었다. 더 많은 메소디스트가 슈미트를 루터교도들보다 더 많이 읽었다. 더 많은 메소디스트가 루터파 교인과 칼빈주의자들이 웨슬리를 읽은 것보다 더 많이 루터와 칼빈을 읽었다. 우리는 웨슬리가 자신을 그런 사람들 중 한 명이라고 생각했다는 것이 사실임에도 웨슬리를 읽은 모든 영국인에게 상을 줄 수 있을 것이다.

그러므로 웨슬리가 메소디스트의 창시자로서 새롭게 평가될 자격이 있다고 제안하는 것은, 단지 웨슬리 영웅 숭배를 영구히 보전하는 것이 될 뿐이다. 이것은 웨슬리 연구의 초점을 바꾸려는 나의 개혁에 포함되는 것이 아니다. 나의 관심사는 웨슬리가 처한 18세기의 분위기와 배경의 맥락에서, 17세기에 있었던 논쟁 및 그 이전의 일들과 뒤얽힌 상황으로 되돌아가, 그의 사상을 새롭게 검토하는 것이다. 그리고 이러한 관점에서 에큐메니컬 신학의 현대적 논의와의 관련성이 가장 명백해질 것이라고 꾸준히 생각해 왔다.

웨슬리가 신학자의 신학자라거나, 기독교 사상 역사상 주요 인물들과 어깨를 나란히 할 자격이 있다고 주장하는 것은 지나친 평가일 것이다. 나는 달리 표현하고자 한다: 웨슬리는 단지 때때로 교회를 복되게 했으나 이 공로가 충분히 알려지지 않은, 평민을 위한 신학자들과 어깨를 나란히 한 신학자로, 그의 신학적 역량과 척박한 양극성에 대한 유익한 대안을 찾는 특별한 재능은 그의 추종자나 비판자들에 의해 과소평가되어 왔다. 내가 알게 된 것처럼, 그는 영국 신학에서 중요한 특징을 지닌 흥미로운 그룹에 속해 있는데, 이들의 무관심은 우리 나머지 사람들을 우리가 아는 것보다 다소 부족한 사람으로 만들었다. 이와 같은 생각을 가진 자로서는 백스터(Richard Baxter), 굿윈(John Goodwin), 미드(Joseph Meade)와 같은 전임자와 호레이스 부쉬넬(Horace Bushnell)과 같은 후계자가 있다.

내가 말하는 평민을 위한 신학자는, 놀라운 능력을 가지고 복음을 전달하는 특별한 재능이 있는 사람이다. 곧, 복음을 전파하고 사람을 모으는 일과 민중을 육성하며 양육하는 일을 하는 사람(즉, 배우지 못한 대중, 겸손하고 가난한 사람, '마음의 종교'로 전향할 후보를 양육하는 사람), 그리고 은혜로 변화되어 그리스도인으로서 봉사하려는 신자를 위해 일하는 사람이다. 웨슬리가 이해한 역할은 바로 이런 것이었음이 분명하다. 그는 「설교 선집」 제1권의 서문에서 실제로 이 점을 강조했다.

> 이 설교들에는 어떤 것도 정교하고 우아하고 웅변적인 모습으로 등장하지 않는다. 내가 일반적으로 말하는 것처럼, 이 설교들은 연설하는 기술을 즐기지도 이해하지도 못하지만, 여전히 현재와 미래의 행복에 필요한 이 진리를 심각하게 생각하는 사람들에게 쓴 것이다. … 나는 평범한 진리를 평범한 사람들에게 전하고자 한다. 그러므로 나는 정해진 목적을 위해, 모든 멋지고 철학적인 공론과 당혹스럽고 복잡한 논리, 그리고 가능한 한 배운 것도 드러내지 않으려 한다. … 아니, 내 계획은 … 내가 읽은 모든 것을 잊어버리는 것이다. 즉, 마치 고대나 현대의 작가들을 … (항상 영감 받은 것 외에는) 전혀 읽지 않은 것처럼 이야기하는 것이다.

성 크리소스톰(St. Chrysostom)부터 빌리 그레이엄(Billy Graham)에 이르는 평민을 위한 신학자들에게는 세 가지 특징이 있다. (1) 복음 자체 곧 역사적 신앙(fides historica)의 완전함과 존엄성을 파악하고 있다. (2) 신학자로서의 능력이 있다. 즉, 모든 명백한 진실 뒤에 숨어 있는 논의가 얼마나 당혹스럽고 복잡한지 잘 이해하고 있다. (3) 어떤 매체에 너무 많이 의존하지 않고 자신의 메시지를 자신의 매개체로 삼으려는 결단력이 있다. 이러한 규범에 의해 판단해 볼 때, 크리소스톰은 (어거스틴이 설교에서 말했듯) 루터나 브쉬넬(Bushnell)과 같은 사람들 중에 최상위를 차지한다. 우리 시대의 한 부류인 오늘날의 대중화하는 사람들은, 이 특정한 장르 전체에 바닥의 등급을 매기고 나쁜 이름을 붙였다. 내가 말하고자 하는 것은, 20년 동안 웨슬리와 함께하며 독자들에게 교묘하게 감춰졌던 정교한 일을 재구성하려 했던 내 노력의 결론은, 그가 지금까지 알려진 것보다 더 훌륭한 평민을 위한 신학자라는 것이다. 그리고 웨슬리의 평민을 위한 신학은, 다른 사람들이 지금까지 알고 있는 것보다 현대 신학과 윤리, 세계 교회 운동을 위한 훨씬 더 풍성한 자원이라는 것이다.

이 더 큰 주제와 그에 수반되는 프로그램은 오늘 저녁 회의의 범위를 훨씬 넘어선다. 그러나 우리는 기독교 전통, 특히 교부들 시대에 대한 웨슬리의 이해를 설명하기 위해 그것의 한 부분을 검토할 것이다.

18세기와 [보쉬에(Jacques-Bénigne Bossuet)] 이전의 로마 가톨릭 교회는 이미 교회의 교권(magisterium)의 근거는 성경과 전통 두 가지에 있다는 이론을 발전시켰다,— 그러나 논쟁의 여지가 있는 문제들의 최종 결정권자로는 전통을 택하는 경향을 가지고 있었다. 16세기 종교개혁자들은 교리적 권위에서 한 원천('성경만으로')으로 돌아갔고, '인간이 만든 지혜의 산물'인 전통은 즉각 거부했다. 영국 교회는 에라스무스와 크랜머에 이어 청교도들과의 치열한 충돌 후에, '성경, 이성, 고대 기독교'의 복잡한 규범을 선택했다. 우리는 이것을 후커, 해먼드(Hammond), 베버리지와 17세기 후반과 18세기의 위대한 교부학자들, 곧 웨이크(Wake), 펠(Fell), 그라베(Grabe)[그리고 넬슨(Nelson)과 디콘(Dicon)과 같은 선서거부자들(Nonjurors)]에게서 볼 수 있다. 여기서 추가적으로 얻은 것은, 그들이 말하는 '계시의 주요 근원'으로서의 성경을 넘어설 필요도, 반대할 필요도 없는 강한 전통의식을 보존하는 것이었다. 웨슬리는 이에 그리스도인의 경험을 더함으로써, 이 삼부형방법(triad)을 사변형방법(quadrilateral)으로 확대했다. 이로써 그는 매우 구체적이면서 배타적으로 칭의와 사면, 곧 '구원의 순서'를 따르는 기독교인의 성장 과정에서 발생하는 하나님의 사랑과 은혜에 대한 내적 확신의 경험을 말한 것이다. 이 내적 확신은 일반적 경험이나 느낌 자체가 아니라, 오직 용서받은 느낌과 성령에 의해 사랑하는 일에 가담하게 하는 믿음으로 인도함 받았다는 지각을 의미하는 것이다(갈라디아서 5장 6절은 그가 가장 좋아하는 성구다).

그가 죽은 후 메소디스트 전통에서 교리적인 권위의 사변형 복합체는 해체되었다. 계몽주의에 입각한 이성주의자들은, 자신들의 올바른 이성으로 읽은 것과 일치하는 부분을 제하고는 전통과 경험, 심지어 성경까지도 무시했다. 낭만주의자들과 경건파 사람들은 논쟁의 목적을 제외하고는 전통과 이성을 무시했고, 경험을 기독교 진리와 성경의 진리의 시금석으로 삼았다. 그들은 대담하게 웨슬리 자신에게 교리와 도덕의 객관적인 기준에서 벗어나는 이러한 민영화(privatization)에 대해 호소했다. 물론 그들은 그의 신학에서 가장 독특한 요소를 무시함으로써 그렇게 할 수 있었다(복잡한 문제를 단순화하는 그의 방법에 의해 그들에게 알려지지 않았다). 그리고 우리는 매우 넓은 의미에서 전통에 대한 매우 강력한 지식을 가지고 있고, 기독교 조상에게서 직접 또는 간접적으로 배운 것에 의해 큰 영향을 받은 대중적인 신학을 가진 18세기의 다른 신학자를 찾을 수 없다.

웨슬리는 1771~1774년에 직접 편집해 출판한 전집의 서문에서 매우 의식적으로 '성경, 이성, 고대 기독교'의 세 가지 규범에 따라 글을 썼다. 1789년 『교회로부터의 분리에 대한 더 깊은 생각』(Farther Thoughts on Separation from the Church)에서는 평생에 편애한 것을 재확인했다.

나는 어릴 때부터 하나님의 신탁인 성경을 사랑하고 경외하는 법을 배웠다. 그리고 그다음으로 3세기에서 5세기까지의 교부들을 존중하는 것을 배웠다.

웨슬리가 교부들에 대해 처음 배운 것은, 그의 아버지가 쓴 『젊은 사제에게 주는 충고』(Advice to a Young Clergyman)를 통해서였다.

> "[4세기의] 대부분의 교부는 읽을 가치가 있지만, 특히 성 아타나시우스와 누구보다도 성 바실(St. Basil)이 그렇다. 만약 내가 그리스어로 설교해야 했다면, 성 크리소스톰이 나의 지도교사가 되었을 것이다."

사무엘 웨슬리는 또한 뒤팽(DuPin)을 훌륭한 역사학자로 추천하고, '교회가 교부들을 신앙의 증인과 생활의 모범으로 받아들였듯, 우리의 교회가 받아들이는 최초의 종교회의(council)'를 추천했다. 이 3, 4세기의 저술에 의해, 우리는 가톨릭 신자들, 종파심이 강한 사람들, 그리고 이단자들의 새로운 의견에 충분히 대비할 수 있을 것이다. 웨슬리는 넬슨과 같은 선서거부자들의 영향을 더 많이 받았는데, 그들에게는 애국심 있는 작가들이 영감과 규범의 원천이었다.[1]

웨슬리가 옥스퍼드에서 보낸 기간은 교부들에 대한 연구가 가장 활발했던 시기 중 하나다. 거기에 신성클럽의 회원인 존 클레이톤(John Clayton)이 있었다. 그는 유능한 학자로서, 신성클럽의 회원 전체를 모아 이그나티우스부터 아타나시우스까지의 교부들을 부지런한 연구했다. 웨슬리가 옥스퍼드에서 받은 교육은, 나중에 그가 부당하게 폄하했지만, 그가 사는 동안 내내 그에게 다섯 개의 다른 세계를 소개해 주었다. 곧 성경, 고전문학, 초대 교부들, 종교개혁, 그리고 새로운 과학의 세계[즉, 레이, 더햄(William Derham), 뉴턴과 전기의 발명 등]가 그것이다.

---

[1] 윌리엄 베버리지(William Beveridge)의 *Synodikon*과 웨슬리가 그것을 사용한 것을 보라. 또 *JWJ* 1:37을 보라.

나는 이러한 각각의 세계, 특히 우리가 현재 연구하고 있는 교부들의 세계에 대해 웨슬리가 알고 있는 범위와 수준을 자세히 살펴볼 시간이 있었으면 한다. 물론 자세한 질문을 하고 싶다면 나는 기뻐할 것이다. 내가 20년 동안 이 각주들을 뒤적거려 왔고, 이에 대한 그의 생각을 일부 알게 되면서 그러한 사람들에 대한 웨슬리의 심한 부채감을 의식하는 일이 지난 몇 년 동안 더 많아졌기 때문이다. 이 점에서 내가 제안하고자 하는 논제는 이것이다. 즉, 기독교 영성에 대한 초기 동방의 주제에 대한 존 웨슬리의 생각은 다음과 같다는 것이다.

(1) 구원의 순서에 대한 법의학적 견해와 대조되는 치료적 견해, (2) 하나님 안에서 사는 인간의 삶의 목표, (3) 기독인의 존재에서의 성령의 인격적인 주요 역사, (4) 선행적 은혜, (5) 은혜와 자유의지의 조화, (6) 성경의 영감과 성령론적 해석, (7) 구원은 사람에게 있는 하나님의 형상을 회복하는 것임, (8) 무엇보다 기독교인의 생활에서의 자기 단련과 훈육을 강조함, (9) 칭의의 순간성과 성화의 구분을 주장하고, 따라서 이 세상에서 시작하고 완성되는 기독자의 완전 교리. 이러한 이해는 당시 어떤 다른 신학자보다 웨슬리에게서 두드러지게 나타났고, 그의 신학에서 가장 구별되는 특징이 되었다.

그의 동시대인들과 그 이후 우리의 생각에 이 교부들의 전통에 대한 인식이 없다는 것은, 왜 그의 신학이 그처럼 쉽게 그리고 안타깝게, 심지어 그의 이름을 빌리고 그의 권위를 존경한다고 공언한 사람들에 의해서까지 오해되었는지에 대해 부분적으로 설명해 준다.

웨슬리가 '고대 기독교'(Christian Antiquity)에 관심이 있었다는 것은, 그가 고물 수집에 관심이 있었다는 말이 아니다. 그는 상당히 의식적인 원시주의자였으며, 초기 교회 교부들 특히 콘스탄티누스 통치 아래의 국가와 교회의 비참한 동맹 이전의 사도들이, 순수한 영적 기독교에 대한 통찰력을 더 가지고 있었다고 확신했다. 그리고 그의 가장 간절한 목표 중 하나가 영국에서 사도적 기독교를 복원하는 것이었기에, 사도들 및 초기 교회 교부들의 교회는 그의 부흥운동의 프로그램을 위한 생생한 모델이 되었다. 그는 또한 몇 가지 흥미로운 유사점을 잘 알고 있었다. 사도들의 교회와 니케아 이전의 기독교는 소수의 위법적인 종교였다. 그는 초기 기독교인들이 세상에 속하지 않은 채로 세상에 있었듯, 메소디스트가 그렇게 되기를 바랐다. 신학의 본질과 역할에 대한 그들의 관념은, 그가 그의 신학함에서 바랐던 것처럼 좀 더 성경 주석에 근거하고, 사변적이기보다는 도덕적이고 교육적인 것이었다. 그래서 그는 베버리지와 케이브(Cave)를 비롯해, 이후 모스하임(Mosheim)과 비록 완전히 전문가는 아니더라도 교부들에 대한 학문에 광범위한 관심을 갖게 되었다.

부흥운동에서의 웨슬리의 지도력은, 비평가들이 그의 교리의 일관성과 진실성에 대해 문제를 제기하기 전에는 대중에게 거의 드러나지 않았다. 1742년, 브리스틀의 올 세인츠 교회의 전임 성직자인 조셉 터커(Joseph Tucker)와 그 후 글로스터의 캐논이, 아마도 주교 조셉 버틀러의 요청으로, 웨슬리가 구원에 대한 교리를 두 가지, 즉 믿음에 의한 칭의와 '죄 없는 완전'으로 설명하려 한다고 비난하면서, 초기 운동에 대한 비판의 글을 출판했다. 웨슬리는 1742년에 두 개의 소책자, 곧 『메소디스트의 특성』(*The Character of a Methodist*)과 『메소디스트의 원리』(*The Principles of a Methodist*)로 이에 응답했다.

이 책들은 그의 논쟁의 정신과 형식의 표본으로 읽을 만하다. 그는 거기서 메소디스트를 기독교 신자로 당당하게 정의하고, 알렉산드리아의 클레멘트가 『스트로마테이스(*Stromateis*) 제7권에서 설명한 완전한 그리스도인의 모습을 소개했다. 여기서 큰 차이점이 있다면, 클레멘트가 완전을 수직적으로 상승하는 것으로 생각한 반면, 웨슬리는 이 완전의 개념을 측면적으로 보아, 측면으로 확대하는 것으로 이해했다.

1749년에 그는 「기독교 문고」를 만들기 위해 문헌을 수집하기 시작했다. 이는 1749년에서 1755년 사이에 총 50권으로 출판되었으며, 단연코 그의 가장 야심 찬 출판 사업이었다. 그는 이것을 메소디스트 사람들을 위한 자원으로 사용하고자 했지만, 이는 그의 희망에 미치지 못했다. 그들은 그때나 지금이나 그런 신학자들에 대한 관심이 많지 않기 때문이다. 이 일은 대체로, 그가 교리에 대한 관심이 많았고, 교부들 및 청교도와 성공회 문학의 전체 레퍼토리에 대한 엄청난 지식을 가지고 있었음을 보여주는 것으로서 가치가 있다.

첫 권에서 그는 '사도적 교부들 곧 클레멘트(St. Clement) 이그나티우스(St. Ignatius) 폴리캅(St. Polycarp)의 편지'의 발췌문을 가지고 메소디스트들을 직면했다. 그는 이 발췌문의 서문에서, 이들이 그리스도와 그의 사도들이 가르친 것과 직접 관련된 교부들이며, 그들의 글이 성경과 동등한 권위는 아니지만 그들의 글에 주목해야 하고, 그 이후의 어떤 작품보다 훨씬 더 큰 존경을 받을 가치가 있다고 강조했다. 그는 '성 클레멘트가 고린도인들에게 보낸 서신'이 '유대 전쟁이 일어나 예루살렘이 파괴되기 조금 전'에 쓰인 것으로 추정하는데, 이는 그의 시대에서 배운 의견이었다.

또 그는 이 책에 그가 1698년에 나온 훌륭한 프리티우스 판(Pritius edition)으로 읽은 마카리우스의 『마카리우스 설교』(Homilies of Macarius)의 요약본도 포함하고 있다. 그는 1721년에 나온 익명의 영어 번역본으로도 마카리우스를 읽었다. 성 이그나티우스에게서는 동정심이 많은 것을 발견했다. 그는 양심적인 이교도들의 구원에 대한 개념을 제외하고는 저스틴(Justin)의 영향을 많이 받은 것 같지는 않다. 요한 에른스트 그랩(Johann Ernst Grabe)의 성 이레니우스에 대한 위대한 책은 불과 20년 전에 크라이스트 처치 대학에서 출판되었다. 웨슬리의 '구원의 순서'에 대한 개념은 이레니우스의 교리에 깊이 영향을 받은 것으로 보인다. 알렉산드리아의 클레멘트는 가장 좋아한 인물이었고, 오리겐은 7회나 분명히 민감하게 인용되었다. 그는 터툴리안을 잘 알고 있어서 두 개의 구절을 인용했다. 또 그는 딘 펠(Deam Fell)의 훌륭한 새 책에 기록된 키프리아누스(Cyprian)를 알았고, 아직 우리 가운데 아무도 발견하지 못한 그에 대한 참고문헌을 가지고 있었다(거기에 짤막한 삽화가 있다―역주). 그것은 마치 영원에 대한 묘사와 비슷한데, 천 년마다 작은 새가 와서 거대한 모래 더미에서 모래 한 알씩을 골라내고, 그 모래 더미가 모두 치워지면 영원의 하루가 지나가는 것이다. 웨슬리는 아버지에게서 이 삽화를 들었다. 그 원본이 키프리아누스의 글에 있다고 하는데, 나는 그것을 찾지 못했다.

마카리우스의 설교들은 특별한 사례다. 앞서 언급했듯이, 웨슬리는 이집트인 마카리우스를 알았고 매우 존경했다. 마카리우스의 설교를 발췌한 것과 에프라임 사이러스(Ephraem Syrus)에 대한 매우 호의적인 언급에서, 그가 또한 가졌던 그리스도인의 존재에 대한 동일한 비전이 나타난다. 즉, 사랑에서 자유롭게 나오는 인간 의지의 하나님께 대한 연속적인 항복, 인간이 하는 모든 일에서의 성령의 선행적 역사, 하나님의 은총에 대한 사람의 전달과 참여(곧 하나님의 선하심이 넘쳐 나옴)의 주제를 둘러싼 변화 등이 그것이다. 여기에 신인협동설의 특별한 교리가 있다. 곧, 이 교리는 인간 정신에 성령이 내재하고 있으나, 그것이 인간의 숙고를 취소하거나 방해하지 않는다는 것이다. '사람이 하나님에 참여한다'는 교리는 인간 행동에서 작용하는 두 개의 동시 에너지를 말하는 교리다. 곧, 하나님은 능동적인 역할을 하고, 인간은 그에 호응하는 것을 말한다. 그러나 성령의 은혜는 저항할 수 있고, 죄는 모든 욕망이나 그 영향이 아니라 인간의 고의적으로 저항하는 반응에서 생기는 것이다. 이미 알고 있는 하나님의 법을 고의적으로 범하는 것으로 '적절히 정의된 죄'와, 루터란이 주장하는

'의롭지만 동시에 죄인이다'(simul justus et peccator)에서 말하는 죄, 또는 [윌리엄 커드워스나 제임스 렐리(James Relly)가 말하는] 진부한 '죄 없는 완전' 교리에서의 죄의 차이를 대조적으로 구별하는 것은, 웨슬리의 기독자의 완전 교리에서 대단히 중요하다.

1954년, 우리 세기의 가장 위대한 고전주의자이자 닛사의 그레고리의 작품 편집자인 빌라모위츠-몰렌도르프(Wilamowitz-Moellendorff)의 울리히(Ulrich)의 옹호자인 베르너 예거(Werner Jaeger)가 『두 개의 재발견된 초대 기독교 문헌: 닛사의 그레고리와 마카리우스』(Two Rediscovered Works of Ancient Christian Literature: Gregory of Nyssa and Macarius)에 관한 흥미롭고 도발적인 학술 논문을 출판했다. 이것은 마카리우스와 에프라임 사이러스[2]의 이름이 실제로 닛사의 그레고리의 작품인 논문 『기독교의 원리』(De Instituto Christiano)와 연관되어 있다는 것을 확고히 그리고 박식하게 보여준다. 나는 예거의 주장과 증명에 설득되었다. 헤르만 도리스(Herman Dories)와 다른 사람들은 그렇지 않았다. 따라서 이 문제는 여전히 논쟁의 여지가 있다. 그러나 우리가 그레고리, 마카리우스, 에프라임에 대한 각각의 비평 연구판을 이용할 수 있을 때까지는 어떤 결정적인 결론에 도달할 수 없다. 현재 상태로는, 이들이 하늘에서 교부들에 관한 영구한 세미나를 갖기를 바랄 뿐이다. 그리고 그들이 나를 인정해 주기를 바랄 뿐이다. 그러나 이것만큼은 분명하다. 웨슬리는 실제로 마카리우스의 '40번째 설교'를 알고 있었고, 그것을 발췌했다. 지금 우리가 그리스도인의 존재에 관한 견해에서 그들이 기본적으로 일치한다고 볼 수 있도록 엄격한 문학적 증거를 제시하지는 않았지만, 그 특정한 설교와 다른 설교들, 그리고 물론 그레고리의 『기독교의 원리』 사이에는 충분한 조화가 있다. 마카리우스

---

[2] 참조. Kelly Steve McCormick, "John Wesley's Use of John Chrysostom on the Christian Life: Faith Filled with the Energy of Love" (Ph.D. diss., Drew University, 1984).

와 에프라임, 그리고 그레고리에게 있는 영적 금욕주의적인 신학의 유형이 매우 비슷하기에, 웨슬리가 (모든 고대인 중에서 가장 각성된 작가인) 마카리우스와 에프라임에게서 영향받은 것을 드러냄으로써, 자신이 기독교 플라톤주의(여기선 닛사의 그레고리가 가장 위대한 스승이다)의 영적 세계에 속했음을 말했다고 결론짓는 것이 내가 보기엔 안전한 것 같다. 나는 웨슬리가 그가 알고 있는 것보다 더 큰 『기독교의 원리』의 수혜자라고 믿는다. 만약 일반적인 연결점과 영향력이 존재한다는 것에 동의할 수 있다면 충분히 가능한 일이다.

1749년, 케임브리지의 이신론자인 코니어스 미들턴(Conyers Middleton)이 400페이지에 달하는 『기적의 힘에 대한 자유로운 탐구』(*Free Inquiry into the Miraculous Powers*)를 출판했다. 이 책은 기독교 교회에서 가장 초기부터 그 후 여러 세기에 걸쳐 존재한 것으로 추측된다. 그는 이 책을 통해 초대 교부들에게 있었던 권위가 사도 시대 이후에도 계속 교회로 이어졌다는 것을 믿을 만한 충분한 이유가 없다는 것을 보여준다. 그것은 그 시대에 기적과 이적을 행한 교부들의 기사와 구전된 전통에 대한 회의적인 견해였다. 웨슬리는 미들턴이 주장하는 논리가 기적에 대한 신약성경의 개념을 약화한다고 보았다. 자신의 대부분의 시간과 에너지를 쏟아 부은 대중 종교 운동의 지도자로서의 그의 새로운 경력에 관계되는 일이었지만, 그는 여전히 미들턴의 주장에 대응해 논의할 의무가 있다고 느꼈다. 그래서 그는 거의 20일 동안 102페이지로 된 "미들턴 목사에게 보내는 편지"(Letter to the Reverend Doctor Conyers Middleton)를 집필했다. 그것은 성급한 작품이었고, 아무도 그것을 교부들에 관한 문학에 중요한 공헌을 한 것으로 인용하지 않았다. 그러나 웨슬리가 옥스퍼드 도서관에 발을 들여 놓은 지 거의 15년이 되었고, 자신의 주장의 세부 사항보다 미들턴의 회의론의 위협에 더 관심을 가졌던 것을 회상해 볼 때, 그의 그런 반박은 평민을 위한 신학자들이 대체로 자주 관여하지 않는 일에 웨슬리는 관여했다는 것을 보여준다. 게다가 그는 부흥운동의 산만함에 마음이 어수선한데도, 여전히 마음속의 깊은 지식을 가지고 그 편지를 썼다. 결론에서 그는 초기에 복음을 전하는 일에 크게 수고한 평범한 사람들을 변호하며 그 이름을 나열했다. 곧, 초대 교부인 클레멘스 로마누스(Clemens Romanus), 폴리캅, 순교자 저스틴, 이레니우스, 오리겐, 클레멘스 알렉산드리우스(Clemens Alexandrius), 키프리아누스 등이다. 나는 이 목록에 마카리우스와 에프라임 사이러스를 추가할 것이다.

고대 기독교의 몇몇 인물에 대한 웨슬리의 평가는 관습적이지도 차별적이지도 않았다. 그는 몬타누스(Montanus)를 향한 따뜻한 마음이 있었다. 그리고 1785년에 낸 소책자에 그에 대해 격려하는 찬사를 실었다. 거기서 그는 몬타누스의 진짜 죄는 기독교인이라고 자처한 사람들을 심하게 비난했던 것인데, 그런 것은 죄가 아니라고 말했다. '하나님의 조언의 지혜' 9항에서 그는 몬타누스를 "2세기의 가장 거룩한 사람 중 한 명"이라고 말했다. 그는 펠라기우스를 옹호하는 것과 펠라기우스주의에 대해 무죄라고 선언하는 것을 부끄럽게 생각하지 않았다. 그는 그것을 어거스틴이 고안한 것으로 여겼고, 그에 대해 놀라울 만큼 거친 말을 아꼈다.

> 훌륭한 성자! 자부심, 열정, 쓰라림, 검열로 가득 차 있고, 조지 폭스(George Fox)처럼 모순된 모든 것에 대해서는 입버릇이 나쁜 사람 … 어거스틴의 열정이 뜨거워졌을 때, 그의 말은 전혀 쓸모가 없다. … 어거스틴은 펠라기우스(Pelagius)에게 화가 나서 그를 비방하고 학대했다. … 그리고 그는 그 후 아리스토텔레스처럼 기독교 세계에 알려졌다. "어거스틴이 말했다"라는 권위적인 단정 외에는 다른 어떤 주장의 증거도 필요하지 않았다.

고대 기독교 시대부터 웨슬리의 영웅은 모두 동방 교부였다. 이것은 라틴 계통 기독교에서는 그렇게 두드러지지 않았던 그의 구원론과 영성을 강조하는 데 도움이 되었다. 그리고 항상 웨슬리에게서 그랬듯, 영국 교회의 전통에는 그와 같은 뉘앙스가 있지 않았다. 그중 웨슬리만큼 '믿음만으로'와 '거룩한 삶'이라는 두 가지 전통을 역설적인 균형으로 유지하고자 한 사람은 없었다. 웨슬리가 구원을 하나의 과정으로, 그리고 구원의 순서를 '순간'과 또한 과정으로 연결하는 연속체로 생각하는 것을 배운 것은 동방교부들에서 였다. 그는 그들의 영적 훈육에 대한 개념이 서양의 영성에서의 수도원이나 경건주의의 모델보다 그의 신도회에 더 호소력 있고 적합하다는 것을 발견했다. 그래서 그는 그것을 자신이 계획하고 있는 기독교 공동체 생활의 근거로 받아들였다. 그는 황제교황주의(Caesaropapism)의 모든 전통이 잘못되었고, 신정치도 더 나은 것이 없다고 판단했기 때문에, 교회의 관습과 국가통제를 거부하는 것이 정당하다고 느꼈다.

그러나 그가 이 초기 교부들에게서 배운 대부분은, 그의 은총에 대한 독특한 성령 중심적 견해, 하나님의 역사와 인간 호응의 신비를 이해하는 것과 관련이 있다. 이것이 하나님의 은총과 인간의 자유의지에 대한 그의 교리를 규정하게 했는데, 그것은 즉시 '아르미니아인'이라고 잘못 표기되었다. 웨슬리에게 영향을 준 동방 전통에서 회개와 칭의의 은총은 항상 성령의 선물로 이해되었다. 물론 이는 그리스도와 십자가에 초점이 맞춰져 있고, 하나님의 용인과 의향에 의해 저항할 수 있다. 어거스틴과 그 이후 라틴 계통 기독교에서 일반적으로 은혜는 그리스도와 십자가에 초점을 두며, 아버지의 선물로 이해되어 왔다. 따라서 그 정의에 의하면 이는 거부할 수 없다. 분명히 두 전통에는 진리가 있지만 그것들은 두 가지 방향을 바라본다. 창조의 은총은 그 자체가 자주적(sovereign)이다. 그러나 회개와 믿음의 은총은 설득할 수 있는 것(persuasive)이다. 따라서 사건의 본질에서 선택의 여지가 있다.

그러나 서구에서는 이러한 필수적인 구분이, 비록 529년 제2차 오렌지(Orange) 공의회에서 공식적으로 승인되었지만, 티에리(Thierry)의 윌리엄(William)과 같은 어느 파에도 속하지 않은 사람에게서만 관찰되었다. 그 결과 서구에서는 자유의지의 문제가 예정, 거부할 수 없는 은총, 성도의 견인, 충분하며 효과적인 은총과 같은 개념, 또는 인간이 부분적이나마 주권적인 은총에 대해 반항할 수 있다는 개념에 의해 본격적으로 혼란을 겪게 되었다. 이 문제에 대한 웨슬리의 인식과 그에 대한 제안은 『하나님의 주권에 대한 생각(1777)』이라는 제목의 소책자에서 회고적으로 요약되었다. 여기서 그는 하나님이 창조주로서 행사하시는 능력은 거부할 수 없고, 통치자로서 행사하시는 능력은 저항할 수 있다고 구분해 설명했다.

이 독특한 성령론이 자발적인 종교 단체에 대한 웨슬리의 생각에 영향을 주었고, 교회는 국가의 지원을 필요로 하지 않는다는 그의 확신을 강화했다. 다른 한편 그는 콘스탄틴 때의 국교회와 그 후계자들이 지속적인 재앙을 더했다고 확신했다. 그 근본 개념은 성령으로 충만한 공동체와, 세례와 성찬 모두의 경우에서 성령으로 구별된 성례전이다. 성령이 충만한 신자는, 열정의 서구식 개념에서와 같이 기계적이거나 저항할 수 없는 힘에 지배되지 않는다. 이것은 웨슬리가 "종교적 열광의 본질에 대하여"(On the Nature of Enthusiasm)라는 설교에서 말한 것처럼, 그로 하여금 '열광'에 대한 잘못된 생각을 비난하고, 라빙턴(Lavington)과 다른 이들의 열광에 대한 비난을 거부하게 했다.

가장 중요한 것은, 웨슬리가 서구의 신비주의를 읽고 완전(곧 성화, 마음과 생활의 거룩함)을 재정의하게 한 것이 바로 이 동방교회의 성령론이라는 것이다. 즉, 이로 인해 그는 소망의 충만함을 갖게 하고 사랑의 충만으로 이어지게 하는 믿음의 충만함의 관점에서 완전을 재정의했다. 그 믿음으로 신자는 하나님을 간절한 마음으로 사랑함으로 고의적인 죄를 짓지 않는다. 그리고 만일 죄를 범하면, 회개하고 즉시 하나님의 용서와 화해를 구한다. 그러므로 이것(완전)은 더는 성장을 인정하지 않을 정도로 완전히 얻은 은총의 상태가 아니라, 오히려 은총의 역동성이 항상 하나님과 이웃에 대한 사랑의 단계를 향해 전개해 나가는 상태를 말한다. 웨슬리는 설교 "우리의 구원을 성취함에 있어서"(On Working Out Our Own Salvation)에서, "네게 있는 모든 은혜를 사용하라. 그러면 하나님께서 너희에게 점점 더 많은 은혜를 주실 것이다"라고 말한다.

나는 존 웨슬리를 유능한 교부신학자로 묘사하려 하지 않았다. 그는 평생 책을 철저히 읽기보다는 서둘러 읽는 습관이 있었다. 그는 다섯 분야에서 살았지만 학문적인 의미에서는 그 어떤 분야에서도 완전한 학자가 아니었다. 성경의 모든 본문과 사상을 성경의 언어와 촘촘한 짜임새로 엮어 설교문을 만드는 것에 대한 놀라운 지식을 사용할 수 있는 특별한 재능을 가졌던 그가, 성경 주석을 할 때는 자신의 신약성경 주석과 구약성경 주석에 있는 주석가들의 자료를 선뜻 가져다 사용했다.

내가 강조하고자 하는 것은, 존 웨슬리는 성경뿐 아니라 전통을 중요시한 사람이었고, 그에게서 전통의 가장 영향력 있는 부분은 초기 교회 교부들의 저술(corpus)이었다는 것이다. 그들에게서 그는 그리스도 안에 있는 하나님의 은혜에 대한 자신의 성령 중심적인 교리와 조화되게 성경을 해석하는 일에 결정적인 혜택을 입었다.

지난달에 나는 호주에 있었다. 거기서 뜻밖에도 마닐리(Manyly)에 있는 성 패트릭 대학(St. Patrick's College)의 로마 가톨릭 신학자 데이비드 코페이 (David Coffey) 신부를 만났다. 그는 뮌헨에서 칼 라흐너(Karl Rahner) 밑에서 박사학위를 받았다. 그가 출판한 박사 논문의 제목은 "은혜: 성령의 선물"(Grace: The Gift of the Holy Spirit)이다. 이러한 연구가 어떤 일반적인 관점을 가지고 있는지 추측하는 것은 충분히 쉬웠다. 하지만 정말로 흥미로웠던 것은, 그의 연구가 헤리버트 뮐렌(Heribert Mhlen) 교수에게서 특별한 영향을 받았다는 언급이었다. 교부들의 성령론에 대한 그의 연구는 "신비한 사람"(*Una Mystica Persona*)과 "사람으로서의 성령"(*Der Heilige Geist als Person*)으로 잘 알려져 있다. 그런데 여기에 현대의 실존주의와 교부들의 인격주의 (personalism)에 의해 형성된 은총의 성령론이 있었다. '준용'(*Mutatis mutandis*), 그것은 나에게 웨슬리의 '마음의 종교'와 교부들의 성령론 사이의 특별한 혼합을 닮은 것처럼 보였다. 이 두 학파 모두에서 구원론 문제의 핵심은 은혜며, 그 은혜는 성령의 선물이다. 코페이 신부는 존 웨슬리에 대해 거의 듣지 못했고, 우리가 상호 발견하기 전에는 그의 글은 단 한마디도 읽지 않았다. 우리가 헤어실 때, 그는 적어도 그가 알아 봐야 할 새로운 분야가 무엇인지 살펴보기로 약속했다.

이것이 오로지 연구 프로그램, 특히 웨슬리 연구와 같은 분야의 연구 프로그램이 대담하게 희망하는 것이다. 이는 웨슬리가 최고의 신학자였다고 주장하는 것이 아니라, 단지 그가 지금까지 메소디스트와 메소디스트가 아닌 사람들에게서 받았던 것과는 다소 다른 종류의 검증과 평가를 받을 자격이 있다는 것이다. 그가 고대 기독교에 뿌리를 두고 있다는 것은, 자료와 그것을 사용하는 그의 방법의 측면에서 그가 메소디스트가 아닌 사람들에 의해 깊이 연구되어 온 곳이라면 어디서든 확인된 일종의 에큐메니컬과의 관련성을 말하는 것이다. 그리고 현대 신학에서 예정

대 자유의지의 극명한 차이에서 벗어난 주요한 변화를 고려할 때, 하나님과 인간의 상호작용에 대한 새로운 논의에서 웨슬리의 적절한 견해는 어느 누가 인지한 것보다 훨씬 더 중요할 것이다. 웨슬리 연구 프로젝트에서 내게 가장 만족스럽고 희망적인 것은, 웨슬리가 영국 교회의 '평민을 위한 신학자'라는 특별한 부류의 사람으로 묘사된 것이다. 이것을 제대로 인식하는 것은, 그를 오해한 메소디스트들에게 큰 도움을 줄 것이며, 또한 다른 기독교인들도 그를 있는 그대로 올바르게 이해한다면 그들에게도 현재 기대하는 것보다 더 많은 유익을 줄 것이다.

1.6. 평민을 위한 신학자 웨슬리

[1977] 아우틀러는 자료를 깊이 파고들면서, 우리가 신학자로서 존 웨슬리의 능력을 판단할 수 있는 증거를 제시한다. 그리고 웨슬리의 칭의와 성화에 대한 가르침을 그의 학식의 깊이를 알아보는 시험 사례로 조사한다. 그는 웨슬리를 평민을 위한 신학자로 분류하는데, 이는 천박한 대중 강사나 '신학자의 신학자'와는 세심하게 구분되는 하나의 유형이다.

기독교 사상의 역사가 주로 신학자들의 영향과 관련 있는 것은 흔한 일이다. 그들의 학식과 사색적인 재능은 교리의 발전의 새로운 단계를 만들어 냈다. 이와는 대조적으로, (아직 역사에서 잊히지 않은) 대부분의 평민을 위한 신학자는, 그들의 특별한 과업으로 보통사람들을 대신해 (특히 논쟁 중에 있는) 큰 문제를 단순하게 설명하는 일을 했다.

나는 '평민을 위한 신학자'라는 꼬리표가 이 주목할 만하고 여러 면에서 종교적인 선구자에 대한 대부분의 전통적인 해석보다 존 웨슬리에게 훨씬 더 정확하게 들어맞는다고 믿게 되었다.

웨슬리가 신학자들의 신학자가 되기로 선택했다면 그렇게 되었을지도 모른다고 말하는 것은 무익하다. 그의 자료와 도구, 신학적 문화의 많은 미개척 범위를 조사함으로 인해, 평민을 위한 신학자로서의 그의 위상이 지금까지보다 더 신중하게 평가될 것이다.[1]

---

1) 이런 작업은 이미 시작되었다. 예를 들면 다음과 같다. Martin Schmidt, *John Wesley: A Theological Biography* (1963, 1972, 1973); *JWO*; Gerald Cragg (ed), *Doctrinal Writings: The Appeals* (WJWB Vol. II, 1975); *Wesley's Sermons* will

숨겨진 학식

중요한 사실은 웨슬리가 진정한 천직을 찾는 불안정한 출발을 한 이후 일부러 평민을 위한 신학자가 되었다는 것이다. 엡워스에 있는 그의 아버지의 서재에는 주교 로버트 샌더슨(Robert Sanderson)의 36개의 설교 사본이 있었다. 그중 16개는 동료들에게, 6개는 성직자들에게, 6개는 법정이나 공무원들에게, 그리고 8개는 일반 사람들에게 설교한 것이었다.[2] 웨슬리는 샌더슨의 도식을 채택했지만, 그 비율을 변경했다. 그가 직접 쓴 설교 150개 중에는 동료들에게 쓴 것이 10개, 공무원들에게 쓴 것이 1개, 성직자들에게 쓴 것이 1개 있었고, 나머지 모든 것은 일반 사람들을 위해 작성되었다. 웨슬리는 이렇게 말했다.

> "나는 연설의 기술을 즐기지도 이해하지도 못하는 보통사람들, 즉 인류 대부분에게 보통 말하는 것처럼 설교를 쓴다. … 나는 평범한 사람들을 위해 평범한 말을 준비한다. 그러므로 나는 모든 멋지고 철학적인 공론이나, 당황스럽고 복잡한 추리를 피한다. 그리고 가능한 한 나의 배운 것도 드러내지 않는다. 내 의도는 어떤 의미에서 내가 읽은 모든 것을 잊어버리는 것이다. 이후의 설교에서 … 나는 진실하고 성경적이고 실험적인 기독교를 묘사하기 위해 노력했다. 그래서 그 기독교의 실제적인 부분은 어떤 것도 생략하지 않고, 또 그렇지 않은 것은 덧붙이지 않으려 했다."[3]

더욱이 그는 50년 동안 이 방식을 고수했다. 웨슬리의 글에 사용된 대부분의 인용문은 언급되지 않았다(그리고 말로 거의 표현하지 않았다). 그가 사용

---

be Vols. 1-4, edited by Albert C. Outler. 또 Kenneth E. Rowe, ed., *The Place of Wesley in the Christian Tradition* (1976)를 보라.
2) '구도자'(The Subscribers) 명부에는, 이름이 'Samuel Wesley, Sr.'와 'Samuel Wesley, Jr.'로 기재되어 있다.
3) "The Preface" to *Sermons on Several Occasions* (1746), 2-6.

한 암시(allusions)는 대부분 확인되지 않는다. 그는 마치 그의 전집의 비평 연구판이 나오게 되리라는 것은 전혀 예상하지 못한 것 같다. 그러나 그가 대중을 위한 설교자(popularizer)로 전향한 왕년의 거물로, 영국의 빈민가와 광산과 들판에서 자진해 그리스도의 가난한 자와 자신을 동일시했던 진정한 학식 있는 사람임에는 틀림없다. 그는 1757년에 쓴 "나는 가난한 사람들을 사랑한다"에서, "그들 중 많은 이에게서 나는 더러워짐, 어리석음, 허세가 섞이지 않은 순수하고 진정한 은총을 발견한다"[4]고 말했다.

런던에 있는 그의 첫 종교 협회는 [페터 레인(Fetter Lane)에 있는] '도시'에 있었다. 그러나 1739년 이후 수십 년 동안 단 하나의 메소디스트 협회도 영국의 어느 도시나 마을의 부유한 지역에 위치하지 않았다. 웨슬리는 중상류층의 몇몇 사람과 친분을 유지했다. 그는 (부흥회가 '존경받을 만하게' 된 후) 종종 그들의 교회에서 설교했다. 하지만 그가 스스로 선택한 대상은 가난한 사람들과 노동자 계급이었고, 스스로 선택한 역할은 그들의 목사, 정신적 지도자, 신학자였다. 그러므로 그러한 사역에서 그의 신학적 역량의 폭과 깊이가 그의 추종자와 비평가들 모두에게 감추어진 것은 불가피했다. 그의 신학 교육은 엡워스에서 시작되어 80년의 분주한 세월 동안 빠르게 진행되었다. 그의 어머니는 그의 첫 번째 가정교사였고, 그녀의 절충주의적 견해(eclectic views)는 그 후 그의 많은 면에 반영되었다. 다음은 (1732년 옥스퍼드에 있는 존에게 보낸 편지에 있는) 그 전형적인 구절이다.

『인간의 영혼 속에 있는 하나님의 생명』(*The Life of God in the Soul of Man*)[5]은 좋은 책이다. 나는 오래전에 이 책을 읽었다. … 카스타니자

---

4) 참조. 그의 편지, "To Dorothy Furley," September 25, 1757. 1764년 9월 20일에 그는 친구에게 말하기를, "나는 부자는 참아 주고 가난한 사람들은 사랑한다. 그래서 나는 대부분의 시간을 그들과 함께 지낸다"고 했다(JWJ VIII:267) (이하 생략-역주).
5) Henry Scougal(1677)의 유명한 예배용 책의 제목이다 (이하 생략-역주).

(Castañiza)에는 좋은 것이 많이 있고, 백스터(Baxter)에는 더 많다. 그러나 흠이 없는 것은 없으며, 그들의 선행 때문에 그것을 관대히 봐줄 뿐이다. 또 내가 읽은 모든 신학 서적 중 어느 것이 제일 좋다고 말할 수는 없다. 생각의 흐름과 방식에 따라 그때마다 적합한 최선의 책이 있다.

웨슬리는 고전을 읽으며 살았다. 그리고 자신이 기억하고 있는 고전을 부주의하게 인용했으나(그가 인용한 글을 검증하는 자도 없었다), 목표에서 벗어난 경우는 거의 없었다. 성경에 대한 몰입은 너무나 철저해 그의 언어는 인용문으로 뒤덮여 있다. 성경의 본문으로 엮어진 온전한 단락을 발견하는 것은 드문 일이 아니다.[6] 그는 기독교 사상사에 관해 수세기 동안 동양과 서양에 있었던 모든 것을 읽었다. 많은 인물과 책의 이름이 너무나 무명이어서 사람들은 그 모든 것을 어디서 발견했는지 의아해한다. 그가 직접 기록한 도서목록에는 1,400명 이상의 저자가 있다. 그것(소책자에서 20권으로 된 전집까지)에서 만들어진 항목이 거의 3,000개나 된다. 설교에서만도 그가 사용한 인용문과 간접적으로 언급한 것이 2,500개 이상이나 된다(페이지를 가득 메운 수많은 성경 인용문은 말할 것도 없다).[7]

평민을 위한 신학

웨슬리는 이러한 끊임없는 독서와 성찰, 그리고 그가 계속 관여되고 있지만 혐오한다고 공언한 논쟁으로부터 평민을 위한 신학을 고안했다. 그 신학에 대한 그의 영향력을 설명하려면 오랜 시간이 걸릴 것이다. 그 신학의 핵심과 중심은 복음 곧 회개, 믿음, 칭의, 중생, '거룩한 삶'으로의 초청이었다. 그는 결국 복음 전도자였다. 그의 설교의 절반 이상이 구원론에 집중되어 있다. (1771년 3월 22일에) 존 플래처에게 보낸 다음과 같은 복음에

---

[6] 참조. "Original Sin," 4. 이하는 생략-역주.
[7] 참조. "Plundering the Egyptians," in Albert C. Outler, *Theology in the Wesleyan Spirit* (1975), chap. 1.

대한 특징적인 요약본이 그의 글에 수십 개나 분산되어 있다.

> 나는 30~40년 동안 인간의 완전한 타락과 우리는 스스로 선을 행할 아무 능력도 없다는 인간의 무능력을 분명하게 주장했다. 우리 마음에 좋은 생각이나 갈망을 일으키기 위해서는 하나님의 은혜와 영이 절대적으로 필요하다. 나는 오직 그들이 하나님의 선행하며, 깨우치며, 거듭나게 하는 은혜로, 예수를 통해 나아오지 않는 한, 주님은 어떤 것도 받아 주시거나 보상하지 않으신다고 주장했다. 이런 것을 나보다 더 강하게 꾸준히 주장해 온 사람이 영국에 누가 있는가?

이 기초 위에 웨슬리는 복음주의적이고 가톨릭적인 것으로 적절하게 묘사될 수 있는 (기독교의 도덕과 문화에 특별히 강조점을 둔) 원만한 신학을 전개했다. 즉, 가톨릭의 은혜의 교리 ('마음과 생활의 성결'의 교리)와 완전히 통합된 개신교의 구원론을 전개했다. 그 통합[성경의 최고 권위와 통찰력, 대속 속죄설, '교회의 성장과 타락의 교리의 규준'(articulus stantis vel cadentis ecclesiae)[8]으로서의 '믿음만으로', 절약의 직업윤리, 산업, 금주 등]에는 청교도적인 요소가 있다. 그러나 또한 특히 성령의 활동으로서 하나님이 미리 정하신 일에 대한 완곡한 표현인 예정 대신, 하나님의 선행적 은혜를 선호하는 가톨릭적인 것도 있었다. 그리고 또한 불가항력적인 은혜와 성도의 견인설에 대한 강한 부인도 있다. 웨슬리의 '확신'('성령의 내적 증거')의 교리는 신비스러웠지만, 또한 선한 일(good work) 곧 "사랑에 의해 역사하는 믿음"[9]과 밀접하게 연관되어 있었다. 1738년 이후로 (그가 주장한) 그

---

8) "[The doctrine] by which the church stands or falls." 참조. Friedrich Loofs' analysis of the curious history of this aphorism (often but mistakenly attributed to Luther) in *Theologische Studien und Kritiken* (1917), 90:323-420(이하 생략-역주).

9) 갈 5:6. 이는 웨슬리가 좋아하는 성구로, 그의 설교에서 21회나 인용되었다.

의 칭의 교리는 칼빈의 교리와 머리카락 하나의 차이도 없다.[10] 그리고 심지어 그는 영국의 칼빈주의자(휘터커처럼 완고한 칼빈주의자든, 대버넌트처럼 온건한 칼빈주의자든) 중 어느 누구보다도 존 굿윈[11]과 백스터[12]에 더 가까운 것 같다. 성경 해석의 원리로서, 그는 문자주의가 부조리할 경우[13]를 제외하고는, 성경의 문자적인 뜻을 그대로 받아들였다. 그는 성경에 있는 모든 명령은 "감추어진 약속"[14]으로 해석되어야 한다는 토머스 드레이턴(Thomas Drayton)의 견해를 받아들였다.

웨슬리는 거의 늘 사용한 방대한 무명의 설화 레퍼토리를 가지고 있었다. 예를 들어, 그는 설교 "교회 예배에 참석할 때"(On Attending the Church Service, 1절)에서 "성 요한의 지구로부터의 떠나감"이라고 언급한다. 이것은 폴리캅이나 이레니우스, 제롬에게는 알려지지 않았으며, 오직 몇몇 그리스어 사본의 부록에 요한이 에녹처럼 옮겨졌다[15]고 기록되어 있다. 또 그는 설교 "선한 청지기"(The Good Steward)에서 "최근에 죽은 사람이 죽음에서 부활 때까지 잠자고 있다는 것을 발견한 기발한 사람"을 언급했다. 이는 웨슬리에게 사소한 문제가 아니라 오랜 논쟁[16]의 빙산의 일각

---

10) 참조. "Minutes of the Second Annual Conference, Bristol, Thursday, August 1, 1756," Question 22 이하(*JWO* 151-52). 또 그의 편지, "To John Newton," May 14, 1765를 보라.
11) *Imputatio Fidei* (1642).
12) 그는 백스터의 *Aphorisms on Justification* (1640) in 1765를 발췌해 출판했다. 참조. 백스터의 *Confession of My Faith* (1655).
13) 참조. "A Call to Backsliders," Ⅰ.2.(4).
14) 참조. 드레이튼(Drayton)의 *The Proviso or Condition of the Promises* (1657), 1-2. 참조. 웨슬리의 설교, "Sermon on the Mount, V," Ⅱ.2; "Sermon on the Mount, VII," Ⅱ.12; "On Perfection," Ⅱ.1, 2, 12.
15) 참조. "The Acts of John," 115, in *The Apocryphal New Testament*, tr. by M. R. James (1953), 270.
16) 에드먼드 로우(Edmund Law)가 … (중간 생략-역주) …『종교 이론』(The Theory of Religion(1755)의 3차 수정판 부록에서 재세례파(Anabaptist)의 '사후에 영혼이 잔다'(Soul Sleep)는 이론을 수정한 것을 아는가? 또 칼빈이『영혼의 깨어 있음에 관

이었다. '중간 상태'에 대한 그의 활발한 논의는 그의 종말론[17] 전체에서 요긴하다. 여기서 우리는 인용 구절 없이 즉석에서 말하는 그의 습관을 보게 된다.

웨슬리는 과학의 역사에서 그의 시대를 유명하게 만든 과학 발전에 매료되었다. 1747년 초, 그는 "전기 실험이라고 부르는 것을 보기 위해 두세 명의 친구와 함께 갔다."[18] 그래서 전기에 대해 점점 더 많이 알게 되었다. 그는 또한 전기 충격 요법의 선구자가 되어 그것을 (자신을 위해 사용하기도 하고) 그의 사람들을 위해 사용했다.[19] 그의 『원시 의술』(*Primitive Physick*)은 민간의학과 돌팔이들의 난잡한 것이지만, 그가 전 생애에 23권의 의술책을 출판했다는 것은 그것이 인기 있고 유용했다는 것을 입증한다. 애덤 스미스(Adam Smith)가 『국가의 재산』(*Wealth of Nations*)이라는 책을 1776년에 출판했다. 거기서 그가 잉여물 축적을 옹호한 것에 대해 웨슬리는 즉각적이고 적극적이며 심지어 공격적으로 반박했다.[20]

웨슬리의 칭의 교리

사람들은 웨슬리의 폭넓은 절충주의가, 우리 모두가 우리 자신의 표준 등급의 대중화된 것들에 너무나도 익숙해진 것과 같은 종류의 피상적이거나 겉만 번드르르한 학식과 다름없으리라 의심할 수 있다. 이러한 의

하여』(*Psychopannychia*, 1545)에서 이 이론을 비난한 것을 아는가?
17) 참조. 그의 설교 "Of Hell," I :4; "The Trouble and Rest of Good Men," II. 6; "The Rich man and Lazarus," I. 3; "On Worldly Folly," II. 6; "On Faith,"(Heb. 11:1), 4.
18) 참조. *Journal*, October 16, 1747.
19) *Journal*, February 17, 1753; November 9, 1756; December 26, 1765.
20) 참조. 1776~1790년에 쓴 다음 설교들. "The Wisdom of God's Counsels," 16; "On Friendship With the World," 3; "The Danger of Riches," I. 19; II. 1 이하; "The More Excellent Way," VI. 4; "An Israelite Indeed," I:1; "On Family Religion," 16, 17; "On Riches," 4; "Causes of the Inefficacy of Christianity," 2; "On Worldly Folly," I. 4; II. 8; "The Danger of Increasing Riches,".

혹은 웨슬리의 특별한 관심사 중 두 가지(칭의와 완전)에 대한 간단한 분석과 그 자료에 의해 살펴볼 수 있다.

(또 의도적이긴 하지만) 중요한 조사서인 『도덕주의의 발생』(The Rise of Moralism, 1966)에서 앨리슨(C. F. Allison)은 후커에서 백스터까지의 영국 신학에서의 '믿음만으로'와 '거룩한 삶'의 논쟁의 대중화를 추적했다. 그 자신은 '단일 칭의'를 주장하는 칼빈주의의 견해를 가지고 있으며, [대버넌트, 다우네임(Dawname), 번연 등처럼] 그리스도의 대속의 죽음을 칭의의 형식적 근거로 보는 경향이 있다. 제레미 테일러(Jeremy Taylor), 헨리 해먼드, 조지 불, 리처드 백스터에서 분명히 볼 수 있듯, 그는 '거룩한 삶' 전통에 반대한다. 그것은 혼란스러운 논쟁이었고, 앨리슨 교수가 밝혀낸 것보다 훨씬 복잡했다. 그리고 웨슬리는 그것이 차례로 꼬여 있다는 것을 알았다.

적어도 세 가지의 상호의존적인 주제가 얽혀 있었다. (1) '단일' 칭의 대 '이중' 칭의, (2) 이것은 하나님의 용서의 은사(칭의의 본질)[21]에 인간이 참여하는 역할을 포함하며, (3) 다음으로 그리스도의 의의 전가를, 죄인이 의롭다 함 받는 일에서 '형식적' 근거로 간주할 것인지, 아니면 '공로적' 근거로 간주할 것인지를 결정한다.[22] 웨슬리는 또한 앨리슨이 '형식적 근거'의 모든 교리는 논리적으로 예정의 교리를 수반함을 무시한다는 것을 이해했다.[23] 더구나 그는 앨리슨이 미처 연구하지 못한 것을 터득했다. 곧 (갈라디아서 5장 6절에 있는 사랑과 믿음을 함축하는) 이중 칭의와 '공로적 근거'의 교리라는 두 가지 모두의 측면에서 '믿음만으로'를 주장하는 영국 교회 신학

---

21) 참조. 그의 설교, "Justification by Faith," II. 5; "칭의에 대한 성경의 견해는 용서다."
22) 참조. Trent's references to the five 'causes' of Justification in COC II:94-95(이하 생략―역주).
23) 이 점에 대한 논쟁은 적어도 프리스와 가디너, 카트라이트와 후커, 휘터커와 바로, 대버넌트와 토머스 잭슨(Thomas Jackson) 등에게로 거슬러 올라간다.

의 풍부한 전통을 이해한 것이다. 이 전통은 에라스무스와 요한 그로퍼에게서 비롯되었지만, 웨슬리는 그것을 크랜머,[24] 존 굿윈, 윌리엄 알렌(William Allen),[25] 리처드 백스터, 벤자민 키더, 존 레이놀즈(John Reynolds), 존 케틀웰[John Kettlewell, 심지어 토머스 셜록(Thomas Sherlock)]을 통해 잘 알게 되었다.

웨슬리는 자신의 올더스게이트 이후의 칭의의 교리가 결국 영국 교회의 것이었다는 것을 깨달은 후,[26] 이 특별한 관점을 전개해 나갔다. 즉 비필수적인 점에 관해서는, "나는 그렇게 생각한다. 당신은 당신대로 생각하라"[27]라는 다원주의 원칙에 따라 칼빈주의자들과의 단절을 피하려 했다. 웨슬리는 몇십 년 동안의 긴장 관계 끝에, 마침내 (실제로 자기 견해라면서)[28] '공로적 근거'로 보는 입장에서 글로 그의 주장을 발표했다.[29] 이것이 1770년[30]에 전면전으로 변질된 첫 싸움이었고, 웨슬리의 격분은 그의 남은 생애에 계속되었다. 1778년부터 죽을 때까지 그는 자신의 에너지와 재능의 많은 부분을 《아르미니안 잡지》[31]에 투자했고, 이것은

---

24) Homilies I-IV in *The Doctrine of Salvation, Faith and Good Works* (*JWO*, 123-33)의 발췌문을 보라.
25) 알렌은 침례교인으로서, *A Glass of Justification; or the Work of Faith with Power*를 1658년에 저술했다. 그는 후에 영국 국교회의 관습을 따르고, 브리지워터(Bridgewater)의 교구 목사가 되었다.
26) 참조. *JWJ* for November 12, 1738.
27) 이 말은 신학에서의 다원주의를 표현하는 말이다. 참조. "The Lord Our Righteousness," II. 20; "The Nature of Enthusiasm," 36. 또한 "Character of a Methodist," 1 (*JWW* VIII:340), "Some Observations on Liberty," 1 (*JWW* XI:91)를 보라.
28) 이것은 "The Lord Our Righteousness" (1766)에 실려 있다.
29) 이는 하이젠레이터(Richard Heitzenrater) 교수가 발견한 라틴어 단편에서 확인되었다(이하 생략―역주).
30) 참조. *Minutes of Several Conversations Between Mr. Wesley and Others From the Year 1744, to the Year 1789*, Question 77, Ans. #3 (5-6), in *JWW* VIII:337-38(이하 생략―역주).
31) 그는 '메소디스트'라는 별명처럼 '아르미니안'이라는 꼬리표도 마지못해 받아들였다

그런 기능으로서는 알려지지 않은 채[32] 그의 신학적인 박식함과 분노의 또 다른 호기심 어린 전시물이 되었다.

칭의에 대한 논의에서 중요한 문제는 회개의 의미와 역할이다. '형식적 근거'와 예정의 교리에서 회개는 하나님의 이끄시며 용서하시는 은총에 선행하는 조건부 역할을 할 수 없다. 죄를 고백하고, '형식적 공로'인 그리스도의 대속 사역을 의지하는 것은 선택 받은 자가 할 일이다. 웨슬리는 칭의에 필요한 조건은 (오로지 믿음이지)[33] 회개가 될 수 없다는 것에 동의했다. 회개는 '선한 행위'가 아니다. 그러나 회개의 의미를 달리 설명함으로써 그는 죄를 용서받기 위한 믿음의 준비로서 회개의 중요한 위치를 찾았다. 웨슬리에게 '메타노이아'(metanoia, 마음의 변화)는 죄에 대한 슬픔이 아니라, 자신의 실제 인간 상태(즉, 다른 죄에 동기를 부여하는 정욕과 자만[34])에 대한 변화된 의식이다. 그러므로 진정한 회개는 자만심의 항복이요, 자신에게 근본적으로 은혜가 필요함을 인정하는 것이다. 이것은 전통적인 칼빈주의나 도덕적 정직을 말하는 영국 교회의 복음에서 말하는 칭의의 조건과는 다른 개념으로, 그 자체로서 흥미로운 견해다.

웨슬리는 또한 칭의는 '실제' 변화와 '상대적' 변화[35] 모두를 포함한다고 주장함으로써 칼빈주의자들과 영국 교회의 양극성에 대한 제3의 대안을 모색했다. 이것으로부터 성화가 칭의에서 (더 정확히 말하면 중생에서) 시작

(이하 생략—역주).
32) 예를 들어, 그는 Sebastian Castellio's "Dialogues on Predestination, Election, and Free Will" (1st ed., 1578), in Vols. IV and V (1781, 1782)의 영어 번역판만 출판했다. 이것은 심지어 웨슬리 시대에는 흔치 않은 책이었다. 참조. Ferdinand Buisson, Sébastien Castellion: sa Vie et son Oeuvre (1515-1563), 1964, Appendice, Pièces Inédites, cxviii, II:498-99.
33) 참조. "Justification by Faith," IV.1f; "The Scripture Way of Salvation," III.2, 5.
34) 요한1서 2장 16절은 웨슬리가 좋아하는 성구 중 하나다.
35) 참조. "The Scripture Way of Salvation," I.4(이하 생략—역주).

되며, 그것은 항상 웨슬리의 입장에서 말하자면, 하나님과 이웃 사랑에서 나오는 '거룩한 삶'인 삶의 진행 과정이라는 사실이 뒤따랐다. 웨슬리가 (가장 혐오하는) 율법무용론을 피하고, 믿음의 우선순위(곧 칭의)와 사랑의 수확(성화) 사이의 역동적인 균형을 이루도록 도운 것은, 언제나 믿음에 뿌리를 둔 구원에 대한 이 점진적인 개념이었다.[36]

웨슬리의 성화의 교리

웨슬리의 모든 교리 중에서 가장 쉽게 오해되는 것이 '그리스도인의 완전', 곧 그리스도인은 이 세상의 사랑과 삶에서 완전하게 되기를 기대할 수 있고, 또 기대해야 한다고 주장하는 교리다. 여기서 우리의 더 중요한 관심사는 그 교리를 설명하는 것보다, 어떻게 자료비평(source-criticism)이 이 교리의 발전 과정[37]을 자세히 설명할 수 있는지를 보여주는 것이다. 어떤 의미에서는 '완전'이 기독교인의 삶의 목표이자 왕관이라는 것을 부인한 기독교인은 없다. 그러나 그것을 기대하는 것과 관련해 적절한 견해가 무엇인지를 놓고 거룩하지 못한 다툼이 있었다.

불굴의 욕망에 대한 개념을 가진 [가브리엘 비엘(Gabriel Biel)과 같은] 명목론자들과 "의인이지만 동시에 죄인이다"라는 개념을 가진 루터(그리고 루터교도들), 그리고 ['저주의 무리'(massa damnationis)라는 관념을 가진] 칼빈주의자들 모두는, 완전하라는 성경 말씀(마 5:48)을 종말론적으로 해석하는 경향이 있었다. 웨스트민스터 신앙고백서는 그것은 영광스러운 상태에

---

36) 참조. "On God's Vineyard," I. 5. 메소디스트의 성화의 교리가 가톨릭의 교리보다 균형 잡혀 있는 것처럼, 메소디스트의 칭의 교리는 한편으로 치우쳐 있는 루터의 교리보다 훌륭하다.
37) 참조. Harald Lindstrom, *Wesley and Sanctification* (1946); R. Newton Flew, *The Idea of Perfection in Christian Theology* (1934), chap. XIX.

있게 될 선택된 자들이 기대하는 것이라고 말한다. 38) 반면 가톨릭의 전통은 성화를 칭의에서 주어진 의와 연관 짓는 경향이 있다. 39) 그러나 이 모든 것은 이 세상에서의 삶에서의 그러한 완전에 대한 기대를 좌절시켰다. 40) 이것이 교회가 성자들을 인정하는 일에 항상 회의적인 이유다.

이 논리는 라틴 기독교에서의 완전에 대한 공통적인 의미를 반격하는 것이다. 전형적으로, 그것은 도달 가능한 완전을 의미했던 것이다. 죄의 뿌리가 남아 있는 한 그런 의미에서의 완전은 불가능하다. 그러므로 그러한 완전의 교리는 죄 없는 완전을 함축하게 되었다. 그래서 대부분의 그리스도인은 이를 주제넘은 것으로 여겨 즉각 거절한다. 칼빈주의자들은 그들의 예정 교리와 성도의 견인설을 가지고 그러한 추측을 피했다. 웨슬리는 이를 반격해 그것은 율법무용론의 입구라고 간주했다.

중요한 것은 웨슬리가 그러한 복잡한 문제를 이미 깨달은 것보다 훨씬 더 잘 알고 있었다는 것이다. 41) 그는 몇 번이나 죄 없는 완전으로 기울어지는 표현에 근접했다. 42) 하지만 (윌리엄 커드워스나 제임스 렐리처럼) 죄 없는 (죄책이 없는) 완전함에 대한 명백한 논의에 직면할 때마다, 그는 뒤로 물러서서 일련의 신중한 조건을 제안했다. 43)

웨슬리에게 중요한 용어는 '완전함'(*perfectus*)이 아니라 '완전하게'(*teleiōs*)였다. 완전함에 대한 그의 역동적인 이해는 클레멘트, 닛사의 그레고리,

---

38) Chap. IX, v.
39) 참조. *The Canons and Decrees of the Council of Trent*, Session Six, Canon, XXXII.
40) 참조. St. Thomas, *Summa Theologiae*, II. II, Q. 184, Art, 2: "완전은 우리가 이 땅에 살고 있는 동안에는 불가능하지만 하늘에서는 가능할 것이다"(이하 생략—역주).
41) 예를 들어, Flew, *The Idea of Perfection in Christian Theology*와 R. A. Knox, *Enthusiasm* (1950), Chap. XVIII, 422-58.
42) 참조. "The Trouble and Rest of Good Men," II. 4(이하 생략—역주).
43) 참조. "On Sin in Believers," "The Repentance of Believers," "Wandering Thoughts" 등.

마카리우스, 에프라임 사이러스 등 초기 동방의 영성에서 취한 것이었다. 이 관점에 따르면, 완전은 주어진 순간에 (항상 믿음으로 받는 하나님의 선물로서) 실현될 수 있다. 그러나 결코 다 끝난 상태로는 아니다. 완전은 두 개의 동반된 힘을 내포하고 있다. 즉 (1) 하나님을 진심으로 사랑하는 힘과 (2) 자발적으로 죄(곧, 웨슬리가 끊임없이 하나님의 알려진 법칙을 위반하는 것으로 정의했던 소위 '적절히 부르는 죄')를 짓지 않는 힘이다.[44] 그렇게 얻은 완전이라도 하나님을 향한 사랑이 식거나 예기치 못한 죄악에 빠졌을 때[45] 즉시 회개하고 하나님의 자비를 구하지 않으면 상실할 수 있다.

여기서 모든 것은 의도적인 죄와 비의도적인 죄의 구별의 타당성에 따라 변한다. 완전이 의도의 순결이라면, (이 교리에서 말하는 것과 같이) 죄의 잔재와 그 부패함이 우리의 최선의 의도에 미치는 영향은 무엇인가? 그러므로 (웨슬리의 두 번째 설교 "완전에 대하여"에서와 같이) 더 세심하게 수정한 경우에도, (하나님의 은혜에 의해) 인간의 정욕에 승리하는 은혜로운 의도로서의 그런 사랑의 이상은 정통 개신교 신자들에게는 다소 무모해 보였다.[46] 더구나 그들의 두려움이 더 지나친 단순화에서 종종 정당화되면서 후기 메소디스트의 '성결 운동'이 일어났다. 그들은 두 번째로 받는 은혜로서의 '온전한 성화'를 주장했다.[47]

다시 말하지만, 여기서 우리의 목적을 위해서는 이 성화의 교리의 배경을 이해하는 것이 그 교리를 옹호하거나 반대하는 것보다 덜 중요하다.

---

44) 참조. "Sermon on the Mount, XI," I.5; "On Perfection," III.9; 그의 편지, "To John Hosmer", June 7, 1761, "To Mrs. Bennis", June 16, 1772.
45) 참조. "The First-Fruits of the Spirit," II.11-13; III.6; William Law, *A Serious Call to a Devout and Holy Life* (1729), 21; Benjamin Kidder, *A Discourse Concerning Sins of Infirmity and Wilful Sins* (1704), 10.
46) *Cautions and Directions Given to the Greatest Professors in the Methodist Societies* (1762)를 보라.
47) 참조. J. L. Peters, *Christian Perfection and American Methodism* (1956).

우리는 그 출처가 동방 교회(또 테일러와 로우, 그리고 아 켐피스)였다는 것에 대해 살펴보았다. 또 다른 뿌리는 햄폴(Hampole)의 리처드 롤(Richard Rolle)과 같은 영국 신비주의의 풍부한 토양으로 거슬러 올라간다. 좀 더 구체적으로 말하자면, 웨슬리가 1741년에 읽은 로버트 겔(Robert Gell)의 "성경의 마지막 영어 번역 수정판(1659년)에 대한 논문"을 지적할 수 있다.[48] 이것은 학식과 경건의 큰 기념물이다. 나는 이것을 현대의 참고 문헌에서 아직 보지 못했다. 우리에게서 이것의 중요성은, 겔이 순수한 의도라는 견지에서 기독인의 완전이 가능하다는[49] 설교를 덧붙인 '부록'(785페이지 이하)에 나타나 있다. 마찬가지로 흥미로운 것은 당시 토머스 드레이턴과 윌리엄 파머(William Palmer)가 이 세상에서의 완전에 대한 가르침으로 인해 비난을 받았던 논쟁에 대한 겔의 언급이다.[50]

그러한 불명확한 역사의 조각은 '메소디스트'와 '메소디스트파'라는 명칭과 웨슬리 이전에 있었던 완전을 관련시킨 영국 신학에 존재하는 전통의 다른 증거의 단편과 대등하다.[51] 이 밖에 "예수 그리스도의 나라 교수"[52]가 쓴 "교회 천사들 간의 전쟁"(1693년)이라는 제목의 호기심 어린 소책자가 있다. 여기서 '새로운 메소디스트들'이라고 이름 붙여진 '집단'은 거룩한 삶과 완전 같은 것이 이단적이라며 비난을 받았다. 칭의에 대한 교리로 웨슬리에게 매우 강한 영향을 미친 존 굿윈(John Goodwin)이 그 저자의 주된 표적이 되었다. 웨슬리가 이 소책자를 읽은 적이 있다는 기록은 없다. 하지만 다른 사람들은 읽었다. —또한 신성클럽(Holy Club)에 달갑지 않은 별명인 메소디스트를 붙인 옥스퍼드의 코미디언들이 이 민속

---

48) 참조. *JWJ* for February 3 and July 19, 1741; April 17, 1777. 그 외는 생략-역주
49) "Some Saints Not Without Sin for a Season."
50) 참조. 그는 797페이지에서 드레이턴과 파머를 인용한다(이하 생략—역주).
51) 참조. OED, 위의 인용문 중; Robert Traill (1692)(이하 생략—역주).
52) In the McAlpin Collection (Supplemental Catalogue), Union Theological Seminary Library, N.Y.

학(folklore)을 염두에 두고 있다는 것도 단순히 공상적인 추측이 아니다.

발견된 자료의 타당성

분명히 웨슬리는 해석의 배경으로 펼쳐지는 그의 자료의 넓고 복잡한 태피스트리(tapestry, 다채로운 색실로 무늬를 짜 넣은 직물-역주) 없이도 읽을 수 있고, 또 대개 그렇게 읽는다. 이것은 그의 신학적 기구로부터의 자기 분리에 대한 대가의 일부였다. 그럼에도 이 배경이 복구되고 다시 평가됨에 따라, 웨슬리는 바로 그가 평민을 위한 학자였기에, 그에 대한 고정관념이 보여주는 것보다 더 흥미롭고 인상적인 신학자로 떠오르고 있다.

웨슬리의 자료에 대한 이런 분류는 단지 현학적인 작업이 아니다. 개신교와 천주교(또는 개신교와 개신교) 간의 오래된 다툼이 과도기적인 평가를 받고 있는 지금, (칭의와 성화 같은) 해묵은 문제에 대한 긴급하고 새로운 문제가 에큐메니컬 대화의 새로운 맥락에서 제기되고 있다. 이러한 질문은 긴급하고 균일하게 오늘날과 상관관계가 있다. 즉, 기독교인들이 이 세상의 삶에서 기대하도록 현실적으로 촉구되어야 하고, 따라서 추구해야 할 것은 무엇인가?

이러한 질문은 그들의 상황에서 더는 교파에 관한 문제가 아니다. 신학적 다원주의는 현재의 실제 상황이며, 아마도 돌이킬 수 없을 것이다. 우리는 에큐메니컬 신학을 당연하게 받아들이게 되었고, 이는 우리가 깨달은 것보다 웨슬리가 말하는 '관대한 정신'에 더 가깝다.

우리 시대의 문제들은 쉬운 답을 가지고 있지 않다. 하지만 그것들은 우리의 여러 유산에 대한 사려 깊은 재평가로 생성된 통찰력으로 밝혀질 수 있을 것이다. 그러한 평가에 평민을 위한 신학자들의 기여도 마땅히 포함되어야 한다. 그리고 어떤 새로운 관점에서도 존 웨슬리는 평민을 위한 신학자로서 여전히 놀랍도록 적합하다는 것이 밝혀질 것이다. 확실히 그의 마음은 지나친 단순화에 있었다. 그러나 그것은 기독교 전통의 모든 부분으로부터 풍부하게 제공된 것이었다. 그리고 그는 척박한 양극성에 대한 건설적인 제3의 대안을 발견하는 특별한 재능을 가지고 있었다. 이 모든 것은 그가 아직까지 받아본 적이 없는 종류의 배려를 —교회의 다른 학식 높은 성직자들과 함께— 받을 자격이 있다.

1.7. 웨슬리 연구의 새 전망

[1985] 1982년에 있었던 '메소디스트 신학 연구에 관한 제7차 옥스퍼드 학회'에서, '메소디스트 신학 전통의 미래'(The Future of the Methodist Theological Traditions)라는 주제에 관한 중요한 논문 다섯 개가 발표되었다. 여기서 발표된 아우틀러의 논문은, 웨슬리 연구에 직면한 역사자료의 편찬과 해석학의 문제에 대해 매우 철저하게 논의한 것이다. 이는 웨슬리를 다시 한번 신뢰할 수 있게 만드는 과업을 하고자 하는 사람에게는 필수적인 문서다.

노윈 데니(Norwyn Denny) 회장은 자신의 발표 자리에서, 이번에 2주간 작업하는 동안 박식한 체하거나 빈둥거리지 말라고 우리에게 경고했다. 나는 그가 그렇게 말할 때, 웨슬리가 (비록 내가 생각하기에 그는 약간 다른 뉘앙스를 가지고 했는지는 몰라도) 우리에게 비슷한 훈계를 했을지도 모른다고 생각했다. 일단 그가 이 대학에서 자신을 소외시켰을 때, 웨슬리는 우리가 이 연구소(즉 학회)에서 우리 자신을 위해 계획한 특별한 여가를 거의 추친하지 않았다. 더구나 박식한 체하거나 빈둥거리는 것, 또는 유행을 따르는 것을 거의 똑같이 경멸했다. 우리는 존슨(Johnson) 박사와 헌팅던 백작 부인이 얼마나 그의 분주함을 불평했는지를 기억한다. 그럼에도 그는 '링컨 대학의 교원(fellow)'이라는 학문적 직함을, 그 위치에서 떠난 이후에도 오랫동안 고수했고, 때때로 '학문적 소모임'에 대한 향수를 드러냈다. 예를 들어, 1772년에 그는 동생과 지난날에 대해 이야기를 나누면서, "나는 지난 30년 동안 무엇을 하고 있었는가?"[1]라는 이상한 질문을 했다. 더욱이 그는 (학회라고 부를 수 있는) 준학술적 기구를 연구해 만들었다. 그것은 일종

---

1) 그의 편지 "To Charles Wesley," Dec. 15, 1772. *JWZ* VI:6를 보라.

의 신학 연구 기관으로서 기능하도록 설계되었다. 우리가 그 기구의 형식을 모방하고 싶지는 않더라도 그것의 기본적인 관심사를 채택하는 것이 좋을 것이다.

한편으로, 웨슬리는 거의 끊임없는 노출에 익숙해진 공인이었다. 즉, 그는 그를 잘 이해하지는 못했지만 열렬히 따르는 사람들과, 제대로 알아보지도 않고 그저 그를 경멸하는 비평가들 모두에게 노출되어 있었다. 단계별로 그는 메소디스트라고 불리는 사람들의 창시자, 족장, 교단의 영웅 등 복잡한 리더십 역할로 매우 침착하게 나아갔다. 한편, 그는 적어도 약간의 독선적인 느낌으로 계속해서 비판자들을 무시했다. 노년에 이르렀을 때 그는 영국에서 가장 잘 알려진 민간인이었다. 그는 (86세 때) 마지막으로 팰머스(Falmouth)를 방문했을 때, 지위의 높고 낮음을 막론하고 사람들이 마치 왕이 지나가는 것처럼 눈을 크게 뜨고 응시하면서 사랑과 호의가 가득한 눈빛으로 거리 이 끝에서 저 끝까지 늘어섰던 일을 회고한다.[2] 대중의 존경은 또한 수많은 유물이나 초상화와 함께 놀라운 우상화를 만들어 냈다. 내가 그랬듯, 아마도 웨슬리 역시 [브리스틀의 웨슬리 대학 몰리 전시장(Morley Collection)에 보관된] 그를 받드는 무리 및 천사들과 함께 자신의 몸이 하늘로 승천하는 것을 묘사한 포스터를 보고 매혹되었을 것이다.

다른 한편으로 그는 지칠 줄 모르는 작가, 편집자, 출판인이었다. 그리고 그는 자신의 글이 읽히기를 바랐다. 그는 평민을 위해 [그랜빌(Granvil)과 틸러트슨을 모델로 삼아] 평범한 형식을 개발했고, 이 점에 대해서는 다소 자부심을 갖게 되었다(그의 1787년 판 『표준설교집』 서문을 참조하라).[3] 그

---

2) *JWJ*, Aug. 18, 1789; 참조. Richard Watson, *Life of John Wesley*, 1831, 168.
3) 틸러트슨의 14권의 설교집 중 첫 번째 책의 제목은, *Sermons Preached Upon Several Occasions*이다(이하 생략—역주).

는 인용문을 많이 사용했는데, 대부분 그 사용에서 부주의하고 태만했다. 또 그는 복잡한 문제를 아무 거리낌 없이 지나치게 단순화했다. 동시에 그는 더 세련된 독자들(*The Spectator*와 *The Gentlemen's Magazine*에 대한 자신의 취향을 공유했던 '신앙적이고 이성적인 사람들')을 위해서는 부단한 주의를 유지했다. 평범한 사람들에 대해서는 자신의 학력을 상기시키는 듯한 고전적 문구나 인용은 포기했다. 하지만 그것을 늘 번역해 사용했다.

그러므로, 내가 보기에 그는 자신이 차세대 학자들에 의해 차분히 연구되고, 자신의 자료가 트집 잡는 편집자들에 의해 점검을 받으리라고는 전혀 예상하지 못했던 것 같다. 왜 그래야 하는 것인가? 그가 스스로 이해한 소명은, 그 자신의 시대와 장소에서 '모든 성도에게 단 번에 주신 믿음'을 새롭게 단순화해 포고하는 것이었다. 메소디스트의 멘토로서 그가 스스로 선택한 역할은 그들의 즉각적인 요구에 맞춰졌고, 그것이 전개되는 가까운 미래에 집중되어 있었다. 그는 기독교 정통이 이신론자와 자유사상가들에 의해 급진적인 도전을 받고 있다는 것을 알고 있었다. 그러나 그것은 유럽인의 마음을 재형성하고 있었던 과감한 재평가의 암시에 지나지 않는 것인데, 그는 그것에 대해 고민했다. 그는 일반적으로 알려진 것보다 계몽주의의 견해에 더 깊이 영향을 받았다. 그리고 훨씬 이전에는 가톨릭의 정신을 지닌 사람이었다. 그러나 그는 조지 셀(Goerge Cell)이 재발견한 칼빈주의자가 아님과 같이 그는 모더니즘의 원형이 아니었다

따라서 그의 글 대부분은 자신의 사람들을 위해 제작되었다. 다른 독자들은 단지 우연히 볼 수 있을 뿐이었다. 그의「성경 주석」과『메소디스트 사람들이 사용하도록 만든 찬송가』(*A Collection of Hymns for the Use of the People Called Methodists*, 1780)가 그런 경우다. 또 보석과 잡동사니들의 놀라운 몽타주인《아르미니안 잡지》(1778년 이후)도 마찬가지였던 것 같다.

전집(1771~1774)과 설교들(1787~1788)은 일지(1735년부터)처럼 더 많은 독자를 염두에 두고 썼을 것이다. 「기독교 문고」(1749~1755)는 신학적으로 정교한 대중을 목표로 했다. 이 책이 웨슬리의 일생에서 단 한 권뿐이었다고 생각되었지만, 그것은 명백히 편집상의 오산이었다(즉, 신학적인 대중이 적기에, 이 책을 읽을 사람도 적을 것이라고 생각했던 것이다 - 역주).

1단계: 메소디스트의 보호막(cocoon)

여기서 중요한 것은 웨슬리가 죽은 후 거의 2세기 동안 그의 저술에 대한 연구와 해석은 대부분 메소디스트만의 일이었다는 것이다. 곧, 그들을 위한, 그들에 의한 것이었다. 이런 폐쇄적인 유형이 우리가 '웨슬리 연구 1단계'라고 부르는 일에 관여하도록 도왔다. 그 안에서 가장 크게 강조되는 문제는, 웨슬리와 메소디즘 사이의 긴밀한 연결에 관한 것이었다. '웨슬리 연구 1단계'는 웨슬리의 문학 유적에 대한 존 화이트헤드(John Whitehead), 토머스 코크(Thomas Coke), 헨리 무어(Henry Moore)의 수치스러운 논쟁과 더불어 시작되었다. 이 일은 존 파우슨(John Pawson)이 무턱대고 남아 있는 원고를 다루는 것으로 이어졌다. 우리는 최초의 유산으로부터 무엇을 잃었는지 추측할 수 있을 뿐이다. 많은 것이 토머스 잭슨에 의해 구제되었는데, 그의 1825년의 설교집(2권)과 전집(1829~1832)은 여전히 웨슬리 전 저작의 절반 이상으로 우리가 의지하고 있는 것이다. 존더반 출판사의 전집 재인쇄(1958~1959)가 1872년의 공인판(authorized edition)에 근거하고 있다는 주장이 40년 만에 철회되었다. 그러므로 '웨슬리 연구 1단계'는 대부분 드러난 텍스트(어떤 것은 불완전하고, 어떤 것은 다른 저자에게서 가져오고, 어떤 것은 가짜였지만)에 의존해 왔다. 그것은 성격상 확고하게 교파적이었고, 어조는 열렬한 승리주의자였다.

여기서 가장 주목할 만한 예외의 경우는, 1820년에 로버트 사우디

(Robert Southey)가 쓴 웨슬리의 전기다. 이는 여전히 매우 흥미로운 글이며, 웨슬리 전기 중에서 확실히 가장 잘 쓴 것이다. 이 부록은 웨슬리의 특징과 신학에 대한 알렉산더 녹스의 논평집과 함께 여전히 가치가 있다[그리고 녹스는 키블(Keble)과 퓨지(Pusey)의 정신적 멘토였기 때문에, 그리고 복음주의와 영국 국교회 고교회파의 부흥 사이의 일종의 연결고리로서, 키블 대학의 메소디스트 학회 모임에 관심을 전달하는 것 이상의 가치가 있다]. (웨슬리의 성격은 비판했지만 영국 기독교에 대한 그의 복합적인 공헌은 칭찬한) 사우디의 생각지도 못한 모험은, 존 깁슨 록하트(John Gibson Lockhart)에 의해 그 주제가 영국 시인 문학의 노력에 걸맞지 않다는 이유로 즉각 비난받았다. 대부분의 교양 있는 영국인은 동의하는 경향이었다. 그러나 이 논쟁은 메소디스트들을 격분시켰고, 리처드 왓슨(Richard Watson)이 그에 반격을 가했다. 이는 이미 번영하고 있고 여전히 살아 있는 웨슬리 영웅 숭배자들을 안정시키는 데 도움을 주었다. 이 열광적인 측면(cultic aspect)이 자베즈 번팅(Jabez Bunting)의 위대한 시절부터 우리 시대까지의 웨슬리 연구 1단계의 또 다른 특징이었다.

웨슬리와 함께 남겨진 메소디스트들은, 우리가 잘 알고 있고 그에 대한 우리 자신의 이미지를 형성해 온 한 고정관념의 집단을 발전시키기 위해 나아갔다. 그 이미지란, 완고한 아버지, 비할 데 없는 어머니, '불타는 데서 끄집어낸 자라는 별명'을 가진 어린 재키(Jacky), 신성클럽, 올더스게이트, 세계를 자신의 교구로 삼은 위대한 전도자, 무적의 토론자, 그리고 무엇보다도 메소디즘의 창시자다. 메소디스트의 승리주의와 그들 자신의 편견을 고려했을 때, 메소디스트가 아닌 사람들은 웨슬리의 놀라운 열정과 실제적인 재능은 기꺼이 인정했지만, 다른 면에서는 그를 신학자로 보지 않고 폄하했다. 나는 웨슬리를 메소디즘과 연관 짓고 그 이상은 아무 말도 하지 않는 백과사전과 교과서를 보며 자랐다. 『과거와 현재의 종교』(Religion in Geschichte und Gegenwart)라는 오래된 책에 웨슬리에 대한 짧은 글, 곧 "그는 강직하고, 날카로운 혀를 가졌으며, 열광적인 사람이다"라는 구절이 있는데, 그것은 아직도 내 마음에 꽂혀 있다.

대체로 메소디스트들은 그들의 족장을 그의 받침대에 올려놓은 것에 만족했다. 한편 그들은 기독교 팽창의 역사에서 진정으로 위대한 성공 사례 중 하나를 누리고 있었다는 것을 실제로 인정했다. 많은 것이 그들의 승리주의를 지탱해 주었다. 타이어맨은 대부분의 메소디스트가 당연하게 여기는 것은 "메소디즘은 교회 역사상 가장 위대한 실제"[4]라는 것이라고 말했다. 웨슬리의 일지[5] 신판(new edition)에 있는 커녹의 첫 번째 책에 대한 익명의 비평가는 다음과 같은 동일한 견해를 가지고 있었다. "메소디즘은 아마도 이슬람교 바깥에서는, 한 인간의 삶에 기원을 두고 있고, 여전히 거기서 기동력을 얻고 있는 사람들의 가장 광범위한 종교 체계일 것이다."

그러므로 웨슬리 연구의 1단계는 자신과 그것의 창시자에 몰두하는 교파주의에 관한 학문적 측면이었다. 이러한 나르시시즘은 여전히 계속되고 있고, 그것은 해마다 영국 관광 사업의 중요한 부분을 차지했다. 우리는 웨슬리가 걸었던 곳을 걸어 보고, 그가 섰던 설교 강단에 서 보고, 그가 임종을 맞은 방에 들어가 보고, 그가 링컨 대학 시절에 하숙했던 방을 특별히 보여준 것에 대해 기뻐하는 메소디스트들의 이야기를 끊임없이 듣는다. 웨슬리의 유물은 전 세계의 박물관과 집에 흩어져 있다. 실제로는 이 회사의 얼마나 많은 사람이 웨슬리 유물을 가지고 있지 않은지를 알면 흥미로울 것이다. 내 경우에는 18세기 웨슬리 문헌 자료집(Wesleyana)을 유물로 여기지 않는다. 그러나 사람들이 내가 그래야 한다고 생각한다면,

---

4) *Life and Times* [1870], I:1.
5) *Times Literary Supplement*, Nov. 18, 1909.

나도 일종의 이미지를 제공하는 자(iconodule)인 것이다.

그러나 사람들의 기억에 살아 있는 승리주의는 (최근 승리감이 점점 적어져 가고 있기 때문에) 유행을 타지 않게 되었다. 기독교 사회 전반에 새로운 에큐메니컬 정신이 퍼졌다. 동시에 '계몽주의적 기독교'의 흥망성쇠는 우리에게 19세기 자유주의가 점점 덜 견고해 보이는 새로운 포스트모던 시대를 가져다주었다. 그러므로 (여기저기서 환영할 만한 예외가 있기는 하지만) 일반적으로 메소디즘의 흔들리는 운명과 함께 에큐메니컬 역사학이 증대함으로, 웨슬리 연구 1단계는 점점 더 시대에 뒤떨어지게 되었다. 교파적 교회 역사는 쇠퇴되었고, 승리주의는 세련된 역사가들에 의해 나쁜 형태와 역사로 변모되었다. 16세기와 17세기를 뒤흔든 큰 문제들이 다시 관심의 중심이 되었다. 제2차 바티칸 공의회는 로마 가톨릭의 종교개혁에 대한 반대의 종말을 고했다. 19세기 자유주의의 전제사항은, 오래된 기억과 꼬리표가 지속됨에도 철저한 재검토를 요구했다.

2단계: 선택성의 해석

이러한 역사적 관점의 기본적인 변화의 결과 중 하나는 18세기를 새로운 시각으로 나타낸 것이다. 이는 웨슬리-메소디스트의 공생에 대한 강조를 줄이고, 정당한 자격을 지닌 신학자로서의 웨슬리에 대한 하나 이상의 관심에 더 중점을 둔 웨슬리 연구의 두 번째 단계를 촉진시켰다. 2단계에서의 동기는 다양하게 나타났다. 뉴턴 플류(R. Newton Flew)의 연구 (완전의 개념)와 막시민 피에트 신부의 연구[『개신교 혁명에서의 존 웨슬리』(John Wesley in the Evolution of Protestantism, 1937)]에서 그 동기는 '에큐메니컬'로 나타났다. 그리고 로널드 녹스가 [『열광주의』(Enthusiasm, 1950)에서] 웨슬리를 다룬 글에서 나타난 경멸에서 볼 수 있듯, 그 동기는 '반에큐메니컬'로 변했다. 조지 셀과 프란츠 힐데브란트의 관심사는 웨슬리를 칼빈

및 루터와 더 밀접하게 연결하는 것이었다. 톰프슨은 웨슬리의 사회적 견해에 대해 비난하는 데 열정적이었다. 셈멜(Bernard Semmel)은 『메소디스트의 혁명』(The Methodist Revolution)을 다른 종류의 사회 변혁으로 묘사하기 위해 좀 더 신뢰할 수 있는 노력을 기울였다. 2단계에서 공유된 두 가지 특징(그러나 나머지는 서로 다르다)은 다음과 같다. (1) 웨슬리를 메소디스트의 보호막에서 구출하려는 관심과 (2) 웨슬리의 사상과 관례(praxis)의 한 가지 또는 다른 기본적인 측면을 더 깊이 탐구하려는 관심이다. 여기서 우리는 존 데쉬너, 헤럴드 린드스트롬, 오레 보르겐(Ole Borgen), 존 월쉬(John Walsh), 그리고 특히 마르틴 슈미트를 떠올린다.

웨슬리-메소디스트의 공생 약화의 부정적인 영향 중 하나는, 그들의 사상에서 (간혹 주문을 목적으로 하는 일 외에는) 웨슬리 자신의 영향을 매우 가볍게 받아 온 메소디스트 신학자들로 구성된 강렬한 세대의 출현이었다. 이 목록은 길어서, 차라리 같은 요점을 만드는 더 쉬운 방법은 결정적인 멘토인 웨슬리에게 빚진 것을 반영하는 훌륭한 현대 메소디스트 신학자들과 윤리학자들의 수를 계산하는 것이다. 이러한 셈에 얼마나 많은 손가락이 있어야 할까? 게다가 웨슬리를 그의 중요한 지위에서 몰락시키는 것을 도왔던, 점점 더 유행을 따르는 메소디스트들이 웨슬리를 역사의 변두리로 쫓아내려 한다. 메소디스트가 아닌 사람들은 이 문제를 좀 당황스럽게 생각한다. 그들은 웨슬리 영웅 숭배자들을 기억한다. 그리고 그들의 중요한 유산을 재평가하려는, 재치와 의지가 결여된 운동이 어떻게 될지 궁금해한다.

웨슬리 연구 2단계에는 세 번째 소그룹이 있다. 이들은 현재의 '신학 동인들'(coterie-theologies) 중 하나 또는 다른 것의 메소디스트 신학자들의 동지들이다. 웨슬리에 대한 그들의 관심은, 다른 전통에 뿌리를 둔 그들 자신의 신념에 대한 '권위'로서 사용할 수 있는 것에 국한된다. 이것은 이런 신학 동인이나 저런 신학 동인에 대해 논쟁하거나 반대하는 것이 아니며, 심지어 선택된 권위에 대한 선별적 호소의 정당성에 의문을 제기하는 것도 아니다. 거기에는 중요한 질문이 관련되어 있다. 그것은 방법론적인 질문이다. 이 다양하게 호소하는 자들은 웨슬리의 신학 자체에 어느 정도까지 관심이 있는가? 그들의 호소는 전체적으로 취해진 주요 원문에 얼마나 만족할 만하게 근거하고 있는가? 자기가 원하는대로의 해석(eisegesis)은 좋은 뜻으로 사용한다 해도 여전히 나쁜 성경해석법이다.

웨슬리 연구 2단계의 두드러진 업적 중 하나는 웨슬리를 메소디스트의 기반에서 끌어낸 것이다. 그러나 교회 역사(그리고 현대 기독교)에서 그의 위치를 재지정하는 문제는 대부분 그대로 방치되었다. 이는 그 모델에 두 가지 약점이 있다는 것을 시사한다(물론 주목할 만한 예외가 있다). 첫 번째는 기독교 사상 전반에 대한 일반적인 무관심이다. 다른 하나는 웨슬리를 부분적 혹은 편파적으로 읽기 때문에, 그들이 읽은 분리된 부분이 전체 웨슬리와 잘 맞지 않는다는 것이다. 라틴 아메리카, 아시아, 아프리카에서의 식민지 이후의 기독교와 웨슬리의 관련성에 특별한 문제가 있다. 오늘날 이러한 맥락에서 그는 영국의 지방적 특색이라는 두꺼운 껍질에 가려진 것처럼 보이기 마련이고, 따라서 정교하고 책임감 있는 토착화가 절실히 필요하다. 그러나 존 번연에게 그런 일이 가능했다면, 존 웨슬리에게는 왜 안 되겠는가? 더구나 그에게는 도움을 줄 수 있는 찰스의 찬송가도 있지 않은가?

어쨌든 한편으론 교회사에서의, 다른 한편으론 현재의 에큐메니컬 신학에서의 웨슬리의 올바른 위치에 대한 의문은 여전히 열려 있고 하나의 문제로 남아 있다. 웨슬리가 교회의 학식 높은 위대한 성직자 중 한 사람이라는 견해는 겉보기에는 터무니없다. 우리는 기독교 역사와 자신들의 시대 및 장소에서 위대하고 빛났던 다른 인물들을 알고 있다. 그러나 (기독교의 기억에서 가장 정교하게 기억되고 있는 사람을 제외하고) 그들은 지금 망각에서 시들고 있다. 우리는 요한 게하르트(John Gehard), 마르틴 켐니츠(Martin Chemnitz), 요한 하이데거(John Heidegger), 프란시스 튜레틴(Francis Turretin), 리처드 백스터, 호레이스 부쉬넬과 같은 인물에 대해 생각한다. 그들은 모두 위대했지만, 지금은 아쉽게도 잊히고 있다. 이는 우리에게 손해다. 웨슬리는 지금 그들에게 합류할 것인가? 그리고 그래야 하는가? 하지만 만약 그가 신학의 거장이 아니거나, 아직 림보(limbo, 천국과 지옥 사이⎯역주)에 갈 것도 아니라면, 무엇이라 말하겠는가? 우리가 아직도 고군분투하고 있으며, 앞으로 올 세대에 물려 줄 문제에 대해 그가 얼마나 기여했는가? 이와 같은 질문은 아직 완전히 공식화되지 않았고, 비판적인 역사가나 헌신적인 에큐메니스트들에게 만족할 만한 답을 제대로 주지도 못했다. 하지만 그러한 질문은 '웨슬리 연구 3단계'라고 이름 붙일 수 있는 새로운 탐구의 지평을 열었다.

3단계: 역사적 상황과 에큐메니컬 관련성

이러한 3단계는 비록 웨슬리-메소디스트의 공생에는 관심이 덜하고, 에큐메니컬 신학과 응용에 더 관심이 있겠지만, 1단계와 2단계의 긍정적인 잔류물을 거부할 것을 제안하지 않을 것이다. 이 단계의 첫 목표는 기본적인 방향 전환이다. 곧, 웨슬리의 시대와 장소를 그의 더 큰 배경, 그리고 가능한 한 넓은 역사적 맥락에서의 위치로 바꾸는 것이다. 그러나 이 모든 것은 여전히 우리 시대와 미래의 문제들에 대한 웨슬리의 관련성을 적용할 수 있도록 하기 위한 것이다. 3단계는 웨슬리가 메소디스트의 창시자를 뛰어넘어, 더 큰 역사적이고 에큐메니컬한 장면에서 더 많은 성과를 거두게 하기 위한 노력이다.

내 경우에는, 1957년 여름 홀(Hull)에 있는 프랭크 베이커(Frank Baker)의 목사관에서, 통찰력(vision)에서 웨슬리 연구의 3단계에 대한 그런 관념(notion)이 한 비전(vision)에서 프로그램(program)으로 바뀌었다. 20년 전, 나는 기독교 교부 연구로 박사학위를 받았고, 기독교 사상 전반의 역사를 파악하려는 노력의 불합리(absurdity, 즉 인간 과학에 초점을 맞춘 현재의 세속적 지혜와 기독교 간의 현대적 대화를 지지하는 일)에 끌렸다. 그러나 요점은, 내가 받은 교육이나 경력에서 볼 때, 웨슬리가 위대한 전도자이자 교단의 창시자로 여겨진 것 이외에 다른 것으로 인정받은 것은 어디에도 없다는 것이었다. 예를 들어, 내가 지금까지 알고 있는 바로는, 나의 소중한 친구이자 동료인 니버(H. Richard Niebuhr)는 웨슬리의 자료 자체를 직접 조사하지 않고, 주로 셀 교수의 저서에 근거해 웨슬리를 결함 있는 칼빈주의자로 묘사했다. "웨슬리가 본질적으로 칼빈주의자라는 말은, 비록 칼빈주의자들의 복음에 대한 전제사항을 잘 모르는 많은 메소디스트의 지식의 한계(limitation) 때문이지만, 최근에 셀(Cell) 교수가 묘사한 말이다."[6]

여러 해 동안 나는 자발적으로, 그리고 부분적으로는 (아버지의 영웅이었던) 그에 대한 충성심에서 웨슬리를 읽었다. 하지만 청교도들과 슐라이어마허 사이에서의 개신교 사상의 발달에서 그가 정확히 어느 편에 서 있었는지에 관한 역사학자로서의 호기심이 더 많았다. 내가 받은 일반적인 감명은 과장된 표현에서의 창의적 사고방식, 곧 도덕주의와 독신주의(solifidianism)의 해독제였다. 그러나 신학적 위상에서는 조나단 에드워즈와 비교할 만한 것이 아니었다. 그러므로 「개신교 사상 문고」의 편집위원회에서 우리가 그 책들의 형식에 대해 토론하고 있을 때, 나는 우리가 리

---

6) *The Kingdom of God in America*, 1937, 101.

처드 백스터나 호레이스 부쉬넬 등을 위해 계획했던 것처럼, 웨슬리에 대한 책 한 권(volume)을 만들 수도 있겠다는 생각이 들었다. 에드워즈에 관한 책은 이미 예일 출판사에서 출판되고 있었고, 지금 이 프로젝트는 30년 이상 계속되어 오고 있다.

나의 제안은 메소디스트가 아닌 동료들에게 비웃음을 샀다. 그들은 나에게 이 문고의 원래 제목인 '개신교의 사상'(Protestant Thought)이라는 제목을 제안한 사람이 바로 나 자신임을 상기시켰다. 이후에 종교개혁과 그 후의 역사에 관한 외부 전문가 그룹이 그 목록에 누구를 포함하거나 허용하며 또 누락할지에 대해 여론 조사를 했을 때, 그들이 주장한 프로젝트는 존 웨슬리로 단권의 책을 출판하는 것이었다. 그러나 누가 어떻게 웨슬리에 대한 이 책을 작성할지는 결정되지 않았다.[7] 결국 나중에 내가 그 책을 편집하는 임무를 받았다. 이때부터 특히 나처럼 전문가가 아닌 사람에게는 문자 그대로 충격이 오기 시작했다. 이미 나의 선배들과 훌륭한 사람들에 의해 기본적인 삽화 작업이 진행된 보통의 정교한 2차 문헌 더미와 함께, 전문가들이 이미 준비한 비평 연구판 작업에 익숙해진 지 오래였다. 자필문과 자료에 대한 나의 순진한 질문들은 고무적이지 않은 답변에 부딪히고, 웨슬리가 메소디스트들에게 얼마나 단단히 휩싸여 왔으며 다른 사람들에게 얼마나 쉽게 무시당했는지를 발견하게 했다. 커녹의 저널은 메소디스트 문제에 거의 전적으로 몰두하고 있으며, 웨슬리의 독단적인 활동에 대해서는 그다지 비판적이지 않았다. 게다가 그의 일지에 있는 암호를 번역했다는 그의 주장의 결함을 누가 확인할 수 있었겠는가? 서그덴(Sugend)의 표준 설교집에는 웨슬리의 신학에 대한 비판적인 논평이 몇 개 있었지만, 메소디스트의 분위기에서는 거의 완전한 것이었다. 게다가 서그덴이 가장 관심을 가졌던 것은 메소디스트의 '교리적

---

7) "Towards a Re-Appraisal of John Welsey as a Theologian," above, 39-54을 보라.

기준'의 문제였다. 이것은 그가 웨슬리의 설교들의 마지막 3분의 2를 무시하게 허용했다.

2차 문헌은 친숙한 고정관념에 의해 지배되었다. 중요한 질문은 제기되지도 않거나 틀에 박힌 대답이 주어졌다. 나는 영국에서 그러한 살아남은 주요 문서들이 충분히 안전하게 있었지만, 곧이어 안전한 장소에 있지 않다는 것을 발견했다. 웨슬리의 옛 문서(archive)와 윌리엄스 박사의 도서관에 있는 백스터의 문서 간의 차이는 당혹스러웠다. 웨슬리가 읽은 내용에 대한 믿을 만한 목록도 없고, 그의 자료를 편리하게 모은 것도 없었다. 요컨대, 내가 예상했던 것은 상당히 간단한 업무가 되어 당혹스러운 일로 변하게 되었다. 그리고 다른 웨슬리 학자들이 나의 경험을 복제해야만 한다면 웨슬리 연구 3단계는 절대로 펼쳐지지 않을 것이라는 확신이 선뜻 다가왔다. 한편 동료들은 나의 불평에 고개를 갸웃거리면서, 이것이 그렇게 불운한 모험에 적합한 일이었음을 암시했다. 그중 한 명(파스칼 전문가)은 비단 지갑과 암퇘지의 귀에 대해 중얼거렸다.

그러나 나는 마침내, 나는 결코 그럴 수 없었시만 나의 프로젝트를 도울 준비가 되어 있는 사람인 웨슬리 전문가로서 프랭크 베이커를 찾아냈다. 그 역시 (비록 항상 내가 말하는 '메소디스트의 보호막'보다 그 사람 자체에 더 몰두했지만) 웨슬리 연구 1단계의 제한된 유용성을 발견했다. 그러나 그는 10년 전에 새로운 비평 연구판을 구상하고, 그린(Greene)을 대신할 적절한 도서목록에 대한 작업을 시작했다. 베이커의 전문지식이 그 시점까지 나를 좌절시켰던 많은 장애물을 극복하게 했다. 그래서 그와 (역사학자나 영국 문학 전문가, 고전학 학자 등) 다른 많은 사람의 도움으로 도서관에서 웨슬리의 책을 찾게 되었다. (20년 더 연구한 후에 알게 되었지만) 거기에는 많은 결함이 있었다. 그런데도 그 책은 다른 책들보다 10대 1의 비율로 계속해서 더 많이 팔렸고,

여전히 인쇄된 18권 중 유일하게 남아 있는 책이다. 옥스퍼드 대학교 출판사 직원들을 포함해 많은 사람이 이를 불가사의하다고 생각했다.

사실 이 프로젝트를 통해 가장 많은 이익을 얻은 것은 나 자신이었다. 그 과정에서 내가 기대했던 것보다 더 흥미로운 신학적 자원을 발견했기 때문이다. 여기에 나의 다른 많은 질문, 특히 약 18세기 정통주의와 경건주의, 계몽주의 사이의 연관성에 관한 질문에 대한 귀중한 해명이 있었다. 그 프로젝트는 현대 문제에 대한 나 자신의 신학적 이해를 증진시켜 주었다. 웨슬리의 수사법에 익숙해지는 것은 다소 힘들지만, 거기에는 '평범한 사람들을 위한 평범한 진리'가 있다. 또 거기에는 기독교의 교리를 엄격한 틀에서 강요하지 않고, 본래의 상태를 잃지 않으면서도 (이전과 이후에) 다른 신학들과 상호작용하도록 설계된 일종의 촉매 작용을 하는 신학(catalytic theology)이 있다. 이것은 그리스도인의 '생활'보다 (일반적으로 학교에서의 신학처럼) 기독교 '진리'의 순서에 관심을 덜 갖는 신학이다. 이 신학의 구체적인 초점은 기독교인의 존재의 전체 지평선을 가로지르는 과정으로서의 구원의 순서에 있다. 그 축의 주제는 은혜이며, 이는 구원을 그리스도 중심적이면서도 성령론적으로 만든다. 웨슬리에게 성령은 은혜의 주님이시자 은혜를 주시는 분일 뿐 아니라, 생명의 주님이시요 생명을 주시는 분이다. 그러므로 '선행적 은총'은 모든 성령의 현현에서 은혜의 한 단계라기보다 은혜의 중요한 측면이다. 그것은 모든 기독교인의 경험 중 영적인 모든 부분에서 하나님의 선행성을 나타낸다.

웨슬리의 신학은 매우 복음적이지만 사회의 윤리적 변혁을 지향하기도 한다. 이는 수세기의 논쟁술로 발생한 모든 천박한 대립에 대한 '제3의 대안'과 관련 있다. 또 이것은 역사적 정통성과 계몽주의, 급진적인 개신교와 에큐메니컬 기독교를 연결한 신학이다. 간단히 말해, 내가 웨슬리에게서 발견한 것은 후광이 없이도 더 나아 보이는 신학자였다. 그는 자신 이전의 많은 기독교 전통과 그토록 알차게 대화해 왔기 때문에, 바로 자신의 시대에 일정한 법칙에 따라 많은 다른 전통에 있는 기독교인들과 대화했다. 그러므로 그는 나에게 중요한 신학 교사가 되었고, 나는 이것이 다른 경우에도 있을 수 있다고 확신한다. 이것이 내가 웨슬리 연구 1단계와 2단계 너머를 계속 살펴보고 있는 이유다. 그래서 그의 설교를 좀 더 완벽한 맥락에서 이용할 수 있도록 하는 일에 20년 동안 수고와 관심을 투자해 온 것이다.

나는 베이커 박사가, 또는 그와 내가 3단계를 고안해 냈다고 주장함으로 오해받지 않기를 바란다. 역사적 관점은 그들만의 타고난 역사를 가지고 있다. 지난 30년 동안 일어난 일은 그 분야와 평민을 위한 신학에 대한 새로운 종류의 관심이 부상한 것이다. 여러 가지 배경의 다른 학자들도 역시 웨슬리를 새로운 차원에서 발견했다. 티모시 스미스(Timothy Smith), 로버트 쿠쉬만(Robert Cushman), 캐논(W. R. Cannon), 리처드 하이젠레이터, 버나드 셈멜(Bernard Semmel) 등이 여기에 해당한다. 사람들은 웨슬리 연구의 새로운 미래가 달려 있는 유망한 젊은 학자들의 속출에 대해 기뻐할 수 있게 되었다.

그러나 3단계는 지금까지 성취라기보다는 비전에 가깝고, 본격적인 움직임보다는 시작에 가깝다고 말해야 한다. 이는 「개신교 사상 문고」에 있는 웨슬리 편(Wesley volume)의 페이퍼백에 대한 로널드 기빈스(Ronald Gibbins)의 리뷰에 있는 그의 본능적인 반사작용을 밝혀 줄 것이다. 거기서 그는 이렇게 말했다. "존 웨슬리의 삶과 업적에 대해 너무 많은 것이 쓰여 있어, 사람들은 항상 새롭게 더 다룰 것이 있겠는가 하고 의심한다." 그는 아마도 "우리가 모든 옛날 것들을 의심하게 된 것처럼"이라고 덧붙일 수 있었을 것이다.

그러나 이 모든 것이 이 학회의 특정 회기(session)에 대한, 그리고 거기에 별도의 웨슬리 연구를 위한 작업 그룹을 포함시킨 것에 대한, 나의 진지한 희망과 흥분을 설명하는 데 도움이 될 것이다. 지난 20년 동안의 성과에도 나는 아직 웨슬리 연구 3단계에 대해 말할 자신이 없다. (잘못된 언덕에 바위를 올려놓는) 시지푸스(Sisyphus)를 연기한 것 같은 허탈감이 드는 때가 아직 있다. 다른 한편, 웨슬리가 에큐메니컬 신학자로서 좀 더 호의적으로 재평가되고 있다는 징후는 더욱 증폭되고 있다. 나는 웨슬리와 메소디스트 연구에 대한 특별한 프로그램을 가지고 있는 감리교 대학교 두 곳을 알고 있다. 그리고 우리의 대부분의 세미나는 이것을 더 심각하게 받아들이고 있다. 크레츠마르(Kretschmar) 교수와 프라이스(Fries) 교수는 웨슬리에게 고전적 신학자들에 대한 새로운 시리즈에서 한 장(chapter)을 배당했다.[8] 헨드리쿠스 벌코프(Hendrikus Berkhof)의 『기독교의 신앙』(Christian Faith, pp. 426-27)에는 존경할 만한 각주가 있다. 미국 종교 학회의 프로그램에서는 주제별 세미나가 등장하기 시작했다. 그리고 하나가 다음 미국 역사 학회의 회기에 열릴 예정이다. 신학적 자원으로서의 웨슬리에 대한 회의는 호주에서 열렸다. 다른 회의는 라틴 아메리카와 다른 곳에서 계획되었다. 미국에 있는 한 민간 재단이 이른바 '웨슬리 펠로우'(Wesley Fellow)라고 불리는 한 학점, 혹은 그 이상의 대학원 교육을 재정적으로 도우려 하고 있다. 작년에는 신학자로서의 웨슬리에 대해 대단히 식별력 있는 질문이 옥스퍼드 명예 신학 시험(Oxford Honors Exam in Theology)에 등장했다. ― 이 첫 번째 것은 내가 1939년에 개인적인 취미로 응시하기 시작한 이후 알게 된 것이다.

그렇기는 하나, 웨슬리 연구 3단계에서 있을 질문에 필요한 학문적 설

---

8) 불행하게도 웨슬리를 위해 배당된 장(chapter)은 *Klassiker der Theologie*, herausgegeben von Heinrich Fries und Georg Kretschmar (München: C. H. Beck, 1981-1983)에 포함되어 있지 않다.

명들(definitions)에 대한 합의는 아직 공식화되지 않았다.—그 의제가 아직 확고히 마련되지 않았다. 현대 신학에서의 웨슬리의 영향은 아직 알아보고 있는 과정에 있다. 그러므로 이 학회에서의 우리의 작업은 웨슬리 연구에서 진정한 미래를 여는 데 참된 변화를 가져오게 할 수 있을 것이다.

내가 보는 바로는, 이러한 미래에는 세 가지 중요한 문제가 있다.

첫 번째는 방법론적인 것이다. 웨슬리안이라고 주장하는 모든 신학은 웨슬리가 그랬던 것처럼 전체 웨슬리에 기초해야 한다(그리고 그의 생각과 관례의 한 측면이나 강조점에 기초해서는 안 된다). 역사 해석에서의 다른 모든 작업처럼, 그는 자신의 근거와 신학적 의도에 따라 조사를 받아야 하는데, 이것은 처음에는 분파적이거나 종파적인 것이 아니었다. 이 일이 우리로 하여금 여전히 우리를 괴롭히고 세계에서의 우리의 임무 수행을 방해하고 있는 19세기의 웨슬리 전통에서의 심한 양극화를 초월하는 일을 시작하게 해 줄 것이다. 우리는 웨슬리가, 그가 하는 한, 여전히 그가 우리의 권위자로서 서 있는 근거를 명확히 할 필요가 있다. 그러나 그 권위는 웨슬리 자신의 권위를 의미하는 것이 아니라, 그보다는 그가 충실히 지켰고, 우리도 충실히 지킬 수 있는 권위, 곧 성경, 기독교의 고전, 이성, 경험을 의미하는 것이다.

여기서 추론된 것이 두 번째 요점을 만든다. 즉, 웨슬리는 그의 자료에 비추어 읽어야 하며, 역사적 기독교의 더 큰 에큐메니컬 관점에서 읽어야 한다는 것이다. 그는 성경에서, 그리고 성경을 가지고 일했다. 우리도 그와 같아야 한다. 그뿐 아니라 그는 고전 문학, 교부, 종교개혁과 반종교개혁, 그리고 그가 살았던 현대 세계에서, 그것을 가지고 일했다. 그는 고물수집가가 아니었다. 몇 번이나 나는 복잡한 각주를 가지고 고군분투하는 동안 영적인 작은 소리를 여러 번 들을 수 있었다고 생각했다. 그러나 그는 전통을 가진 사람이었다. 그리고 기독교 전통을 모으고 엮어 내는 그의 방식을 잘 이해하면, 그의 지나친 신학적 단순화를 덜 오해하게 될 것이다. 웨슬리를 읽는 데는 3중 초점의 렌즈가 필요하다. 즉, 렌즈의 한 부분은 그의 배경에 초점을 맞추고, 다른 부분은 17세기에, 또 다른 부분은 (그 순서로 배열된) 19세기와 20세기로의 가능한 계획에 초점을 맞춰야 한다. 우리의 관심사를 그의 관심사로 옮기고, 다시 그것을 우리의 관심사로 되돌리는 것과 이것을 '웨슬리 연구'라고 부르는 것은, 그가 우리에게 남겨 준 유산의 풍요로움을 놓치는 것이요, 우리가 다른 기독교인들 또는 다른 사람들과 우리 시대와 미래에 공유할 수도 있는 공헌을 감소시키는 것이다.

그러나 세 번째로, 심각한 웨슬리 연구에 수반되는 고된 일에 대한 변명은, 전도와 갱신, 그리고 사회 변혁에 대한 우리의 헌신에서 (메소디스트만이 아니라) 현대 기독교인들에게 예상되는 관련성에서 찾아야 한다. 여기서 현대 신학은 에큐메니컬한 것이어야 하며, 웨슬리의 신학도 바로 그러해야 한다는 두 가지 생산적인 생각이 명백히 등장한다. 다시 말하지만, [펠리칸(Pelikan) 교수의 『기독교 전통』(The Christian Tradition)에서 볼 수 있듯] 발전의 개념은 현대 역사 연구의 중심이다. 우리는 웨슬리의 역사적 의식에 대해 너무 많은 것을 주장해서는 안 된다. 그러나 그가 대부분의 동시대 사람보다 발전의 개념을 더 잘 이해한 선구자였고, 부흥운동이 전개됨에 따라 대부분의 사람보다 더 자유로이 자신의 생각을 발전시켰다고 말할 수는 있다.

웨슬리 연구 3단계의 미래에는, 평민을 위한 신학자로서의 웨슬리의 역할이 좀 더 신중하게 조사되고, 복잡한 관념을 단순한 사람들에게 전달하는 일에서의 웨슬리의 성공비결이 반드시 밝혀져야 할 것이다. 여기 평민들의 목회 리더십 업무를 위한 유능한 신학 교육에 헌신하고, 그들의 반응에서 많은 발전된 이해를 이끌어 낸 사람이 있었다. 그런 관점에서 그의 특색은 더욱 분명히 드러날 것이다. 즉, 그는 마치 교구 목사(rector)인 것처럼 은혜의 성례전적인 수단을 열렬히 믿는 영국 교회의 복음 전도자였고, 교회 교부 및 급진적인 개신교 신자들과 의식적인 유대관계를 맺고 있던 18세기의 개혁가였으며, 헨리 스쿠걸(Henry Scougal)과 같은 다른 목회 신학자들과 어깨를 나란히 할 수 있는 사람이었다. 그 결과 실제적인 신앙으로서의 신학적 감각이 풍부한 사람이 되었다. 이것은 웨슬리가 더 잘 알려지게 됨에 따라, 성화와 완전에 대한 전통적인 메소시스트의 강조가 구원의 순서보다 포괄적인 은혜의 관점에서 통합된 것으로 보일 수 있음을 가능하게 할 것이다. 그러면 이것이 웨슬리의 구원에 대한 관점, 곧 구원은 양심을 각성시키는 첫 번째 일에서 시작해 믿음을 충만케 하며, 하나님의 형상을 완전히 회복시키는 데 이르게 하는 하나님의 은혜로운 역사의 연속이라는 관점이 얼마나 포괄적이었는지를 인식하게 할 것이다.

웨슬리에게서 믿을 만한 성경해석학의 문제는 내가 아는 바와 같이 골치 아픈 것이다. 내가 보기엔 그 요점은, 웨슬리가 그의 신학을 체계적으로 설명하지 않았다는 사실이, 제거되어야 할 하나의 약점으로 간주되어야 하는지, 아니면 활용되어야 할 강점으로 간주되어야 하는지 여부에 달려 있다. 여기서 많은 것이 '조직적'이라는 개념을 그것의 단순한 속칭인 '비조직적'에 반대되는 개념으로 보는지, 그리고 '절충주의'라는 용어를 경멸적으로('무턱대고'의 의미로) 사용하는지에 달려 있다. 그러나 다른 가능성도 있다. 즉 신학을 모든 자연적 혼란 속에서 사는 그리스도인의 삶에 대한 일관성 있는 성찰로 생각하는 것이다. 웨슬리는 피터 롬바르드(Peter

Lombard)의 『금언집』(Sentences)부터 필립 멜란히톤의 『로키』(Loci)에 이르기까지 개신교 교의학의 영웅적인 과업에서의 체계적인 신학의 역사를 알고 있었다. 그리고 (17세기 영국 교회에서 볼 수 있는 매우 훌륭한 '조직신학'인) 존 피어슨(John Pearson)의 『신조의 해설』(The Exposition of the Creed)에 크게 의존했다. 그러나 웨슬리는 또한 성경으로부터 교부들, 기독교 고전, 예배 의식 문서들에 이르기까지의 대량의 중요한 기독교 문헌이, 중요한 기독교의 삶과 또 거기서 이끌어 낼 수 있는 기독교의 진리를 알리는 것에 초점을 맞추고 있음을 알고 있었다.

더 좋든 나쁘든, 웨슬리는 설교, 소책자, 편지, 찬송가 등에서 체계적이지 않은 형태로 그의 가르침을 서술하기로 결정했다. 그는 "이 설교들을 정독하는 진지한 사람은 모두 내가 기독교의 본질이라고 포용하고 가르치는 교리가 무엇인지 가장 분명하게 알 것"이라고 주장할 수 있었다(1746년 『표준설교집』 서문 참조). 또 찬송가 모음집(1780)을 '실제적 신학(practical divinity)의 작은 몸'이라고 말할 수 있었다. 그의 생각에서 모든 것을 망라하는 축을 이루는 주제는 은혜다. 그리고 은혜에 대한 그의 모든 생각의 초점은 구원의 순서에 있다. 웨슬리가 생각한 진정한 척도는, 이 축을 이루는 주제와 그의 다른 생각들 사이의 연결을 다룰 때 사용한 일관성과 뚜렷함이다.

메소디스트나 다른 기독교인들은 자신들이 유익하다고 생각하는 유형으로 자유롭게 신학을 할 수 있고, 또 해야 한다는 것은 두말할 나위가 없다. 그래서 [왓슨(Watson)과 포프(Pope)의 전통에서 보듯] 웨슬리안 '조직신학'을 만들기 위해 노력할 수 있고, [예를 들어, 웨인라이트(Geoffrey Wainwright) 교수의 훌륭한 웨슬리안 송영(doxology)과 같은] 체계화한 행동지침을 만들 수 있는 것이다. 어떤 경우든 중요한 것은, 그러한 모든 신학이 웨슬리 본문에 세심하게 근거했다는 흔적을 지녀야 한다는 것이다. 이것이 웨슬리에 대한 정보를 새롭게 하고 그와 관련 있게 만들기 위한 모든 노력에서 있어야 할 전제조건이다. 따라서 나는 메소디스트 신학을 위한 슬로건을 제안한다. 즉, 웨슬리의 유산에 대한 지각과 미래에 대한 개방성을 우리의 모델 중 하나로 삼아, 웨슬리와 그의 자료로 돌아간 다음 앞으로 나아가는 것이다.

메소디스트 신학이 어떤 형태로 계속 발전해 나가든, 그것이 신앙과 삶 사이의 새로운 균형을 확정하는 것은 매우 중요할 것이다. 성경적 성결을 이 땅에 전파하는 것이 우리의 임무다. 그러나 성경적 성결은 항상 전적으로 은총에 의한 것으로 이해되어 왔다. 그리고 메소디스트는 어떤 이유로든 그 전체를 최소화한 사람들에 의해 부당하게 이용되어 왔다. 확실히 웨슬리에게서 가장 흥미롭고 진정으로 창조적인 것은 포괄적인 그리스도인의 삶에 대한 비전이었다. 곧, 성령 안에서 그리고 성령에서 출발하는 삶(곧 회개로부터 의롭게 하는 믿음, 화해, 확신, 중생, 성화까지)과, (개인적 또는 사회적) 성결의 도덕적 외무에 의해 이루어진 회심으로 강조된 과정으로서의 은혜 안에서의 삶이다.

그렇게 구상된 웨슬리 연구의 미래는, 우리가 생각할 수 있는 것 이상으로, 새로 나올 책(new edition)에 달려 있다. 그 책은 그러한 연구가 현재 가능한 것보다 더 빨리 진행될 수 있도록 할 것이다. 우리는 다른 전통에 대한 연구가 어떻게 중요한 책들에 의해 촉진되고 지속되어 왔는지를 안다. 그것은 우리의 경우에 훨씬 더 중요하다. 하지만 웨슬리 전집에 대한 프로젝트가 지금 막 심각한 타격을 입었다는 것도 알아야 한다. 세 권이 옥스퍼드 대학 출판부에서 출판되었고, 네 번째 책은 현재 페이지 조판 교정쇄(page proof, 1780년 『찬송가집』)로 있는데 곧 출판될 것이다. 하지만 옥스퍼드 출판사는 지금 확실한 대안을 말하지 않은 채 그 프로젝트를 포기했다.[9] 그 중요성에 대해 우리 사이에 정직한 일치가 있다면, 이 학회가 이 위기 상황에서 조언과 지도를 당연히 제공해야 할 것이다.

그러나 새롭게 출판되는 책이든 아니든, 웨슬리 연구 3단계의 미래는 사실 자신의 연구와 헌신의 기준인 전통에 관심을 가진 모든 학자를 도울 수 있는 합의된 의제에 달려 있다. 우리 각자는 이미 그러한 안건을 염두에 두고 있어야 하며, 그것이 그런 프로그램을 해결해 보고서를 내야 하는 그룹 1(Group One)의 구체적인 사업이다.[10] 여기서 강조되어야 할 점은, 그러한 의제는 단지 고물수집가들만이 아니라 (다른 많은 것과 함께) 창시자보다는 멘토로서 웨슬리의 가능한 중요성을 시험하는 데 관심이 있는 모든 사람의 사업이라는 것이다. 그래서 그러한 미래를 추구하는 사람들은 웨슬리가 중요한 증인으로 서 있던 기독교 전통에서 더 많은 풍요함을 가져올 수 있다.

메소디스트들과 다른 기독교인들은, 우리가 웨슬리안 사변형이라고 부르는 그의 네 가지 지침이 기독교인들의 신학함에서 가능한 역할과 기능에 대해 여전히 배울 것이 많다. 그 네 가지 지침은 곧, 기독교 계시의 기본 말씀으로서의 성경, 성경에 나타난 진리에 호응하는 그리스도인의 지혜의 종합으로 볼 수 있는 전통(고대 기독교), 우리가 적절하게 생각을 정리할 수 있도록 하나님이 주신 규율인 이성, 하나님의 값없이 주시는 사랑에 대한 특별한 확신으로 받아들인, 그리스도 안에 있는 하나님의 화해시키시는 사랑에 대한 확신으로서의 경험이다. 우리는 웨슬리의 구원론과 성령론, 구원의 신비에서의 성령의 인격과 역사의 상호 관계를 재차 생

---

9) 애빙던 출판사(Abingdon Press)가 그 후 웨슬리 전집 출판 계획을 이어가고 있다.
10) 그룹 1의 보고서가 M. Douglas Meeks가 편집한 *The Future of the Methodist Theological Traditions* (Nashville: Abingdon, 1985), 53페이지에 있다.

각해 봄으로써 많은 것을 얻을 수 있다.

여전히 그리스도 안에서의 우리의 하나 됨을 방해하는 분열을 벗어나는 길은, 거룩함이나 사회적 복음에 대한 더 오래된(19세기) 개념으로 후퇴하는 것이 아니다. 우리는 정의가 없고 복음을 들을 수 없는 세상에서, 그리스도인의 존재에 대한 웨슬리의 비전을 되찾고, 충실한 기독교인들에게 수반되는 모든 것을 회복함으로써, 앞으로 나아갈 길이 더 분명해질 것이다. 그러한 개관이 이 학회의 다른 모든 관심사, 즉 복음주의적인 방식으로 얻은 구원과 정의의 상관관계를 비롯해, 개인적 회심만큼 긴급한 사회 변혁, 사제 제도 없는 현실적 성례전주의, 행위로 완성케 하는(entelechy)의 엄격한 계획이 없는 믿음의 발전 등을 목표로 하는 효과적인 복음주의에 생산적인 상황을 제공할 것이다.

로버트 차일즈(Robert Chiles)가 『미국 메소디즘에서의 신학적 변천』(*The Theological Transition in American Methodism*, 1965)에서, 메소디즘의 시초(곧 웨슬리안)의 방침으로부터 19세기 후반과 그 이후에서의 신학적 변천을 타당하게 평가한 것을 반박한 사람은 아직 없다. 즉, 미국의 메소디즘은 (1) 계시에서 합리주의적 해석법으로, (2) 원죄에서 도덕적 인간으로, (3) 값없이 주시는 은혜에서 자유의지로 변했다고 그는 평가했다. 나는 여기에 (4) 몬타누스파에서 펠라기우스주의로의 변천을 더하고 싶다. 또 메소디즘의 주류를 이루고 있는 미국의 메소디스트에서 일어난 이런 일과 견줄 만한 것이 다른 메소디스트 운동에도 있다고 생각한다. 우리 중 어떤 이들에게는 이러한 변형을 되돌리려는 강한 의지가 없고, 우리 시대와 미래를 위해 역사적인 기독교의 형태와 힘을 회복하려는 간절한 절박함이 없을지도 모른다. 하지만 이러한 노력에서 탈피하는 것은, 곧 웨슬리 유산의 원뿌리를 잘라내고 복음적 그리스도인으로서의 우리의 미래를 배척하는 일이 될 것이다. 한편, 기독교 공동체의 어느 곳에서든 그러한 긴급함이 되살아났을 때, 그리스도인들은 자기 이해와 희망을 위한 유익한 자원인 웨슬리에게 접근할 수 있어야 한다. 그러나 만약 그가 그러한 자원으로 이용되어야 한다면, 그는 더 적절한 분석과 해석 방법을 통해 더 잘 알려져야 한다. 그가 더 잘 알려지기 위해서는, 그가 그의 문맥과 출처에 비추어 더 신중하게 연구되어야 한다. 따라서 웨슬리 연구 3단계는 우리 자신의 평범한 사람들과 기독교 공동체 전체가 웨슬리를 다시 한번 신뢰할 수 있도록 하는 것을 목표로 하고 있다. 물론 이것은 그 자체로 끝이 아니다. 우리 유산의 가치는, 촉매 역할을 하는 신학이 기독교 사상과 행동의 공감대에 활기를 불어넣는 논쟁 이상의 일을 할 새로운 미래(즉, 은총의 지배 아래 있는 새로운 미래)를 여는 힘에서 찾아야 한다.

만약 이런 전망이 실현 가능하다면, 나는 2주 동안 이곳에 모인 이 집단보다 그것을 확신하기에 더 좋은 환경을 생각할 수 없다. 우리의 진정한 대안이 무엇일까? 나는 우리 시대가 큰 위기에 처해 있다고 보며, 웨슬리 연구가 이러한 시기에 긍정적인 기여를 할 수 있다고 믿기 때문에, 이 콘퍼런스가 우리와 다른 사람들이 그 유산을 회복하는 데 좀 더 확고히 헌신하도록 호소하는 획기적인 사건이라고 생각한다. 이것은 진정으로 새로운 미래를 향한 희망찬 서막이 될 것이다. 우리 중에 누가 그것을 더 적게 바라겠는가?

II
웨슬리 전통에서의 성령과 교회

2.1. 초기 미국 메소디즘의 성경 상고주의

[1988] 메소디즘이 대서양을 건넜을 때 메소디즘에 무슨 일이 일어났는가? 아우틀러는 사도적 기독교에 대한 웨슬리의 비전이 새 세계에서 어떻게 작용했는지를 보여주면서 이 질문에 답했다. 미국의 메소디스트들은 전통에 대한 웨슬리의 의식을 잘 몰랐기 때문에 권위의 사중 성격에 대한 그의 견해를 크게 변경했다. 영국에서 메소디즘은 영국 교회의 형식주의와 칼빈주의자들의 국교에 대한 반대의 대안이었다. 미국에서는 메소디즘이 '상고주의'(primitivism)와 '교회다움'(churchliness)의 독특한 결합이 되었다. 아우틀러는 이러한 기원을 20세기 메소디즘의 여러 변형과 대조하면서, 교회 역사에서 나타난 '복원'과 '성결'의 이상들의 지속적인 힘을 보여준다.

지금까지도 메소디스트와 비메소디스트 모두에게 계속해서 신빙성 있어 보이는 미국의 초기 메소디즘을 오해하게 하는 몇 가지 정형화된 방식이 있다. 하나는 미국에서의 첫 세기를 18세기 영국의 웨슬리안 선조들과 너무 밀접하게 연결하는 것이다. 존 웨슬리, 토머스 코크(Thomas Coke), 조셉 필모어(Joseph Pilmore) 등이 영국 교회에 소속되어 있었음에도, 프란시스 애즈베리(Francis Asbury)와 초기 미국의 메소디스트 대부분은 자신들에 대해, 한편으로는 영국 교회와 구별되고, 다른 한편으로는 미국의 다른 개신교와 상당히 구별되는 비국교주의의 관점에서 이해했다. 그들의 아르미니안 신학은 일반적으로 그들을 개혁파 전통과 구별 지었고, (연결주의,

순회목사제도, 군주적 감독제도 같은) 그들의 정책은 그들을 모든 회중교회나 장로교 전통과 구분되게 했다. 더구나 그들 스스로도 이런 '메소디스트의 특징'에 만족하고 있었다.

또 다른 잘못된 고정관념은 최근 2세기(1884~1984)의 미국 메소디즘이 최초에 단순한 확장을 이루었다는 추정이다. 포괄적인 사회 변화와 급격한 교리적 방향 전환은, 거의 모든 총괄적 갱신이나 최소한의 다른 뉘앙스를 필요로 하는 주류 메소디즘의 성격과 전망을 변화시켰다.[1] 미국의 다른 메소디스트 교단들을 위한 중요한 개정 없이는 (1968년 이후) 연합 메소디즘(United Methodism)을 위한 충분히 건전한 갱신도 없었을 것이다[미국의 다른 메소디스트 교단으로는 아프리카 메소디스트 감독 교회(African Methodist Episcopal Church), 아프리카 메소디스트 시온 교회(African Methodist Episcopal Zion Church), 기독교 메소디스트 감리교회(Christian Methodist Episcopal Church), 웨슬리안 메소디스트(Wesleyan Methodists), 자유 메소디스트(Free Methodists), 나사렛 교회(Nazarenes), 심지어 웨슬리안 기원을 가졌다는 다양한 오순절 교회(Pentecostalists-in variety)가 있다].

사실 메소디스트의 유산 자체는 메소디스트를 무(無)에서(*de nihilo*) 창설한 존 웨슬리에 대한 신화를 통해 짐작할 수 있는 것보다 더 그늘진 혈통을 가지고 있다. 그것은 아르미니안이라는 오해의 소지가 있는 우산 아래 모인, (유명한 1619년 도르트 공회의 결의문을 통해 드러난 것처럼) 적어도 17세기의 정통 칼빈주의의 반론으로 거슬러 올라간다. 그것을 대신하는 교리는 [마르틴 부처와 (아미랄두스(Amyraldus), 르블랑(LeBlanc), 카메론(Cameron), 피터 바로(Peter Baro) 등과 같은 소위 소뮈르 학파(School of Saumur)에서 그랬듯] '이중 칭의'에 대한 다양한 개념과 함께 은혜와 자유의지를 강조했다.

---

1) Robert Chiles, *Theological Transition in American Methodism, 1790-1935* (Nashville: Abingdon, 1964; Lanham, Md.: University Press of America, 1983).

우리는 이러한 여전히 불명확한 전통에 대해 비평가들을 통해 주로 알고 있다. 즉, 프랑스 개신교 신자 장 달레(Jean Daillé)의 "새로운 메소디스트의 성경에 근거한 믿음"(La foi fondée sur Les Saintes Scriptures, Contre les Nouveau Methodistes, 1634), 영국의 비국교도인 테오필루스 갈레(Theophilus Gale)의 "이방인 궁정"(The Court of The Gentiles, 1672), 루터교 요한네스 블라흐(Johannes Vlach)의 "새로운 메소디스트에 관한 논문"(Dissertationes novi Methodistae) 등을 통해서이다. 한 영국 청교도는 1696년 익명의 소책자『교회들의 천사들 사이의 전쟁: 칭의의 문제에 관한 새로운 메소디스트의 원리는 어디에 있는가?』(A War Among the Angels of the Churches: Wherein is Showed the Principles of the New Methodists in the Great Point of Justification)에 등장한 존 굿윈과 리처드 백스터를 겨냥해 이 '신학의 새로운 방법'을 비평했다. 이 책의 저자인 '예수 그리스도의 마을에 사는 교수'는 특히 그에게 '신율법주의'(neonomianism)로 보이는 것, 칭의에서 의를 부여받는다는 그들의 잘못된 교리, 그리고 개혁파들이 주님의 속죄를 칭의의 형식적 근거로 보는 교리와는 대조적으로 그들은 그리스도의 죽음을 '공로적 근거'로 보는 교리를 선호하는 것 등에 대해 격노했다.

그래서 1729년 웨슬리 형제와 그 친구들이 옥스퍼드에서 반수도원적인 협회(semi-monastic society)를 결성해 신성클럽이라고 이름 붙였을 때, 이것이 과거 '새로운 메소디스트'에 대한 영국 교회 비평가들의 일부를 상기시키게 되었고, 1732년에 처음으로 판에 박힌 별명이 되고 말았다. 웨슬리가 그 호칭을 별명으로 여긴 것도 대수롭지 않은 것이 아니다(그리고 그는 제자들을 '메소디스트라고 불리는 사람들'이라고 말하는 것을 선호했다).

따라서 메소디스트 운동이 (1739년과 그 이후) 영국 교회에서 종교 단체로 확산되기 시작하면서, 영국 교회나 비국교회도 아닌 이상한 교회로 보이는 것은 당연한 일이었다. (후에 글로스터의 학장이 된) 조시아 터커처럼 우호적인 비평가는 교리적인 혼란에 대해 메소디스트에게 권고하고 분리와 분열의 위험성에 대해 경고할 수 있었다.[2]

그러나 존 웨슬리는 '법에 의해 확립된 교회'의 성직자주의(Sacerdotalism)와 비국교도의 칼빈주의에 대해 복음주의적 대안이 요구된다는 것을 절실히 느꼈다. 그는 자신의 부흥운동을 국교회의 형식주의와 도덕주의에 대한 하나님의 뜻에 의한 교정으로 보았다. 그는 은혜(곧 회개, 믿음, 성결)에 대한 메소디스트의 복음이 사도적 교리의 회복이며, 여전히 종교개혁의 또 다른 개혁이라고 진심으로 믿었다. 메소디스트는 16세기의 교란에 뒤이어 일어난 '종교의 전쟁'의 공포에 떨며 후퇴했고, 크롬웰 공화국에서의 종교적 무법상태에 대한 기억은 그들이 칼빈주의와 '급진적 개신교' 모두에서 신정주의(theocratic)의 비전으로 본 것을 의심하게 만들었다.

미국에서 메소디스트는 후발주자들로(우리가 확정한 때는 1766년이다), 그들은 옛 세계로부터 물려받은 짐을 무분별하게 가볍게 했다. 식민지에 온 첫 번째 메소디스트 중 많은 이가 아일랜드인이었다(그중 일부는 아일랜드로 처음 이주해 신세계로의 이민을 앞두고 메소디스트가 된 독일 사람이었다). 그들의 원시주의는 주로 '신앙과 실천의 유일한 규칙'으로서의 성경에 대한 열망과, 모방할 수 있는 모델이 아닌 영구적인 헌장으로서의 사도적 교회에 대한 의식에 있었다.

일단 영국이나 영국 교회와의 식민지 관계가 단절되자, 미국 메소디스트는 존 웨슬리에 대한 끈질긴 충성심과 그들 자신이 사역해야 하는

---

[2] Josiah Tucker, *Brief History of the Principles of Methodism: Wherein the Rise and Progress, together with the Causes of the Several Variations, Divisions and Present Inconsistencies of this Sect are attempted to be traced out and accounted for* (Oxford, 1742).

것 사이에서 갈팡질팡했다. 필연적으로 [1782~1783년의 플루밴너 분파(Fluvanna Schism)에서와 같이] 스스로 조성한 '복원'을 위한 조치들이 있었다. 혁명이 있는 동안 미국에 내내 남아 있던, 웨슬리가 임명한 유일한 영국 메소디스트인 프란시스 애즈베리(Francis Asbury)는 웨슬리와 영국 연회에서 합법화한 어떤 연계를 꺼렸다. 웨슬리는 이어서 미국 독립에 대한 그의 마지막 부정적 견해를 뒤집을 준비가 되었고, 미국인들에게 교회의 독립성을 제공하지만 여전히 영국의 유산과 연결되어 있도록 하기 위해 몇 가지 측면에서 빠르게 움직였다. 성직자인 웨슬리는 감히 '성경이 말하는 감독'으로서 (교부들이 지킨 전례라고 생각해) 두 명[토머스 베이시(Thomas Vasey)와 리처드 왓코트(Richard Whatcoat)]을 장로로 안수하고, 자신의 보조자인 토머스 코크(LL.D.) 박사를 미국의 총감독(general superintendent)으로 안수했다. 이 3인조는 새로운 나라로 지체 없이 나아가 메소디스트들에게 '말씀, 성례전, 예배'의 사역을 하게 하기 위한 것이었다. 그들과 함께 그는 '39개 교리 신조'를 반칼빈주의적으로 요약해 "북미에 있는 메소디스트 주일 예배 지침"(The Sunday Service of the Methodists in North America, 1784)이라고 제목을 붙인 것과, 그가 새 교회를 위해 준비한 '공동 기도서'(Book of Common Prayer)의 요약본을 보냈다.

개인적인 축복이자, 이 모든 연속성에 관한 의정서를 공식적으로 인정한다는 의미에서 그는 "미국에 있는 우리의 형제들에게"(To Our Brethren in America)라는 공개서한을 작성했다. 이 편지에서 그는 성경에 뿌리박고 교회 역사에서 이루어진 전통에 대한 그의 견해를 나타냈다. "우리 미국 형제들은 이제 새로운 미국 정부와 영국의 성직자 계급 제도(British Hierarchy) 모두에서 완전히 분리되어 있으므로, 우리는 감히 하나 또는 다른 것과 그들을 다시 얽어맬 수 없다[첫 개정 6년 전에 정한 교회와 국가의 분리에 대한 이 확약문을 보라]. 그들은 이제 성경과 원시 교회를 따르는 데 자유롭다. 그리고 우리는 그것으로 그들을 하나님이 매우 기묘하게 자유롭게 만드신 그 자유에 확실히 서 있어야 한다고 판단한다."3) 이 사람은 10년 전 자신의 전집(*Collected Works*, 1771~1774)을 성경, 올바른 이성, 고대 기독교의 판단에 따라 작성한 바로 그 사람이다.4)

웨슬리에게 사도적 기독교가 규범적이었다는 점이나, 그와 그의 사람들을 위한 이상으로서 그것을 회복하는 것이 계속되었다는 점에는 의심의 여지가 없다. 하지만 그는 교회 역사에도 몰두했다. 그는 사역의 연속성 같은 것을 당연하게 여겼다. 그렇다면 웨슬리는 복고주의자였는가? 이에 대한 답은 사도 시대 말기 이후 교회 역사의 전통, 지속성, 발전에 대한 이해에서 나온다. 훨씬 덜 생생하거나 풍부하지 않은 전통 의식을 가진 미국의 메소디스트들조차도 자신들이 하나의 '새로운' 것을 재건하기보다는 쇠약해진 교회를 개혁하는 것으로 이해했다. 그러므로 현저한 자립심을 가지고 그들은 새로운 미국이라는 나라에서 '메소디스트 감리 교회'(Methodist Episcopal Church, 1784)라는 명칭으로 첫 독립 교단을 설립했다. 코크와 애즈베리는 그들의 총감독자로 선출되었다(그리고 그 칭호는 곧 '감독'이 되었다). 그들은 메인(Maine)주에서 조지아주까지 긴밀하게 연결된 네트워크를 준비했고, 그 지역은 애즈베리 감독이 1816년에 임종을 맞기 전까지 25년 동안 홀로 전적으로 관리했다.

웨슬리는 영국의 메소디즘이 이전의 두 세대 동안 기꺼이 그렇게 했듯, 미국에 있는 그의 형제들도 계속 그의 지시와 신학적 지도 아래 있기를 원한다고 생각했다. 또 위임받은 부감독(*locum tenens*)인 코크 박사가 새 교회의 수장으로서 호의적으로, 또는 적어도 애즈베리의 선임 파트너로서 받아들여질 것이라고 추측했다. 이 모든 가정은 미국인들의 성격과 애즈베리의 기질 둘 다 잘못 추측한 것이었다.

---

3) "To our Brethren in America," in *JWL* 7:239.
4) "To the Reader," in *Works of John Wesley* (Bristol: W. Pine, 1771), 1:vii.

미국인들은 웨슬리를 자신들의 시조인 총대주교(patriarch)로 인정할 준비가 되어 있었다. 그러나 그들은 그들의 새로운 독립을 유지하는 것에 대해서도 똑같이 결의했다. 애즈베리가 지도자의 역할을 맡아, 코크를 조용히 상황 밖으로 내보냈으며, "주일 예배 준칙"을 사용하지 않기로 했다. 또 웨슬리가 영국에서 했던 것처럼 미국 메소디즘에 뚜렷한 개인적 표시를 새기는 데까지 나아갔다. 그의 원시주의에는 이론적인 근거가 없었다. 그는 전통에 대한 감각도 없었고, 사도 시대 말기 이후에 변질된 교회에 대한 강한 뉘우침도 없었다. 그보다는 성경이 그의 개인적인 영적 굶주림과 영혼을 깨우치고 회심케 하고자 하는 열정을 충분히 도왔다. 전형적인 메소디스트의 방식을 따라 그는 설교자들에게 '반드시 있어야 할 기본적인 것'(iron ration)에 『훈육에 관한 책』(Book of Discipline)과 『찬송가』(Hymns)를 추가했다. 그가 존 웨슬리에게 배운 것은 두 가지, 곧 교회란 선교에 대한 헌신에 의해 가장 잘 정의되어야 하고, 종교 단체는 한 지도자에 의해 잘 지도되어야 한다는 것이었다. 미국에서 그는 설교자들의 재능이 어떻게 빈번한 교대(순회목사 제도)에 의해 배가될 수 있는지를 보게 되었다.

메소디스트들은 재빨리 부흥회와 캠프 모임의 유형을 채택하고 그것을 유용하게 사용했다. 그들은 스스로 순회목사제도를 창작했다.—곧 순회목사는 기독교 군병으로서 가볍게 여행하면서 임명이나 종종 재배치에 따라 연회 조직[구역(local)을 맡는 것에서부터 지방(district), 연회(annual), 총회(general)까지]에 맞춰 사역했다.— 최근까지 메소디스트 전도자는 결코 신도들에 의해 '초빙' 받는 것이 아니었다. 그들은 파송을 받았다. 즉, 그들은 신도들에 의해 '선출'되는 것이 아니라, 받아들여졌다. 이 제도는 권위의 원천으로서의 성경과 경험에 초점을 맞춘, 평등주의 사회 내의 군주적 정치와 같은 이상한 조합이었다. 더욱이 이 독특한 정책이 매우 잘 작동하는 것처럼 보였기에, 선교 전선뿐 아니라 마을과 도시에서도 메소디스트는 동시대에도 적절한 사도적 교회의 정책과 유물을 다시 발견했다고 쉽게 믿게 되었다.

메소디스트는 '보이지 않는 교회(invisible church)'의 모든 사상을 반대했다[이들은 이 사상을 개혁파의 '선택된 자의 숨겨진 숫자'의 개념과 연결했다]. 그러나 이들은 내부 교인의 엄격한 훈육은 물론, 수습 중인 교인 신분도 주장했다. (아우크스부르크 고백 제8조에서 유래한) 39개 신앙 교리서의 19조에서 채택한 교회에 대한 그들의 '교리신조'(XIII)는 적절하게 에큐메니컬했다. "XIII. 가시적 교회는 하나님의 순수한 말씀이 전파되고 그리스도의 규례에 따라 성례전이 집행되는 신실한 사람들의 모임이며, 모든 일에서 이와 같이 필요한 것이 있어야 한다." 웨슬리는 설교 "교회에 대하여"(Of the Church, 1785)에서 동일한 정의를 확장했다.

> 공교회(the catholic) 곧 보편적 교회(universal church)는 하나님께서 그들을 그리스도인의 특성에 합당하게 하시려고 세상에서 불러내신 모든 사람, 곧 한 성령, 한 믿음, 한 소망, 한 세례로 연합된 하나의 지체가 된 사람들이다. … [그런 다음 국가 교회와 지역 교회에 대해 논평했다.] 그러므로 하나의 개별적인 교회는 2백만 명이든 3백만 명이든 어느 정도의 신도들로 구성된다. 그러나 그것이 크든 작든 같은 생각이 보존되어야 한다. 그들은 한 지체로서 한 성령, 한 주님, 한 믿음, 한 세례, 한 하나님, 그리고 모든 것의 아버지를 가지고 있다.[5]

미국 메소디스트 사이에서 이러한 관점은 '거듭난 자들의 교회'에 초점이 맞춰졌고, (사도행전 2장 41-47절을 빈번히 암시하면서) 중생과 확신에 대해 지속적으로 강조했다. 웨슬리에게서는 계시와 해석이 상호 의존하고 있듯, 성경과 전통이 통합되어 있었다. 그러나 미국의 메소디스트 중 누구도 그런

---

5) "Of the Church," *WJWB*, 3, sermon no. 74, par. 14-15.

통합을 이룬 전통에 대해 충분히 알지 못했다. 따라서 웨슬리의 네 가지 권위, 곧 (기초요 원천인) 성경의 권위, 성경 해석의 기둥인 비판적인 이성과 전통의 권위, 그리고 확인으로서의 경험의 권위에 대한 개념은 크게 달라졌다. 성경은 기본과 원천으로 유지되었지만, 전통은 무시되고 이성은 합리화로 바뀌었다. 경험은 본래 확신과 연관되어 있는 것인데, 그 표현을 넘어 자신들이 권위로 생각하는 것에 대한 감정적 관심사로 확대하고 말았다. 결국 "내 마음 깊은 곳에서 … 것을 알고 있다"라는 명백하게 전적인 자기주장에 대해 어떻게 예의 바른 말을 할 수 있겠는가?

특히 미국에서 고전적인 복원주의는 '신약성경의 침묵'에 얽매여 있다고 느꼈다. 메소디스트 원시주의는 그러한 침묵을, 믿음, 소망, 사랑의 규범 안에서 자신들의 양심과 상식의 선도를 따르는 진정한 신자들에 대한 허용으로 간주하는 경향이 있었다. 메소디스트 목사들은 한편으로는 교회사, 다른 한편으로는 사변적 신학에 대한 비판적 연구를 … 구원에 대한 성경적 관점을 가지고 주로 독학했다. 그들은 굳게 맺어진 공동체 의식으로 묶여 있었는데, 연회의 전체 연합에서 회원은 성직수임(안수)에 따라 구별되었고, 그것은 실제적인 면에서는 훨씬 더 많은 것을 의미했다. 그리고 이 구별은 메소디스트 정신에 여전히 남아 있다.

웨슬리가 만든 '교리 신조' 외에도, 미국인들은 그들 자신의 것으로 하나의 조항 곧 23조, "미국의 통치자들에 관하여"를 만들었다. 그들은 공식적인 정통성에 대한 다른 어떤 진술도 시도하기를 거부했다. 또 영국 국교회와 로마 가톨릭에 있는 형식주의를 완강히 거부했다. 그들은 기념설[memorialism, 즉 성찬에서의 떡과 포도주는 단지 주님의 몸과 피를 상징(기념)하는 것이라는 주장-역주]부터 찰스 웨슬리의 '성만찬 찬송가'에 반영된 일종의 영적 현실주의에 이르기까지의 성찬에 관한 신학을 여러 형태로 변경했다. 또 사도신경을 선택적인 용법으로 유지했지만, '지옥으로 내려갔다'는 문구는 조용히 삭제했다. 일부 교회는 성찬식을 위해 흔히 니케아(Nicene)라고 불리는 신조를 사용했다.

1808년 총회(General Conference)는, "현재 우리가 사용하는 교리의 기준에 반하는 새로운 교리나 규칙"의 설립뿐 아니라 '교리 신조'의 폐지나 수정, 변경을 금지하는 '제한 규칙'(Restrictive Rule)을 채택했다. 그리고 현재 사용하고 있는 표준에 어떤 조건을 붙이려는 모든 제안도 거부했다. 사실 이러한 불명확함은 여전히 지속되고 있다. 교리적 규칙은 헌법상 결코 바뀌지 않았다. 그러나 이것이 메소디스트 신학자들로 하여금 그들의 공식적인 규칙에 거의 또는 전혀 개의치 않고 당혹스러운 변화 속에서도 계속적으로 신학적인 발전을 이루어 나가는 것을 막지는 못했다.

1968년 복음적 연합 형제 교회(Evangelical and United Brethren)가 연합 메소디스트 교회에 자신들의 신앙고백을 가져왔을 때, 총회는 그것이 메소디스트의 교리 신조와 일치한다고 표결로 선언했다. 제2의 '제한 규칙'은 그 신앙고백의 본문은 바꿀 수 없다는 내용을 추가했다. 사람들은 혹 이것이 (심지어 거의 변경할 수 없는) 안정된 신학적 전통을 만들었다고 생각할지도 모른다. 그러나 물론 그 반대라는 것은 누구나 알고 있다. 1972년 연합 메소디스트 총회는 웨슬리의 네 가지 지침의 권위를 승인했다. 1984년 총회는 교리위원회에 '교리에 대한 연합 메소디스트의 새로운 기준'을 작성할 것을 위임했다.

그러므로 우리는 미국의 메소디즘에서 원시주의와 교회다움(churchliness)의 독특한 혼합을 볼 수 있다. 이것이 그 자체로 하나의 기풍(ethos)을 일으켰다. 즉, 메소디즘은 성경적인 기초를 주장하면서 하나의 종파가 되는 것을 멈추지 않고 교회가 된 종파였다. 19세기에 걸쳐 메소디즘은 일반적으로 성경이 "우리의 도덕적 상태와 연결된 모든 주제에 대해 신성한 진리를 전달하는 힘에서 독특하다"는 리처드 왓슨의 격언을 받아들였다.6) 이 즉흥적으로 하는 일에 대한 이런 추진력은 메소디스트들의 마음에 있는 소중한 확신을 지지해 주었다. 즉, 교회란 선교로 말한다는 것이다. 개종자를 얻기 위한 그들의 열정과 열심은 신봉자들을 끌어들여, 메소디스트의 성장률은 처음 반세기 동안의 인구 곡선을 능가했다. 그 이후 이는 다른 개신교 교파에 영향을 주었고, 침례교도들이 조금씩 앞서 나가기 시작한 1924년까지 그 성장은 계속되었다. 일찍이 메소디스트들은 그들의 긍정적인 통계를 사도적 기독교에 있었던 본래의 힘을 회복한 증거로 삼았다. 이러한 성장 곡선이 역전된 이후 그들은 자축의 근거를 다른 데서 찾아야만 했다.

그들이 영국 교회에서 시작된 것을 감안할 때, 메소디스트들은 개신교의 감독교회 제도가 그들의 성직자 제도(ministerial orders)를 완전히 거부한다는 것과, 메소디스트 감독제 교회 신자들의 가식과 그에 따른 메소디스트 성찬식의 유효성에 대한 그들의 공개적인 경멸에 특별히 민감했다. 이로 인해 많은 문서가 제작되었다. 그중 나단 뱅스(Nathan Bangs)의 『그리스도의 독창적인 교회, 또는 메소디스트 감독 교회 사역에서의 예식과 권한의 성경적 정당성』(An Original Church of Christ: Or, a Scriptural Vindication of the Orders and Powers of the Ministry of the Methodist Episcopal Church, 1837)이 대표적인 문헌이다. 이는 감독교회 교인들과의 논쟁이 주된 내용이었지만, 그러나 그것의 승리주의가 일반화되었다. 뱅스(Bangs)는 일종의 원시주의자였다. 그의 주장은 성경이 교회에 청사진보다 현장을 더 많이 제공한다는 것이었다. "우리는 이 연구를 통해 그동안의 기독교 작가들의 불완전성을 상

---

6) Richard Watson, *Sermons* (New York: Waugh and Mason, 1835), 2:474; 참조. 107, 179, 369.

기시키면서, 교회 초기 역사에서 약간의 도움을 얻기를 희망한다. … 영감받은 작가들을 떠나면 우리에게 더는 완벽한 안내자가 없다."7)

그는 성경 그 자체를 계시로, '특권 있는 중인으로서의 원시교회'를 유효한 해석 작업의 주요 보조자로 구별했다. 이러한 구별이 주어지면 그는 그들의 교리와 정치에 대한 성경적 권위에 대한 메소디스트의 주장을 내세울 수 있었다. 주제넘게 타인을 비난하는 것 없이, 우리(메소디스트)는 교리의 진리에 대해서는 성경에서, —그리고 우리의 정책의 유효성에 대해서는 원시교회에서— 충분한 권위를 가지고 있다고 생각한다. 우리가 지금까지 해온 것처럼 앞으로도 그럴 것이다."8)

신약성경이 뱅스(Bangs)에게 틀림없이 보여준 것은 복음이었다. 그것은 곧 예수 그리스도 안에 있는 하나님의 은총과, 모든 장소와 시간에서 그 복음에 대한 증거를 제공해야 하는 교회의 사명에 관한 계시다. "그러므로 우리의 궁극적인 권위는 성경이어야 한다. … 성경이 우리에게 흠 없는 빛을 비춰 줌으로 우리가 그 성경의 명령을 허락하는 한, 우리는 잘못된 길로 이끌리지 않을 것이다."9) 그러나 여기서 청교도 토머스 브룩스(Thomas Brooks, 1608~1680)의 비슷한 의견이지만 다른 뉘앙스를 주목하라. "성경이 침묵하는 것에는 나도 침묵할 것이고, 성경이 말하지 않는 것은 나도 듣고자 하지 않는다."10)

그러므로 뱅스는 애즈베리와 코크가 '사도적 모델에 따라 교회를 조직

---

7) Nathan Bangs, *An Original Church of Christ: Or, A Scriptural Vindication of the Orders and Powers of the Ministry of the Methodist Episcopal Church*, 2nd, 3rd., rev. (New York: T. Mason and G. Lane, 1837), 10-11.
8) 같은 책, 9.
9) 같은 책, 11.
10) Thomas Brooks, *Works*, 6 vols. (Carlisle, Pa.: Banner of Truth Trust, 1980), 4:374.

하는 일'은 정당하다고 확신했다. 그것은 고전적인 삼위일체의 신학, 기독론, 구원론을 가진 교회였다. 또 오랜 세월 동안 있어 온 교회와 연속된 교회였다. 그 교회에는 순회전도자, 지역 교회의 장로, 그리고 평신도가 인도하는 속회 모임(class meeting) 등이 있었다. 성직자들은 이의 없이 연회에서 임명받아 근무했고, 감독들은 다른 순회목사들과 같은 보수를 받았다. 뱅스는 메소디즘을 '순수하고 원시적인 기독교를 되살리려는' 교회들 중에 있는 하나의 누룩으로 보았다.

뱅스는 다원주의와 일종의 '영적 에큐메니즘'을 당연하게 여겼다. "우리의 단체들이 갈라질 수는 있으나, 우리는 우리 주 예수 그리스도를 진심으로 사랑하는 모든 사람에게 관용의 정신을 발휘할 수 있다. 기독교 공동체 간에는 표면적인 차이가 있다. 그러나 이러한 것이 시간에 따라 생성되고 파괴되는 우연한 형태 이상의 높이로 느껴질 수는 없다."[11]

한 세대 후에 이 같은 전통은 뱅스의 제자인 리처드 애비(Richard Abbey)의 『교회 헌법과 그리스도의 교회와 복음 사역의 기원과 성격에 관한 고찰』 (An Inquiry into the Ecclesiastical Constitution, The Origin, and the Character of the Church of Christ and the Gospel Ministry, 1860)에 의해 개혁되었다.

> 예를 들어 메소디스트 교회는 그 연합의 특징 때문에 사도적이 아니다[만약 회중교회의 정책을 취했더라면 함축적으로 사도적일 수 있었을 것이다]. 메소디스트 교회가 사도적인 것은, 오로지 그 교회가 사도들이 주장하고 가르친 기독교의 교리에 순종해, 믿음과 행실에서 일치하고 있기 때문이다. 이것이 그리스도의 교회에 대한 유일한 평가의 규준이다.

그는 다시 이렇게 말했다.

---

11) Bangs, *Original Church of Christ*, 381-82.

> 교회는 복음을 전하고, 성만찬에 참여하며, 그리스도를 따르는 그리스도인들의 모임이다.

그리고 결론을 내렸다.

> 원시 교회의 특징은, 기독교인들이 자신들을 형성한 교회의 연합(곧 정책)의 형식이 아니라, 본래 기독교(true religion)의 원리에서 찾아야 한다.[12]

19세기 미국 메소디스트 신학의 강점과 약점은 리처드 왓슨의 『신학 교과서』(Theological Institutes)에서 발견할 수 있을 것이다. 이 한 권의 책이 메소디스트에게 (웨슬리의 설교나 신약성경 주석을 포함해) 어떤 다른 것보다 그들이 알고 있는 소규모 학교에서 배운 신학(school-theology)을 더 많이 가르쳤기 때문이다. 이 책의 초판은 1823년에서 1829년까지 이어져 출판되었다. 그리고 19세기가 끝나기 전에 다섯 번이나 개정되어 30회나 출간되었다. 이 책의 내용은 실질적으로는 아르미니안적인데, 외형은 칼빈주의자들의 형식이었다. 왓슨은 메소디스트에게 웨슬리가 제공하지 않기로 선택한 것, 즉 조직신학을 제공하려 했다. 그의 교회론은 웨슬리가 가장 좋아한 것 중 하나인 윌리엄 케이브의 『사도』(Apostolici, 1677)의 영향을 많이 받았다. 왓슨의 전제는 "원시 기독교인들은 유대교 회당에서 배운 것에 많은 빚을 지고 있다"는 것이다. 이로 인해 그는 "성경에 의해 자유로워진 모든 세부 사항에서 원시 기독교인들은, 정부가 진리와 신앙을 유지하는 데 가장 효율적이 되게 하겠다고 약속한 제도들을 채택했다"고 주장할 수 있었다.[13]

---

12) Richard Abbey, *An Inquiry into the Ecclesiastical Constitution, the Origin, and the Character of the Church of Christ and the Gospel Ministry* (Nashville, 1860), 33, 80, 112-13.

13) Richard Watson, *Theological Institutes: or, A View of the Evidence, Doctrines, Morals, and Institutions of Christianity* (Nashville, 1860).

이러한 견본들은 자유주의적인 전환이 이 세계로 향하기 전까지 (영향력 있는 반대 진술이 없을 때) 19세기 미국 메소디스트의 교회론을 대표하는 것으로 받아들여질 수 있다. 그것들은 그 전형적인 형태에서 권위적이지도 복고주의자도 아닌 원시주의의 특별한 표지를 반영한다. 그 두드러진 강조는 개발에 있었다. 즉, 사도적 사역이라는 영원한 목적을 위해 '효율적인 수단'을 적응시키는 것이었다. 그것은 메소디스트에게 (모든 감독제도 지지자와 달리) 교역자 직제를 사용하고, (모든 회중주의자와 달리) 연결적인 정책(connectional polity)을 채택하며, (칼빈주의자들과 달리) '모든 사람을 위한 구원의 복음'을 주장하는 일을 정당화하는 데 도움을 주었다.

전혀 우연적으로만 볼 수 없는 것은, 이 성경적 근원에 대한 지각이, 20세기에 그것의 기원과의 비교에서 주류를 이루고 있는 메소디즘을 변화시킨 세 가지 변형을 통해 (때로는 이상하게 변형된 형태로) 메소디스트에게 남아 있었다는 것이다. 즉, (1) 진보적인 개신교에서 계몽주의와 그 신학적 부산물을 포용하려는 뒤늦은 열망, (2) 사회적 복음에 대한 메소디스트의 열정—[(1908년 새로운 연방 교회 평의회에서 채택된) '교회들의 사회적 신조'(Social Creed of the Churches)는 메소디스트 문서의 하나의 개작물(adaptation)이었다], (3) 19세기 후반의 '자유주의'와 모든 '성결'파 간의 논쟁에 대한 비극적인 무절제들이다. (항상 하나님의 영광을 위하여) 심하게 달리했던 모든 메소디스트가, 심지어 그들의 경쟁적인 프로그램에 대한 권위로 성경에 호소함에서도 매우 달랐던과 같이, 자신들의 권위와 주장을 위해 이 땅에서의 평화로운 하나님 나라에 대한 동일한 성경적 비전을 호소했다는 사실에는 슬픈 아이러니가 있다.

제2차 대각성 초기 단계에서 있었던 잠깐 동안의 협력 이후, [아서 피프콘(Arthur Piepkorn)의 『신앙의 프로파일』(Profiles in Belief) 제2권에서 둘 모두 잘 묘사된] 메소디스트 원시주의자들과 개혁주의자들은 각자의 길을 가려는 경향이 있었다. 라이스 해거드(Rice Haggard)는 (애즈베리의 경건한 전제정치를 공개적으로 반항한 최초의 미국 메소디스트인) 제임스 오켈리(James O'Kelly)의 동지로 시작해, 결국 바튼 스톤(Barton W. Stone)의 충실한 협력자가 되고 말았다. 많은 차이가 있음에도 이 두 개의 다른 전통은, 진정한 그리스도의 코이노니아의 본질은 그리스도에 대한 믿음의 가시적 표현이며, 그리스도 안에서 자신을 계시하신 하나님에 대한 증거여야 한다는 확신을 공유해 왔다. 이 공유한 전통은 토머스 캠벨(Thomas Campbell)의 『선언과 연설』(*Declaration and Address*, 1809)에 잘 반영되어 있으며, 웨슬리의 이전의 '교리 신조'와 직접적인 관련은 없다. 캠벨의 정의는 다음과 같다. "이 땅에 있는 그리스도의 교회는 본질적, 의식적, 법적으로 하나다. 교회는 그리스도에 대한 믿음을 고백하며, 성경이 가르치는 대로 모든 일에서 그리스도께 순종하며, 자신의 정신과 행동으로 그와 같은 것을 드러내는 사람으로 구성되어 있다."14)

종교운동의 선언과 수행 사이에 항상 존재해 온 풍자적인(ironic) 불일치에 대한 이 모든 진부한 일에서 배울 것은 무엇인가? 만민구제설의 신봉자들이 교파주의를 회피하는 것으로 시작되었고, 그다음 그 바이러스의 희생양이 되었음을 알게 된 것이 교훈적인가? '이 땅에 성경적 성결을 전파하는 것'이라는 독특한 목표를 공언함으로 시작된 주류 메소디즘이, 그 후에 그것을 유지하기 위해 프리미엄을 붙이는 조직화에 심취해 버렸고, 그다음 그것을 사명과 동일시했다는 사실에 대한 도덕적인 것은 무엇인가?

적어도 이 정도는 이러한 역사에 대한 거의 어떤 것을 읽어도 분명해진다. 복원과 성결 이 둘의 이상은 너무나 비옥해서, 우리가 교회 역사가로

---

14) A. Piepkorn, *Profiles in Belief* (New York: Harper, 1978), 2:629-30에 인용된 Thomas Campbell, *Declaration and Address* (Washington, Pa., 1809).

서 매우 친숙한 일종의 엔트로피(entropy, 무질서의 정도-역주)에 의해 더럽혀져도, 그것들은 여전히 이상으로서 재생력을 유지한다. 그래서 그것들에 영감을 주는 성령과 같이, 교화에 도전하고 후대에 새로운 통찰력과 활력을 일으키는 힘으로 계속된다. 오래된 방식을 넘어서서 아직도 살아 있는 원기회복의 힘을 보는 잔재가 항상 있기 때문이다. 새로운 시대와 상황에서 항상 새로운 관련성을 찾을 수 있는 것은 (재수용보다는 복제에 의해) 후세에 재현된 사도적 기독교의 이러한 비전이다. 그리고 '그리스도 안에서의 새로운 피조물'이라는 중요한 공동체의 그러한 이상이 여전히 시간과 공간에 있는 기독교인들의 통합을 위한 하나님의 의지라면, 그것은 또한 여전히 앞으로 올 어떤 역사에서도 하나님의 자녀들에게 긴급하고 당혹스러운 일로 계속될 것이다.

2.2. 웨슬리에게서의 성령과 영성

[1988] '성령에 관하여'(Focus on the Holy Spirit)가 '분기별 개관'(Quarterly Review)의 주제였고, 아우틀러가 첫 논술 발표자로 등장했다. 그는 성령에 대한 기독교의 성찰의 역사를 설명하는 것에서 시작해, 이 주제에 대한 웨슬리의 고찰로 이동한다. 올더스게이트에 대한 정서적 심리학적 해석과는 대조적으로, 아우틀러는 일련의 개종과 확신의 경험을 통해 웨슬리가 어떻게 발전하는지를 보여준다. 이 모든 것이 성령의 역사에 대한 그의 이해에 영향을 미쳤다. 그런 다음 그는 영성과 윤리 사이에서의 웨슬리의 작업에 나타난 균형을 설명하고, '인간에 대한 성경적 비전'의 회복을 위한 오늘날과의 관련성을 제시한다.

나는 생명의 주님이시며, 생명을 주시는 분인 성령을 믿는다. 성령은 아버지와 아들로부터 보내심을 받고, 아버지와 아들과 함께 예배와 찬양을 받으시며, 선지자들을 통해 말씀하신다.[1]

성령에 초점을 맞추는 어떤 시도도 흐려지기 마련이다. 많은 언어에서 '정신'이라는 용어(*ruach, pneuma, spiritus, Geist, esprit* 등)는 정확한 문자 그대로의 의미 이상을 가리킨다. 그러나 그것은 또한 자아의식의 '이면'을 뜻한다. 그리고 '영혼' '자아' '정신'과 같은 용어의 완전히 말로 표현할 수 없는 것들(그것이 인간의 신비에 관한 것이든, 우리가 살고 움직이며 존재하는 곳으로서 우리를 '둘

---

1) "The Creed commonly called Nicene," Article III, as in the Book of Common Prayer of the Church of England (1662), in The Order for Holy Communion.

러싸고 있는 성령'에 관한 것이든)을 향해 가리킨다. 사도 바울이 사도행전 17장 23-31절에서 아테네 사람들에게 한 연설에 이런 종류의 것이 전제된 것 같다. 따라서 이러한 성령에 대한 인간의 인식의 특별한 분위기(aura)에 관한 성령론적 성찰은 분별력을 발휘해야 하는 까다로운 일이다. 그것은 고지식함의 모래 구덩이와 미신 또는 마법의 덤불 사이에 있는 길을 더듬는 것에 지나지 않을 수 있기 때문이다.

'초월성'이나 '내재성'이라는 말이 성경적 용어는 아니지만, 변증법적 통합의 역설은 성경에서 흔히 볼 수 있다. '하나님의 영'과 같은 말은 호흡이나 바람과 같이 자연스럽게 발생하는 친숙한 것에서 파생된 은유다. 그것들은 계속해서 삶 자체[예를 들어, 생명의 숨(the breath of life)]와 같은 이해하기 어려운 실체를 포함한다. 그리고 그것들은 인간의 기질과 같은 문제로 확장되었다(예를 들어, '마음이 가난한 사람들'). 다른 쪽에서는 인간의 일과 역사에서의 하나님의 선행적 주도권을 가리킨다. 여기서의 강조점은 그것이 안에서부터든 밖에서부터든 하나님의 역사하심의 자발성에 있다. 이와 같은 관점에서 성경을 믿는 사람들은, 수많은 의인화된 이미지, 유사성, 유사물 등으로 이루어진 광범위한 의인화(anthropomorphism)에 편안함을 느꼈다. 동시에 그들은 다양한 의인화에 공포도 느꼈다. 거기서 초월에 대한 인간의 원시적 시각을 왜곡하는 일종의 지나친 자기중심주의를 볼 수 있었기 때문이다. 최초의 유혹은 우리의 유한한 한계를 뛰어넘을 수 있다는(곧 '당신은 그 모든 것을 가질 수 있다' '당신의 세계에는 한계가 없어야 한다' 등의 오늘날의 구호처럼) 매력적인 약속이었다. 그러므로 그런 우상숭배는 제1계명에서 금지하고 있는 자만의 행동(pride-in-action)이라는 전형적인 죄로서 존재했고, 지금도 계속되고 있는 것이다.

인간의 행복과 비극이라는 한 쌍의 실체는 하나님과 인간의 상호 작용이라는 불가사의한 역설 속에 항상 있어 왔다. 이것은 (오리겐의 '원래의 의와 행복'에 대한 논증에서 보듯, 또는 어거스틴의 "당신은 당신 자신을 위해 우리를 만들었습니다"[2] 라는 공개적인 고백에서 보듯) 인간의 마음의 자연스러운 성향이 우리 자신이 아니라 하나님 안에서 조화와 평화를 누린다는 의미를 내포한 이후의 연구에 반영되었다. 그리고 이런 것은, 인간의 생명은 처음부터 끝까지 하나님이 지으신 바요, 무엇보다도 하나님의 선물이기에 인류는 '성령으로 살도록' 설계되었다는 신약성경 사상의 메아리다 (갈 5:25; 벧후 1:4).

'영'과 '성령', '하나님'과 '그리스도의 영'에 대한 성경의 언급이, 나중에 한쪽에서는 양태론(modalism), 다른 한쪽에서는 전적인 신비화라고 불리게 되는 것을 피하고, 그러면서도 결정적인 척하는 개념화를 결코 시도하지 않는 일을 얼마나 조심스럽게 잘 해냈는지는 주목할 만하다. 그러나 한 가지는 분명하다. 모든 진정한 영성에는 깊은 도덕적 잣대가 있다. 성령의 선물(고전 12:1)은 성령의 열매(갈 5:22-25)와 연결되어 있는 것이다.

기독교 첫 세기 후반에 유대주의 모체에서 출현한(또는 추방된) 기독교가 헬레니즘 세계로 가는 위험한 모험을 하면서, 인간의 삶과 신생 교회에서의 성령의 지속적인 현존과 역사에 대한 언어를 기독교 예배의 고백문의 일부가 되게 했다는 것은 일반적인 사실이다. 그것이 새로운 기독교 단체를, 기독교가 불가피하게 연관되어 있는 그리스-로마 세계의 다른 극단(*thiasoi*, 신비한 종교)과 차별화하는 데 도움을 주었다. 이 모든 것은 완전하게 작성된 성령론적 교리 없이 일어났다. 그러한 공식에 대한 가장 초기의 접근은 성 이레니우스의 『사도적 설교의 실례』(*Demonstration of the Apostolic Preaching*, I, 1:6)에 나타나 있다. 그러나 기독교 2세기의 일곱째 10년 (seventh decade)에 마치 독실한 그리스도인의 의식에 이미 있는 것과 같은

---

2) *Confessions*, I. i.

얼마나 많은 성령론적 전이해를 가지고 있었는지에 주목하라.

제3조는 성령에 대한 조항이다. 성령을 통해 선지자들은 예언을 하고, 교부들은 가르침을 받았다. … 그리고 올바른 자는 의의 길로 인도함을 받았다. 그리고 이 마지막 시대에 성령의 권능이 온 땅에 넘쳐났고, 남자와 여자가 하나님을 향해 새로워지게 했다. 그러므로 중생의 세례에서 오는 이 세 가지 조항은, 우리를 그의 아들을 통해 성령으로 하나님에게 다시 태어나게 하는 것 … 그러므로 성령 없이는 하나님의 말씀을 들을 수 없고, 아들 없이는 아버지께 다가갈 수 없다는 것이다. 하나님에 대한 것은 아들을 통해 드러나고, 아들에 대한 것은 성령을 통해서만 알 수 있기 때문이다.

초기의 신조들은 '성령'이라는 제목을 붙여 성령을 확언했다(얼마나 많은 것이 당연하게 여겨졌는지에 대한 또 다른 예다). 그러나 4세기 중반에 프뉴마토마키안(Pneumatomachean)들이 성령의 완전한 신성을 거부한 후에야, 한 주요 신학자가 그것을 어느 정도 길게 설명할 가치가 있다고 생각했다. 이 합리적인 반론이 닛사의 그레고리의 '삼위일체론 요약문'에 나타난다.

성령의 영감에 의하지 않고서는 예수를 주님이라고 고백할 수 없다. 그러므로 아버지, 아들, 성령은 만물의 창조 이전에 친밀하게 상호 작용하며 단일체로 존재하는 완벽한 삼위일체로만 알려지게 되어 있다.[3]

381년의 콘스탄티노폴리스 개정판의 초안자들은 "일반적으로 니케아라고 불리는 신조"에서 그 이후로 유지되고 있는 보다 완전한 표현으로

---

[3] Gregory of Nyssa, "On the Holy Spirit; Against the Followers of Macedonius," NPNF 2nd Series 5:319 이하; 또 그의 논문, "On Not Three Gods, to Abladius," 같은 책, 331-36.

325년("성령 안에서")의 원래 니케아 문서의 비밀스러운 결말을 구체화할 수 있었던 것은 이러한 분위기에서였다(AD 375년경).

> (성령은) 아버지로부터 보냄을 받은 생명의 주요, 생명을 주시는 분이다. 그는 성부와 성자와 함께 예배와 영광을 받으시며, 선지자들을 통해 말씀하시는 분이다.…

어거스틴은 신학자들이 (교리로서의) 성령론을 소홀히 취급하는 것을 한탄하며(AD 393년경) 앞뒤를 모두 살피고 있었다.

> 지혜롭고 영적인 사람들이 아버지와 아들에 관한 많은 책을 썼다. … 그러나 성령에 관해서는, 우리가 그를 아들 또는 아버지라 말할 수 없고, 오직 성령이라고만 말할 수 있는 사정인데, (다만 저들이 성령을 하나님의 선물이라고 단정하고, 하나님의 선물이 그보다 열등하다고는 믿을 수 없다는 것 외에는) 우리가 성령의 특별한 인격이 어떤 것인지에 대한 지적 개념을 얻을 수 있을 만큼의 충분하고 주의 깊은 논의가 학식 있는 사람들이나 유능한 성경 해석자들 사이에서 아직은 없다.[4]

성령론에 대한 강조가 이렇게 적은 분명한 이유 중 어떤 것은 교육적이다. 한쪽에서는 거룩한 교회에서의 성령에 대해 여러 가지 모양으로 익숙해지려는 경향이 있었다. 이것은 시몬 마구스(Simon Magus)에게까지 거슬러 올라간다. 그는 항상 성령을 제도적 교회와 너무 밀접하게 연결하려 했다. 동방 정교회는 라틴 서구 교회보다는 더 성공적으로 이러한 익숙해짐에 반대했다. 이것이 개신교가 성령과 교회의 상호 관계를 반대하는 경향을 선호하는 이유 중 하나다: 성경에 있는 성령. 이것이 진리의 말씀을 올바르게 전할 수 있는 권위를 가진 성서 해석가들의 새로운 조합(guild)

---

4) *On Faith and the Creed*, Chap. IX, 18, 19, 20.

을 가지고 권위의 새로운 패턴을 만들어냈다. 물론 두 전통의 주변에는 (제도적 교회와 연관되지 않은) '자유로운 성령'을 옹호하는 사람들이 있었다. 몬타누스에서 요아킴과 프라티첼리파(Fraticelli), 재침례교의 영파(spirituals), 영국의 퀘이커족, 독일의 경건파, 프랑스의 정적주의파(quietist) 등과 오늘날의 카리스마파에 이르기까지가 여기에 해당한다. 하지만 이 신성한 모토는 혼란과 광신주의라는 끔찍한 기록을 가지고 있다. 사도 바울은 (고린도전서 14장에서 보듯) 이런 것에 대해 경고했다. 그러나 다른 근거에 서 있게 된 본질적으로 다른 주장을 가진 사람들에게 항상 주의를 기울이지는 않았다.

서곡을 이처럼 인상적으로 만든 의도는, 지금까지 기독교 교리의 역사에서 성령의 인격과 역사에 특별한 관심을 가진 신학자들이 드물었다는 사실에 주의를 환기하려는 것이다. 더구나 심지어 (성 보나벤투라나 쿠사의 니콜라스 추기경 같은) 천재적인 수준의 그러한 사람들은 기껏해야 반계몽주의나 최악의 경우에는 광신주의라는 의심을 받아 왔다. 그리고 항상 교회의 영성 수준을 높이기 위해 '광신'으로 빠지는 경향이 있었으나, 거의 종종 영적 엘리트의 이미지를 가진 사람들의 영적 우월감이 널리 퍼지면서 다른 기독교인들에게 불쾌감을 주었고, 그들은 '영적 자만'[5]을 깊이 뉘우치는 데서 스스로 많은 위안을 얻었다. 그러므로 '기독교 영성'의 완전히 이질적인 전통의 아주 작은 일에 대해서는 문제 삼지 않았다. 문학은 다루기 힘들고, 이야기는 끝이 없다.[6]

그러나 그 자체로 중요성을 지니고 있고, 아마도 지속적인 관련성을

---

5) 참조. Ronald A. Knox, *Enthusiasm: A Chapter in the History of Religion* (Oxford: Clarendon Press, 1950)(이하 생략—역주).
6) 참조. Henri Bremond, *Literary History of Religious Thought in France*(이하 생략—역주).

가지고 있는, '성령에 초점'의 실례를 임의로 선택하는 것은 허용될 수 있을 것이다. 더구나 성령론에 관한 이러한 특별한 논문들에서, '성령과 영성'의 모범적인 상관관계를 자세히 살펴보기 위해 존 웨슬리를 선택하는 것이 부적절하지는 않을 것이다.

웨슬리는 그가 대표하는 전통에서 가장 뛰어난 사람은 아니었고 가장 뒤떨어진 사람도 아니었지만, 여전히 흥미롭다. 성령에 대한 웨슬리의 중요한 관심은 성령의 삼위일체론적 교리를 지속적으로 주장하는 것이었다. 그것은 성경과 전통, 그리고 명목상의 정통성과 생산적인 기독교 영성[7] 간의 근본적인 차이에 대한 그의 생생한 경험에 근거한 합리적인 주장에 호소하는 관심이었다. 이는 웨슬리의 성령론은 기독론, 구원론, 성령론 간의 유효한 통합에 대한 종교적 윤리적 중요성의 인식에서 시작된다는 것을 시사한다. 즉, 모든 은총의 선행적 역사에 대한 일관된 강조와 모든 은총을 주시는 자로서의 성령에 대한 끊임없는 인식이 합쳐진 신론, 기독론, 성령론 간의 중요한 연합에 대한 인식이다.[8]

존 웨슬리의 성령론은 영성과 윤리 사이의 균형을 시도했다. 즉, 수많은 임재 의식(*Coram Deo*)에 의해 관리된 삶의 안정감을 버리지 않으면서도 자유로운 성령의 자극을 추구했다. 그것이 즉각적인 고양과 (웨슬리가 '신앙의 충만'이라고 부른) 그리스도인의 성숙 과정의 역설을 가능케 했다.

존 웨슬리 시대의 영국은 흥미로운 식민지 모험을 경험하고 과학과 신기술의 지평을 여는 시기였음에도 (정치적, 문화적, 종교적으로) 심한 탈진 상황

---

[7] 참조. *Theological Studies*, 46 (1985), 191-227에 실린 Fr. Kilian McDonnell, OSB, "A Trinitarian Doctrine of the Holy Spirit"(이하 생략—역주).
[8] 참조. Fr. David Coffey, *Grace: The Gift of the Holy Spirit* (Manly: Catholic Institute of Sydney, 1979).

을 헤쳐나가고 있었다.9) 그 시대의 지적 흥분은 계몽주의의 충동에 의해 생겨나고 있었다. 그러나 국교회는 튜더(Tudor) 왕조의 '개혁'의 참혹함, 청교도와 왕당파 사이의 전쟁, 피바다가 된 내란, 영연방의 발작적인 분노, 복구의 쇠약함, 구 국교 반대파, 새로운 이신론 등으로 인해 거의 2세기 동안의 헛된 소동을 겪은 후 지쳐 고통받고 있었다.

웨슬리의 첫 30년은 그에게 깊은 불만을 남긴 일종의 열매 없는 헌신을 보여준다. 1725년 그의 첫 번째 '전향'(conversion)은 전 생애를 하나님께 바치는 것으로서, 결코 거절하거나 벗어날 수 없는 헌신이었다. 그러나 하나님에 대한 '평생의 헌신'은 아니었다. (1727년에 경험한) 두 번째 전향은 그의 신비적 충동과 청교도적 자기성찰의 습관을 강화했다.10) 옥스퍼드 메소디스트의 '특이성'과, 개신교 엄격주의가 세상으로부터의 수도원적 비행을 대체하려 했던 '세상 안에서의 금욕주의'의 다른 유형들 사이에는 분명한 유사성이 있다.11)

1738년 5월 24일 (올더스게이트에서의) 웨슬리의 가장 유명한 경험은 웨슬리안 성인록에서 상징적인 지위를 얻은 지 오래다. 그러나 올더스게이드가 ('거의 신자'를 '철저한 신자'로 변화시킨 것이었지) 비종교적인 사람을 믿음의 사람으로 변화시킨 것은 아님은 여전히 주목할 일이다. 그것은 또한 모라비안의 경건주의의 승리도, 그의 마지막 개종도 아니었다.12) 그리고 메소디스트 부흥운동의 시작도 아니었다. 그러나 사람들은 그것이 웨슬리의 모든 삶과 사역에서 결정적인 전환점이자, 그의 사명감이 재조정되고 더 풍성

---

9) 아직도 문화 역사학자들은 산업혁명이 영국에서 시작된 것을 불가해하게 생각한다. 참조, Fernand Braudel, *Civilization and Capitalism, 15th-18th Century*, 2:330-48; 3:555-88.
10) 예를 들어, *WJWB* Vol. 5, 1988에 있는 하이젠레이터가 새롭게 편집한 일지를 보라.
11) 참조, 같은 일지; *JWJ* I:79105; *Letters* I in *JWLB* 25:141-551.
12) 참조, *JWJ*, January 4, 1739.

한 성과를 거두게 한 일로 보는 것을 거부하지는 않는다. 올더스게이트는 웨슬리가 '그리스도 안에서 계시된 하나님'(God-in-Christ)에 관한 기본 교리들을 재구성한 것이라기보다는, 그 교리들의 힘과 영향에 대한 예상치 못한 발견이었다. 그리고 그 초점은 (로마서 8장과 에베소서 2장 5, 8-10절에서처럼) '성령의 내적 증거'에 있었다. 어떤 심리학적 설명을 선호하든, 올더스게이트의 신학적 중요성은 대체로 성령론에 있었다.

그 이야기는 지금까지의 어떤 웨슬리 전기 작가보다 (5월 24일 자 일기에 있는) 웨슬리의 말에 의해 더 잘 설명되고 있다. 작가들 대부분은 그가 그날 기도 시간에 읽었던 성구들의 순서가 주목할 만하다는 것을 간과한다. 즉, 아침 기도 시간의 (하나님과 인간의 '참여'에 대해 강조하는) 베드로후서 1장 3-4절 이후에, 세인트 폴 성당의 저녁 기도를 위한 찬송(공동 기도문, 시편 130편)에 있는 동일한 강조가 뒤따른다. 실제 '올더스게이트 경험'은 마지못해 하는 종과(終課) 기도 시간에 이루어졌고, 그것은 전통적으로 말하는 것에 비해 훨씬 덜 주관적이었다.

전형적으로 그때 웨슬리의 '마음이 뜨거워진' 일을 강조해 왔다. 그러나 웨슬리는 '이상하게 마음이 뜨거워졌다'고 중요한 부사를 덧붙일 만큼, 그때 자신의 기질이 충분히 제어되고 있었다는 것을 알고 있었다. 그의 이야기에서 [예를 들어, '뜨거워졌다'(warmed)고 할 때] 사용된 동사가 수동태라는 것이 더 강조되고 있는 것을 알지 못하면, [예를 들어, '나는 느꼈다'(I felt)고 한] 능동 동사를 잘못 해석하게 된다. 그렇지 않으면, 모든 사건에서 하나님의 역사가 선행함에 대한 감각이, 하나님의 섭리에 의한 극적인 사건이라기보다는 무엇인가 더 '신비적인 체험'인 것처럼 왜곡된다. 여기서 "나는 마음이 이상하게 '뜨거워지는' 것을 느꼈다"는 말은 곧, "확신이 나에게 '주어졌다'"는 뜻이다.

메소디스트 감상주의자들은 웨슬리의 그때의 느낌을 (마치 그가 스스로 그렇게 한 것처럼) 지나치게 강조해 왔다(물론 여기서는 아니다). 그러나 만약 그 강조가 죄의 용서(칭의)의 확신이 순전히 주어진 것으로 옮겨진다면, 올더스게이트와 그 이후의 발전을 더 이해하게 해준다. 그러므로 올더스게이트 경험은 로마서 8장 10-17, 26-28절에 있는 익숙한 약속에 대한 웨슬리의 개인적인 승인이었던 것이다. 그것은 즉각적인 이해를 가져다주지도 않았다. 그의 기독교적 자기 이해가 성장하고 성숙하는 데는 50년이 걸렸다. 1738년 5월 24일은 특별한 진행 과정에서의 극적인 전환점이었다. 곧, 거의 성공하지 못한 헌신적인 완전주의자에서, 좀처럼 실패하지 않는 (적어도 하나님의 섭리에 의지하지 않는 일이 없는) 성령의 사람으로 전환된 것이다.

웨슬리는 아무도 의지하지 않고 자기만의 신학을 한 (그리고 매우 유능한) 어머니에 의해 의지-신비주의의 특별한 전통에서 자라났다.[13] 이 유산은 그의 일생에 계속되었다.[14] 올더스게이트와 부흥운동 초기 이전의 그의 신비주의에 대한 탐구는, 그를 실망시키고 '신비주의 작가들'에 대한 쓰라린 불평을 갖게 한 다른 강박관념들과 결합되어 있었다.[15]

올더스게이트가 그 이후의 자서전적 기록에서 그처럼 빨리 시야에서 물러난다는 것은 주목할 만한 일이다. 그 이유는 명확하지 않다. 남은 것은 아직 깊이 있게 연구되지 않았지만 성령론적 문제였다. 이 문제가 웨슬리의 글 전체에서 일종의 주제와 변형으로 발전하며 '구원의 순서'에 대한 견

---

13) 예를 들어, 그녀가 옥스퍼드에 있는 웨슬리에게 보낸 편지를 보라. *Letters I, WJWB* 25:167-68, 178-80, 183-85, 382-83.
14) Jean Orcibal, "The Theological Originality of John Wesley and Continental Spirituality," in *A History of the Methodist Church in Great Britain* (London: Epworth, 1965), edited by Rupert Davies and Gordon Rupp, I:81-113.
15) 참조. Henry Moore, *Life*, I:342, Baker's edition of the *Letters*, II:25, 540-42, 546-48.

해에 기본적인 성격을 제공했다. 1746~1748년에 출판된 설교들에서 그는, 명백하게 성령론적이고 암시적으로는 삼위일체적인 관점에서 (모든 면 곧 회개, 믿음, 확신, 중생, 성화에서 선행하는) 은혜 교리의 역학 관계를 정리하기 시작했다. 그는 설교 "성령의 증거 I"(1746)에서 다음과 같이 강조했다.

> 영혼에 대한 내면의 인상으로서의 성령의 증거. 이것으로 하나님의 영은 '내 영에게 내가 하나님의 자녀임'[화해와 확신]을 직접 '증거'하신다. 이 성령은 우리 안에서 선한 일을 행하실 뿐 아니라, 자신의 역사를 비추시고 자신이 한 일을 우리에게 분명하게 알려 주신다[16](I, 8, 10).

20년 후, 같은 글과 제목의 개정판에서 웨슬리는, 모든 비평가에 대해 '인지할 수 있는 영감'(perceptible inspiration)이라는 개념을 옹호했고, 성령의 증거와 그 참된 열매의 상관관계 곧 '내적 외적 성결'을 강조했다. 웨슬리에게 성결은 물론 '진정한 종교' 곧 '하나님과 이웃 사랑'의 다른 표현이다. 그러므로 성령론은 결코 윤리적 의무가 없는 영적인 것만이 아니다. 그 반대의 경우도 마찬가지다. 개인적 성결과 사회적 성결은 결코 분리될 수 없다. 그리고 그 순서도 결코 바뀔 수 없다.

> 우리는 성령의 열매와 관련 없다고 생각되는 성령의 증거를 결코 믿지 말자. … 또 성령에 대한 객관적 증거가 없다고 생각되는 어떤 '성령의 열매'도 믿지 말자("성령의 증거 II", V. 3-4).

웨슬리는 광신주의, 영적 자만, 그리고 그와 같은 종류와 함께 (설교 37번 "광신의 본성에 대하여"에서 말했듯) 종교적 광신을 반박하며 거부했다. 그러므로

---

16) 은혜에 대한 믿음의 반응은 (기쁨을) 자각한다는 것이다: "영혼은 이 땅의 어떤 것을 사랑하고 좋아할 때처럼, 하나님을 사랑하고 즐거워하며 기뻐하면 그것을 친근하고 분명하게 알게 된다"("The Witness of the Spirit I," I :11).

그는 설득, 통찰력, 신념에 의존하는 '성령의 열매'를 강조할 수 있었다(갈 5:24).

> 합리적이거나 성경적인 근거 없이 어떤 일을 성령의 탓이라고 돌리거나, 그런 일을 성령에 기대하는 경우가 얼마나 많은가? 그런 사람은 중요한 시점뿐 아니라 인생의 하찮은 상황에서도, 자신이 하나님에게 언제나 '특별한 지시'를 받고, 또 받을 것이라고 상상한다. 그런데 이런 경우에 하나님께서는 성령의 '은밀한 도움'을 결코 배제하지 않으심에도 우리를 인도하기 위한 이성을 우리에게 주신다.[17]

진정한 영성은 "순결하고 거룩한 기독교에서 매일 성장하는 것"[18]이다.

웨슬리의 종교적 인식론에서 하나님 자체의 본질(God-in-se)은 알 수 없고, 말로 표현할 수도 없다. 하나님-언어는, 그 형태는 논리적일지라도 기능 면에서는 광신적이다. 우리가 하나님에 대하여 아는 것은, 하나님이 우리 안에서 드러내시는 것이다: 곧 하나님의 역사(창조와 자연에서) 안에서 그리고 그를 통해서: 율법과 선지자들 안에서와 그것을 통해서: 하나님의 형상(골 1:15)과 인격(히 1:3)이신, 예수 그리스도 안에서 그리고 그분을 통해서 드러내시는 것이다. 더구나 이 모든 계시를 드러내는 분은 성령이신 하나님이다. 성령 하나님은 '주님이시요 생명을 주시는 분'이다. 중생에서 성령의 역사는 대단히 급진적이다. 그래서 웨슬리는 다음과 같이 과장해 말했다.

> [새로 태어난] 그리스도인이 성령과 하나님으로 인해 태어났을 때, 그의

---

17) "On the Nature of Enthusiasm," 20.
18) 같은 책, 39.

존재 방식은 어떻게 바뀌었는가? 그의 모든 영혼은 이제 하나님을 알 수 있게 되었다. … 하나님의 영이나 숨결은 즉시 영감을 받아, 새로 태어난 영혼에 숨을 불어넣고, 그 숨결에서 나온 동일한 숨결은 하나님께로 돌아온다. 믿음에 의해 그것을 지속적으로 받아들인 것과 같이, 그것은 기도와 찬미와 감사에서 사랑으로 계속해서 되돌아간다. 그리고 이 새로운 종류의 영적 호흡에 의해 영적인 삶은 지속될 뿐 아니라 나날이 확대된다. … 이해의 눈이 열렸다.[19]

이제는 믿음의 눈으로 세상을 보게 되었고, '제3의 귀'가 열렸다. "모든 영적 감각이 이제는 열려 있어, 믿음은 보이지 않는 세계와 분명한 관계를 맺는다. … 성령으로 태어난 사람은 사랑 안에 거하면서, 하나님 안에 살고, 하나님은 그 안에 산다."

출생과 지각의 이미지에서 그는 성장과 성숙의 비유로 이동한다. 그 [생명력이 넘치는 사람은] 하나님의 영이 자신의 마음에 역사하는 것을 느낀다. 그는 하나님의 영이 마음에서 역사하는 은혜를 내적으로 느낄 수 있다. … 이러한 은혜를 이용해 그는 날마다 하나님과 그가 보낸 예수 그리스도를 아는 지식이 증가하고, 내적 세계에 관련된 모든 것을 알게 된다. 그리고 이제는 그가 살아 있다고 정확히 말할 수 있다. … 이를테면, 하나님께서는 끊임없이 그의 영혼에 숨을 내뿜으시고, 그의 영혼은 하나님께로 숨을 쉬고 있다. 은혜는 그의 마음속으로 내려오고, 기도와 찬양은 하늘로 올라간다. 그리고 일종의 영적 호흡에 의한 것처럼, 이러한 하나님과 인간의 교제, 아버지와 아들과의 교제에 의해, 영혼 속에서 하나님의 생명이 유지되고, 하나님의 자녀는 '그리스도의 온전한 분량'에 도달할 때까지 성장한다.[20]

---

19) Sermon 19, "The Great Privilege of Those That are Born of God," I:7-10.
20) Sermon 45, "The New Birth," II:4-5.

이런 종류의 미사여구는 그것이 심리적이거나 감상적일 때 쉽게 왜곡된다. 성령으로서 하나님이 하시는 일은 자의식이 도달할 수 있는 것보다 더 깊이 내면을 향한다. 즉, 그것은 조작을 넘어 선행적이고 객관적이다. 올바른 예배의 전제조건은 하나님, 즉 영이자 모든 육체의 영의 아버지인 하나님이 당신의 영에게 자신을 발견해야 한다는 깨달음이다, 이는 그 자체가 하나님의 숨결이며 하나님의 후광(aura)의 작은 조각이다."21)

반계몽주의와 그 상황에 대한 이러한 해독제, 특히 진정한 영성의 합리성과 윤리적 관심사에 대한 동등한 강조를 주목하는 것은 중요하다.

> 어떻게 하나님의 영이 그의 자녀들을 이런저런 행동으로 '인도'하시는가? … 맹목적인 충동만으로 그렇게 하신다고 생각하는가? 당신이 그것을 하도록 '감동' 하시는데, 왜 그렇게 되는지 모르는가? 아니, 그는 적어도 우리의 '손'으로 하시는 만큼은 우리의 눈으로 우리를 인도하신다. … 예를 들어, 배고픔으로 거의 죽게 된 한 사람이 있다고 하자. 그를 구원하기 위해 나는 어떻게 성령의 인도를 받는가? 첫째, 내가 그를 구원해야 하는 것이 하나님의 뜻이라는 것을 나에게 '확인'시킴으로써 인도하신다. 둘째, 그 사람에 대한 사랑으로 내 마음을 채워 줌으로써 인도하신다. … 이것이 성령이 일상적으로 사람을 인도하는 일에 대한 이성적인 설명이다. 이제 이것이 있는 곳에는 죽은 형태가 없고, 있을 수도 없다. … 말하고 행하는 모든 것이 하나님으로 충만하고, 또 영과 생명과 권능으로 충만하다.22)

일단 찾기 시작하면, 그러한 회전의(gyroscopic) 균형은 존 웨슬리의 산문 거의 모든 부분과 찰스 웨슬리의 찬양 곳곳에서 나타난다.

---

21) *A Farther Appeal to Men of Reason and Religion*, Part Ⅱ, Ⅲ.
22) 같은 책, Part Ⅱ, Ⅲ:9.

부흥의 힘이 비교적 자생적인 것이 된 후, 그리스도인의 성숙에 대한 실용적이고 이론적인 질문이 이전보다 더 크게 다가오기 시작했다. 이런 것들은 그들에게 칭의와 중생에서 멀어지게 하는 것이 아니라, 성장과 발전의 더 넓은 지평을 향한 변화를 가져왔다. 여기에는 고든 루프(Gordon Rupp)가 웨슬리의 '자연에 대한 비관론'과 '은혜에 대한 낙관론'이라고 부른 것을 구분하는 까다로운 사업이 포함됐다. 그는 진보에 관한 새로운 교리의 예언자들에게서 가능한 한 많은 것을 취했다. 즉, 그는 그들의 세속주의적인 전제를 완전히 부인했다.[23] 말과 행동에서 그는 영성과 ('빈민구호'와 노예제 반대 운동과 같은) 사회 개혁의 통합에 점점 더 관심을 기울였다. 개혁은 '하나님 형상의 회복'이라는 그의 구원론의 이미지에 대한 사회적 유사물이 되었다.

> 성령은 모든 영적 삶을 주시는 분이다. 즉, 성령 안에 있는 의와 평화, 기쁨을 주시고, ─성결과 행복을 주시는 분이다. 이는 우리 안에 창조된 하나님의 형상을 회복함으로써 가능하다. … [이것은 항상 공동사회의 의무를 포함한다.][24]

웨슬리는 그의 설교 "하나님의 전지전능하심에 대하여"(1788년 8월 12일)에서, 하나님의 내재성에 대한 전통적인 추상적 개념을, 성령 안에서 그리고 성령을 통해 나타내시는 하나님의 능동적 현존에 대한 생생한 비유로 바꾸려 노력했다.

> 위대하신 하나님이시자 영원하고 전능하신 성령은, 그분의 존속과 능력에서만큼이나 그분의 현존에서 구속받지 않는다. … 하나님은 역사하신

---

23) Carl L. Becker, *The Heavenly City of the Eighteenth Century Philosophers* (New Haven: Yale University Press, 1932), 102-3을 보라.
24) Sermon No. 117, "The Discoveries of Faith," June 11, 1788, par. 7.

다. … 즉, 창조물의 전 영역에서 모든 것이 그것의 원시적인 허무로 돌아가지 않도록 모든 것을 유지하시고 매 순간 관리하심으로 … 이성적인 피조물의 자유를 파괴함 없이 모든 것에 강하면서도 부드럽게 영향을 미치심으로 역사하신다(I, 2; II, 1).

이러한 영광스러운 목적을 달성하기 위해 항상 그분의 자비로우신 현존(coram deo)에 대한 깊고, 지속적이고, 활기차고, 기쁜 감각을 보존하기 위한 노력을 아끼지 않는다(III, 6).

여기에 양태론(modalism), 삼신론(tri-theism), 심령주의(spiritualism) 등이 없음에 주목하라. 모든 문맥이 보여주듯, 여기서는 성령의 삼위일체적 교리를 제시하려 의식적으로 시도하고 있다. 웨슬리가 마지막에서 두 번째로 출판한 설교 120번, "하나님의 존재의 통일성에 대하여"에서 (여기와 다른 곳에서, '기독교 플라톤주의' 전통 안에 있는) 정통 기독교 가르침에 대한 신빙성을 받아들이지 않고 있음에 주목하라.

진정한 종교는 하나님과 인간에 대한 올바른 성향이다. 그것을 누 낟어로 요약하면, 감사와 박애(benevolence)다. … 그것은 우리의 온 마음을 다해 하나님을 사랑하며, 우리가 우리 자신을 사랑하듯 이웃을 사랑하는 것이다.

이 일은 우리가 그분의 영의 가르침으로 하나님을 알기 시작할 때 시작된다. 영들의 아버지께서 우리 마음에 그 아들을 드러내시고, 아들이 아버지를 드러내시는 순간, 하나님의 사랑이 우리 마음에 흘러들어온다. 그리고 그때가 되어서야 우리는 진정으로 행복해진다. 우리는 하나님의 사랑을 인식할 때 가장 먼저 행복하며, 이는 생명 자체보다 더 좋은 것이다. 그러면 하나님께서 성령으로 우리 안에서 이룩하신 모든 천상의 기분(heavenly tempers)에서 행복해진다. 다시 말하면 [우리는 행복하다] 우리가 행한 모든 [선한] 일이 그를 기쁘게 했다는 성령의 증거와, 마지막으로 "성실함과 경건한 진정성으로 … 우리가 이 세상에서 그분과 대화를 가졌다"25)는 우리 영의 증거에서 우리는 행복하다. 참된 그리스도인은 그리스도께서 자신들을 자유롭게 해주신 이 자유에 굳건히 서서, 항상 기뻐하고, 쉬지 않고 기도하며, 모든 일에 감사한다. 그리고 그들의 행복은 '그리스도의 온전한 분량에 이르기까지 성장하면서' 계속 증대된다[16-17].

기독교는 한 분 하나님, 곧 구주이시며 창조주, 주님이시며 구세주, 생명의 주님이자 생명을 주시는 하나님에 대한 신앙고백으로 일치단결한 종교다. 이 동일한 하나님이 예수 안에서 드러난다(그리고 그를 주와 그리스도가 되게 하셨다). 더구나 하나님은 성령으로서, 역사의 중간 지대에서 길을 잃거나 왜곡되고, 또는 영원한 진리의 안개에 가려지는 예수님을 '구원'하셨다. 삼위일체에 대한 이질적인 주장은 기독교 진리의 독특함을 깨뜨린다. 그래서 기독교를 '유니테리언주의' '그리스도 일원론' '영성주의'와 혼동하게 만든다. 성령론은 특히 (대개 고지식함, 광신, 반율법주의, 독선, 범신론, 미신 중의 한 가지, 또는 이와 다른 형태를 가진) 인류중심주의의 유혹에 취약하다. 성경적 계시와 기독교 전통 모두에서는 하나님의 신비함과 자기 공개에 대한 균형과 전체성을 지키기 위한 불굴의 분투가 있다. 존 웨슬리는 그의 시대와 상황에서 이 분투에 참여했던 사람 중 하나였다.

현대 기독교의 전망은 대단히 불확실하다. 그 어떤 과거의 시조도 더는 표준이나 패러다임으로서의 역할을 할 수 없다. 특히 악명 높은 현재의 서구 세속주의와의 어울리지 않는 결합들과 그것들의 현재 쇠약해진 형태("곧 현대 과학 의식의 모호함, 서구의 정치와 영적 지배의 상실, 서구의 진보의 신의 죽음 …

---

25) 고후 1:12(이하 생략-역주).

즉, 이런 상황은 꽤 새롭다 …")26)는 더욱 그러하다. 서구 '지배'와 '문화적 우월'에 대한 19세기의 감각은 마비되었다. 더 최근 들어 전 세계에 대한 인간의 전망은 낮아졌다. 동시에, 비록 기독교의 사회 행동주의를 찬양하는 유행어가 거의 그 이상도 이하도 아니었지만, 지구의 비참한 상황에 있는 사람들의 외침이 더는 무시될 수 없다.

다양하고 요란한 주장을 하는 우리 시대의 선각자들과 열성분자들은, 점점 더 웨슬리가 경멸적으로 생각한 '광신자'들 (즉, 자신들의 선한 의도가 효과적인 행동으로 바뀔 수 있는 필수적인 수단, 또는 기본적인 동기를 확인하고 받아들일 준비는 되지 않은 채, 좋은 결과를 원하는 자애로운 영혼들)처럼 보인다. 인간 자아실현의 "새로운 시대"27)와 하나님의 통치와 의의 새 시대 사이에서의 선택이 점점 더 대립하고 있다. 그리고 문제의 핵심은 다시 한번, 과거의 유혹자의 유혹("네가 하나님처럼 될 것이다")과 보혜사의 약속["진리의 성령이 오시면 그가 너희를 모든 진리 가운데로 인도하시리니", 요 15:26-27; 16:13)] 간의 대립처럼 보인다. [포이어바흐(Feuerbach)에서와 같이] 인간의 윤리적 의제에 대한 처방으로서의 이상적인 인간의 잠재력과, 그 최초의 기획을 위해 그 설계자에 의해 회복된 인간에 대한 성경적 비전 사이에는 협상할 수 없는 차이가 있다. 이 후자의 가능성을 위해, 사도행전 3장 21절과 고린도전서 15장 24-28절에서 미리 보여준 종말, 곧 하나님의 통치의 궁극적 실현을 우리에게 가져다줄 수 있는 것은, 그리스도 안에서의 하나님의 능력과 은혜다. 행복할 때나 불행할 때나, '우리 주 예수 그리스도의 은혜와 하나님의 사랑과 성령의 교통하심'이 정말 우리와 하나님의 온 백성과 '항상 함께 한다'는 확신 속에서 사는 것이 우리의 특권이다.

---

26) Langdon Gilkey, *Society and the Sacred* (New York: Crossroad, 1981), 13.
27) *The 1988 Guide to New Age Living*과 격월지 *New Age Journal*에 이런 내용이 있다.

2.3. 웨슬리 정신에서의 목회론

[1971] 아우틀러는 목회자 학교에서 자주 강의하는 사람으로서, 웨슬리안 신학적 유산의 재수용에 목사들의 전폭적인 참여를 촉구했다. 이 논문에서 그는 존 웨슬리의 목회 활동에 나타난 효과적인 치유 사역에 대한 새로운 인식을 요구하는데, 웨슬리는 초기 메소디스트 협회들과 속회 모임, 밴드 모임의 활동에서 풍부한 열매를 맺었다. 아우틀러는 '완전한 인간'에 대한 기독론적 진리가 웨슬리의 그리스도인의 성장과 양육에 대한 관점을 어떻게 알려 주는지를 보여준다. 그리고 현대 목회자와 상담자들이 현재의 심리학적 지혜를 활용하도록 독려하지만, '기질과 기술'을 뛰어넘는 인간의 '처지(plight)와 가망(promise)'에 대한 신학적 비전으로 이를 조화시킬 것을 촉구한다.

비록 내가 풍부하지만 무시된 우리 시대의 자원으로서 웨슬리를 따뜻하게 옹호함에도, 오늘날 일반적으로 이해되고 있는 '정신 건강'의 본보기로서 그를 강조하려는 생각은 절대 하지 않을 것이다. 그는 추진력이 강하고 능력이 있었다. 그의 감정은 절제되었고, 상투적이었다. 그는 사랑의 기술이나 심지어 가까운 친구가 되는 방법도 터득하지 못했다. 또 그는 흔치 않게 냉정했지만 사실상 자기 이해가 없었다. 그는 철저하게 권위주의적이었다.

그러니 이런 사람이 현대 목사와 오늘날의 '목회' 개념에 대해 어떤 관심을 가질 수 있을까? "신경증 환자여, 당신 자신이나 치유하라"라는 말이 이런 꼿꼿하고 작은 엄격한 사람을 정리하는 가장 쉬운 방법처럼 보일지도 모른다. 아마도 많은 사람이 우리가 '정신 건강'과 '사회적 타당성'이라고 부르는 것을 찾는 일에서 그의 도움을 많이 받았다는 명백한 사실을 제외하면 그럴 것이다. 부흥 집회에 대한 역사적 기록은 웨슬리의 설교와 그가 인도하는 협회나 밴드에서, 또는 수시로, 그리고 '심한 비난'과 '안심', '엄중한 판단'과 '거짓 없는 수용'이라는 그의 이상한 혼합 속에서, 하나님과 은혜를 발견한 사람들에 대한 기록으로 가득 차 있다. 그는 틀림없는 목사였다. 교인들에 대한 그의 책임감은 (그의 일지나 편지, 그리고 다른 사람들의 많은 증언에서 볼 수 있듯) 보류된 적이 없었다. 그의 목회의 결실로 수많은 사람에게서 정신적 정서적 안정감이 눈에 띄게 증가했다. ㅡ 그것은 기쁨과 인간의 유효성에 대한 증언과 가시적인 증거로 나타났다. ㅡ 이러한 사실은 긍정적으로 평가받을 만하다. 웨슬리의 치료 사역에 풍부한 수확이 있었다는 것을 부인할 필요가 없다. 그러나 그의 개인적인 '카리스마'나 '임상 기술'에 관해서는 간단히 설명할 수 없다.

나는 이런 식으로 이 종합(generalization)을 제기한다. 관련된 자료가 현재 알려진 어떤 이론보다도 기독교 정신요법의 미스터리 속으로 우리를 훨씬 더 깊이 밀어 넣기 때문이다. 나는 말할 것도 없이 지금 제안할 만한 적절한 이론을 가지고 있지 않다. 그러므로 웨슬리의 '비결'(secret)을 설명하는 것이다. 나의 가장 큰 희망은 대담하게도, 권위와 자유의 큰 역설 속에서의 이 구체적인 새로운 실례에 대한 나의 의견이, 당신이 웨슬리를 이해하는 데서든, 아니면 당신 자신의 자기 이해에서든 (또는 둘 모두에서든) 당신에게서 더 깊은 통찰력을 불러일으키는 것이다.

우선 분명한 점은, 모든 의미 있는 인간 경험에서 매우 중요한 성장과 양육에 대한 웨슬리의 깊은 직관적 인식과 양육이다. 사람은 태어나서 성장하고 발전한다. 성장은 인생에서 가장 결정적인 '징후'다. 미숙하거나 일탈한 성장은 인간을 망치는 것이다. 따라서 웨슬리는 사람들에게 성장을 끊임없이 권한다. 즉, 모든 인간의 잠재력을 향해 가고 있는 곳이라면 어디서나 성장해 나가라는 것이다. 이는 그가 '그리스도인의 완전'으로 뜻한 것과 '이 땅의 삶'에서 그것을 추구하고 기대할 수 있다고 주장한 이유 중 일부임이 분명하다. 하지만 그는 인간의 성장과 양육은 자동적이거나 자율적인 것이 아님을 분명하게 확신했다. 웨슬리에 따르면, 완전한 인간이 되기 위해서는 기독교적 양육(교육, 사회화, 일련의 '개종')이 필요하다. 양육은 사회적 과정이다. 웨슬리의 어린 시절은 그에게 인간은 혼자 사는 피조물이 아니라는 것을 가르쳐 주었다. 사람은 보살핌을 받아야 하며, 이런 보살핌은 개인적이고 애정이 있어야 하지만, 사회 경험이라는 넓은 전망에 열려 있어야 한다. 이것은 작은 집단이 개인적이며 대인적인 성숙을 위해서는 자연스러운 최적의 환경이라는 것을 의미한다. 즉, 처음에는 가족 그리고 그다음에는 자발적인 교제와 참여의 확장된 영역인 개방적인 집단이 거기에 속한다.

우리는 이미 웨슬리의 '협회'들이 18세기 다른 부흥운동보다 더 잘 진행되었다는 점을 지적했다. 이는 그 구성원들의 기독교적 양육을 위한 그들의 독특한 규정이 있었기 때문이다. 그리고 바로 이런 작은 집단의 훈육과 양육의 유형이 웨슬리 목회의 중요한 수단이 되었다. 그는 메소디스트라고 불리는 사람들의 수석목사가 되는 것을 자랑스러워했다. 그러나 그는 결코 그들의 단독 목회자는 아니었다. 그의 총체적이고 부지런한 감독 아래 있는 지역 그룹과 지도자들의 확대된 연결망('연합')을 통해 목회의 책무를 발견하고 위임하는 것이 그의 진짜 역할이었다. 그렇게 해서 그는 자신의 목회적 영향력을 매우 특별한 방법으로 증식하고 분산할 수 있었다.

1738년 이후, 그는 적어도 진정한 기독교의 경험은 '회심'에서 시작된다고 확신했다. 그가 의미한 회심은, 믿음과 죄 용서 받음에 대한 내적 확신이 신자에게 신뢰와 희망의 새로운 경계로 주어지는 결정적인 도덕적 정신적 사건(또는 일련의 사건)이다. 회심은 일반적으로 점진적인 앞선 과정이 있을 수 있지만, 사건 자체는 단번에 일어나는 것이며 정점이 있다. 웨슬리와 부쉬넬(Bushnell)은 서로를 이해했을 것이다. 만약 부쉬넬이 믿음은 배우고 이해하는 것 둘 모두이며, 어느 경우든 진정한 결정, 진정한 변화, 그리스도인의 생활에서의 진정한 결과를 지향하는 것이라고 인정했다면 말이다.

그러므로 회심은 복음 전도의 주요 목표다. 그러나 웨슬리는 똑같이 강조했다. "양육이 없는 개종자는 사산한 아기와 같다." 그는 그 일격을 따라가서, "당신이 양육할 수 없는 영혼들을 그에게서 재빨리 구출해 냄으로써 결코 마귀에게 기회를 주지 말라"고 말했다. 그래서 자연스러운 회심의 후속조치는 '속회'나 '밴드'에 참여케 하는 것이었다.

17세기 후반과 18세기 전반의 영국 종교 단체들의 역사는 기독교의 영혼 치료라는 더 큰 역사에서 매우 흥미진진하다. 이 단체들은 스튜어트(Stuart)가의 몰락의 여파로 생겨났고, 그 주된 목적은 영국 교회에서 발견한 것보다 더 많은 신앙을 추구하는 사람들을 격려하고 도와주는 것이었다. 그것은 독일의 루터교 교인들이 부른 것 같은 '큰 교회 안에 있는 작은 교회'(ecclesiolae in ecclesia)가 아니었다. 여기 속한 회원들은 보통 기성 교회와 교회의 사제직을 높이 존중했다. 그러므로 이들은 교회의 경쟁자나 교회의 성례전을 반대하는 사람들이 아니었다. 오히려 그들은 명목상의 기독교의 전형적인 무관심을 넘어 신앙과 은총을 드러내는 보충적인 경험을 말했다.

이러한 단체들(socieities)의 주요 의제는 '기도와 헌신'—즉 독서, 간증, 질의 등에 전념하는 것이이었다. 그러나 이들은 또한 사람들에게 다른 이들의 열린 마음에 응답해 그들 자신의 마음을 열도록 장려했다.

젊은 찰스 웨슬리와 조지 휫필드가 옥스퍼드에서 신성클럽을 만들었을 때, 그들은 마침 옥스퍼드에서 충분한 선례를 가지고 있었다. 그리고 이후에 존 웨슬리가 미국의 서배너(Savannah) 교구민들을 영적 밴드로 조직하려 했을 때, 그는 영국에 있는 종교 협회의 형태를 모라비안들의 것과 결합하고 있었다. 영국으로 돌아온 그는 '올더스게이트' 체험 3주 전에, 피터 뵐러와 함께 페터 레인(Fetter Lane)에서 협회를 설립했다. 그리고 그다음 11월에 제임스 허튼(James Hutton)에게 후자의 '밴드'의 몇몇 문제에 대해 편지를 썼다. 우연히도 이 편지에서 웨슬리의 요점은, 그룹의 원동력의 비결은 모든 회원으로 하여금 다른 회원에 대해 책임을 느끼고 또 갖게 하는 데 있다는 것이었다. 허튼은 공식적인 '훈계자'(reprover)로서의 역할을 할 수 있도록 (모라비안 식으로) 각 밴드에 특별한 '반장'(monitor)을 둘 것을 주장하고 있었다. 웨슬리는 모든 그리스도인에게 있는 의무를 밴드의 어느 한 사람에게 그렇게 위탁하는 일에 대해 반대했다.

이러한 초기 협회에서의 경험에서 사람들은 다소 편안함과 아늑함을 느꼈다. 그들은 이를 확장하거나 몇 개로 나누어 분리하고자 하지 않았다. 하지만 웨슬리의 부흥운동이 마침내 시작되자 그가 처한 새로운 환경은 그 오래된 유형을 거의 즉시 쓸모없게 만들었다. 수적인 증가로 인해 많은 영혼을 보살피는 새로운 방법이 즉흥적으로 만들어져야만 했다.

여기서 웨슬리의 심리학적 천재성이 인상적으로 나타난다. 웨슬리는 과거 협회의 역할에 세 가지 새로운 기능을 추가한다. 즉, (1) 운영비용과 가난한 사람을 위해 매주 모금하는 일, (2) 성경과 신학 문서를 조직적으로 연구하며 해석하는 일, (3) 조직적으로 상호 질문하는 일이 그것이다. 1744년에 공식화한 '밴드 규칙'에서 이러한 특색을 볼 수 있다.

> 우리 모임의 목적은, "너희 죄를 서로 고백하며 병이 낫기를 위하여 서로 기도하라"(약 5:16)는 하나님의 명령을 순종하는 것이다.
>
> 이 목적을 위해 우리는 다음과 같이 하고자 한다.
>
> 1. 최소한 일주일에 한 번은 만난다.
> 2. 어떤 특별한 이유 없이 정해진 시각에 정확히 모인다.
> 3. **(그곳에 모인 사람들은)** 정확히 그 시간에 노래나 기도로 시작한다.
> 4. 우리 각자는 순서대로 자유롭고 분명하게 우리 영혼의 참된 상태, 즉 우리가 생각이나 언행에서 범한 결점과 지난 만남 이후에 경험한 유혹에 대해 말한다.
> 5. 모든 모임은 그곳에 모인 각자의 상태에 맞는 기도로 끝낸다.
> 6. 우리 중 누군가가 먼저 자신의 상태를 말하도록 부탁하고, 그다음 나머지 사람들에게 순서대로 그의 상태와 죄와 유혹에 관해 살펴보는 질문을 가능한 한 많이 하도록 요청한다.
>
> 이것이 효과를 얻기 위해 모든 사람에게 우리 가운데 입회하기 전에 다음과 같은 질문을 할 수 있다.
>
> 1. 당신은 죄를 용서받았습니까?
> 2. 당신은 우리 주 예수 그리스도를 통해 하나님과의 평화를 누리십니까?

3. 당신이 하나님의 자녀라는 것을 하나님의 영이 당신의 영과 더불어 증거하고 있습니까?
4. 하나님의 사랑이 당신의 마음에 있습니까?
5. 당신을 지배하고 있는 내적 외적 죄는 없습니까?
6. 당신은 우리가 당신의 잘못에 대해 말해 주기를 원합니까?
7. 당신은 우리가 당신의 모든 잘못을 솔직하고 통렬하게 말해 주기를 원합니까?
8. 당신은 우리 각자가 때때로 당신의 마음속에 있는 당신에 관한 무엇이든 다 말해 주기를 원합니까?
9. 깊이 생각해 보십시오! 당신에 관해 우리가 생각하는 것, 염려하는 것, 듣는 것을 말해 주기를 원합니까?
10. 그렇게 하려면 우리가 가능한 한 가까이 다가가, 속히 속력을 내어, 당신의 마음을 밑바닥까지 파헤쳐야 합니다. 이것을 원합니까?
11. 이런 경우든 다른 모든 경우든, 예외나 숨김이나 거리낌 없이 마음에 있는 모든 것을 말하는 것이 당신이 원하며 바라는 것입니까?

앞의 질문들 중 어느 것이나 기회가 주어질 때마다, 얼마든지 질문할 수 있다: 그리고 다음 다섯 개의 질문은 매 집회에서 행한다.

1. 지난번 만남 이후 어떤 죄를 지었습니까?
2. 어떤 유혹을 만났습니까?
3. 어떻게 벗어났습니까?
4. 그것이 죄인지 아닌지 의심하거나, 말하거나, 행동해 보았습니까?
5. 비밀로 간직하고 싶은 것은 아무것도 없습니까?(JWO 180-81)

매년 한 번씩 웨슬리는 각 장소에 있는 밴드 회원들을 만나곤 했다. 그리고 가끔 비협조적이거나 비활동적인 회원을 가려냈다. 그러나 그 과정의 건설적인 정신은, 평범한 사람들이 자신과 다른 사람들을 위해 의미 있는 일을 함으로써 중요한 공헌을 하게 한 것이었다. 밴드와 속회의 지도자들은 그 그룹에서, 그리고 그 그룹에 의해 선택되었다. 예배당 밖의 거리에서는 일면식도 없고 가치도 없는 사람들이 존경과 존엄, 그리고 하나님의 새로운 비전과 인간의 가능성을 발견한 곳이 이 밴드와 속회였다.

여기서 영혼의 치유에 대한 웨슬리의 관점의 핵심이 드러난다. 즉, 인간 본성과 기본적인 인간관계, 즉 하나님과 이웃과 자아와의 관계에 대한 개념이 나타나는 것이다. 또 여기서도 웨슬리의 은총의 본질에 대한 개념과, '은혜 안에서의 성장' 곧 사람이 자신을 진정한 인간으로 인식하게 되고 완전한 인간이 되기를 바라는 희망을 갖게 되는 성장 과정에 대한 개념이 드러난다. 그가 크게 공헌했다고 규정되는 상담이나 그룹 과정 관리에서 웨슬리의 특별한 기술은 부족했다. 메소디스트의 열성과 독단적인 태도의 과도한 긴장을 보완하고 변화를 가져오게 한 것은, 오히려 인간의 가능성에 대한 그의 특별한 비전이었다.

이 비전을 파악하려면, '신앙으로 듣는다'(hearing of faith) 즉 실제 회심의 순간에 듣는다고 한 바울의 말을, 웨슬리가 어떻게 이해했는지를 알아 봐야 한다. 마침내 마음으로 복음의 좋은 소식을 들은 사람들, 즉 정말로 그것을 들은 사람들은, 그 '순간'까지 죄책감이나 권태감 혹은 공허한 안일함으로 절망한 사람들이었다. 그들은 웨슬리가 말한 대로 '죽은' 것이다. (그들의 종교적 신념이 비록 정통적이고 준수하더라도 죽은 것이다). 기껏해야 그들은 '거의 그리스도인'(Almost Christian)이었던 것이다. 죄의 본질은, 아무리 경험해 봐도, 하나님으로부터의 소외였다. 즉, 하나님의 진노나 자비, 부재에 대한 거짓된 인식이었다. 이는 죄악의 쓰라린 열매이며, 그것의 파멸시키는 힘의 근원이다. 죄 많은 인류는 스스로를 구원할 수 있다고 상상한다(즉, 스스로 속고 있는 것이다). 죄의 죽음에서 신앙의 삶으로 옮겨지는 것은 하나님의 사랑과 보살핌, 용서, 은총을 기적적으로 발견함으로써, 즉 하나님의 사랑을 받아들이고 기대하는 기적적인 발견에 의해 가능해진다. 그리스도 안에서 새로워진 사람들은 이제 자신을 하나님의 자녀로 알게 되고, 이것이 진정한 인간 곧 하나님의 형상, 특별한 피조물, 하나님의 프로젝트, 하나님의 은혜에 의해 인정되고 유지되고 있는 사람(개인)임을 깨닫는다. 인간의 자아는 어떤 물건이 아니다. 동물의 가죽 안에 있는 인간(homunculus)이다. 인간은 하나님에 의해 영감을 받고 유지되는 독특한 신비다. 우리는 평생 매 순간 하나님에 의해 창조되고, 창조물로 유지된다. 그리고 이는 우리가 반항하며 살아가든 확신 속에서 살아가든 마찬가지다. 어떤 경우든 우리는 하나님의 섭리 안에 있다. 존재의 다른 근거나 목적은 없다.

인간의 *자아*(self-hood)에 대한 기독교적인 관점의 스펙트럼은 넓고 다양하다. 각각의 관점은 성장과 성취의 역학에 대한 자신들의 이론을 만들어 내고 있다. 웨슬리는 영국 국교회와 옥스퍼드 명목론자들을 거쳐 기독교 인류학의 중요한 흐름에 대한 슬로건으로 사용되었던 후기 교부들의 전통을 이어받았다: "진실로 최선을 다해 사는 자, 하나님은 그에게 은혜 베푸시기를 거부하지 않으실 것이다"(*facientis quod in se est, Deus non denegat gratiam*), 이것이 그 슬로건이었다. 루터와 칼빈에 의해 사실상 펠라기안이라고 비난받은 이 견해는 펠라기우스와는 크게 다르고, (루터처럼) 자아를 구제 불능의 탐욕적인 인간으로 보거나, (칼빈처럼) 본질적으로 우상을 숭배하는 인간으로 보는 종교개혁의 인류학과도 다르다.

기독교의 신인협동설에 대한 웨슬리안의 관점은, 처음부터 끝까지 하나님 곧 하나님의 주권과 주도권, 그리고 제한받지 않는 자유를 전제한다. 그러나 인간의 창조는 하나님의 특별하고 특정한 일이라고 이해한다. 창조된 인간에게는 인간 자체의 정체성, 자유, 초월적 지향성이 있다. 그것은 심지어 죄로 부패하고 변질된 경우에도 취소되지 않고, 취소될 수 없다.

그러므로 인간이 진정으로 '최고'인 것은, 바로 하나님이 하신 일이며, 그런 의미에서 도덕적으로 의미가 있다. 그리고 누구든 자신을 창조한 그 고결한 지도에 따라 살고 행동하는 사람에게는 하나님의 은총의 유지와 제재가 있다. 이것은 하나님께서 앞서 행하신다는 것을 의미한다. (비록 하나님이 하시는 일이지만) 하나님은 무슨 일이 있어도 우리를 사랑하실 뿐 아니라, 하나님의 은총은 모든 일에서 우리를 돌보신다. 즉, 우리가 태아로 탄생할 때부터 모든 운명의 마지막 클라이맥스까지, 우리의 건강과 성장과 자기 성취의 열린 가능성을 창조하고 유지하며, 결코 인격이나 도덕적 행동을 그저 임의로 결정하도록 강요하지 않음으로 돌보시는 것이다. 우리는 단지 우리가 무엇을 원하고 선택하는 것이 아니다(이는 실존주의자들의 기본적인 오류다). 하나님의 (선행적이며, 협력하고, 포용하시는) 은혜의 분위기와 선택 안에서 무언가를 원하고 선택하게 되는 것이다. 우리는 스스로를 구원할 수 없다. 인간의 힘으로 할 수 있는 것은, 어김없이 필연적으로 비극적이며 불완전하다. 세속주의는 완전한 인간이 되고자 하는 인간의 희망에 대한 마지막 배신이다. 그리고 믿음과 은혜를 떠나서는 삶이 무의미하다는 것은 엄격한 사실이다.

이러한 의미에서, 우리는 이전의 공로나 자격이 아니라 그저 믿음만으로 의롭다 함을 받는다(그리고 그리스도인의 성숙으로 나아가게 된다). 웨슬리는 믿음에 대한 인식 이전에 또는 그것을 떠나서, 자기 지식과 자기 수용의 모든 가능성을 배제한다. 하나님이 우리를 그렇게 만들고, 그렇게 유지시켜 주셨기 때문에 우리가 그렇다는 믿음이, 은총의 다면적 행동 즉 선행적 은혜, 의롭게 하는 은혜, 성결케 하는 은혜에 의해 (하나님에 의해 창조되고, 재창조됨으로) 우리의 '완전'이 가능하도록 만든다.

우리가 이런 관점에서 우리 자신을 보면, 그것은 우리의 자기 평가와 동료 인간에 협력하는 태도에 결정적인 차이를 만든다. 우리의 자기혐오가 줄어든다(하나님이 사랑하신다는 것을 아는데 우리가 경멸할 수 있는가?). 그러면 그들도 그리스도가 위해서 죽으신 사람들이기 때문에 다른 사람들에 대한 혐오나 시기심, 잘못된 인식도 고쳐진다. 사람이 세속적인 자신감과 희망이라는 반대쪽으로: 즉 인간의 잠재력은 어떻게든 선천적으로 있는 것이고, 따라서 그 자체는 영원하다는 가설로, 방향을 바꾸는 것을 방지한다.

그렇다면 여기에는 하나의 역설이 있다. 즉, 하나님에 대한 우리의 근본적인 의존 (즉 '생명과 호흡과 모든 것', 그리고 개인의 정체성까지도) 의존함과, 그러나 다른 한편으로 우리의 의미 있는 독립, 도덕적 자유와 행위를 주장하는 사이의 역설이다. 이 두 가지의 변증법적 통찰은 인간의 호기심(알고자 하는 제한 없는 욕구), 자유(열린 미래에 대한 갈망), 사랑(자아, 하나님, 인간의 환경과의 조화에 대한 필요)이라는 초월적 도달 거리에 대한 인간의 특정한 경험을 갖게 한다. 믿음의 사람들은 자신이 하나님으로부터 그리고 하나님을 위해 매 순간 존재한다는 것을 깨닫고, 이 의존적인 관계 안에 기꺼이 존재하려 한다(이것은 '신앙'을 정의하는 하나의 방법이다). 그러나 그들은 또한 자신이 인간의 질서, 곧 진리에 의해 규범화된 이성, 정의에 의해 규범화된 자유, 공동체에 의해 규범화된 사랑의 관점에서, 확실히 책임감 있게 행동하도록 창조되었다는 것을 깨달아야 한다. 이것이 기독교인들의 진정한 자유이자 기쁨이며 축복이다. 그리고 이것이 사람이 '온전한 인간'(곧 이 세상에서 사랑으로 완전한 인간)이 된다는 것을 의미하거나, 의미할 수 있다.

웨슬리는 사람들에게 이런 관점, 곧 죄와 은혜와 인간의 완전에 대한 특별한 시각으로 스스로를 이해하도록 가르침으로써, 자신의 권위주의와 규정-윤리에 의해 길러진 의존적 양식의 엄격함에서 그들을 해방시켜 준 것을 그들 스스로 이해하도록 도왔다. 사람들이 웨슬리의 추종자들이 그에게 보인 반응에서 반복적으로 충격을 받는 것은, 그들에게 전형적으로 봉사활동이 부재하다는 것과 그들의 아첨이다. 어쨌든 그는 그들에게 자유를 누릴 수 있는 여지를 주었고, 그들이 자유와 지성, 자제력을 책임감 있게 사용하는 것을 그들과 함께 기뻐했다. 그리고 이것이 오늘날 우리가 듣는 대부분의 공식보다 더 '정신 건강'과 '자기 인증'의 본질에 가깝다고 생각할 수도 있다.

(전후의 다른 대부분의 경건한 자들과 그를 첨예하게 구분 짓는) 강렬하고 상징적인 '나와 당신'(I-thou)의 관계를 웨슬리가 중시하지 않았다는 이상한 사실에 의해 이 모든 것이 어느 정도 밝혀진다. 사실 그는 더 넓은 그룹 환경이나, 무엇보다도 각각의 인간인 '나'와 '당신' 사이에 존재하는 초월적 참여자로서의 하나님과의 삼중(triadic) 관계에서 사용된 것을 제외하고는, 양자 관계를 신뢰하지 않았다. 전형적인 '나와 당신'의 유대는 사람들 간의 상승 의존 관계를 형성하기 때문이라는 것이 그 이유였다. 모두 이상적인 목표가 있음에도, 상대 중 하나는 지배하거나 지배당하고, 흡수하거나 흡수되며, 너무 많이 의지하거나 의지함을 당하게 된다. 그래서 웨슬리는 생각 없이 기계적으로 따르는 제자가 되지 않도록 하는 데 대부분의 독재자보다 더 많은 주의를 기울였다. 언제나 그의 강조점은 모든 인간 교사와 모든 제자를 초월하고 심판하는 하나님의 진리와 은혜와의 수직적인 관련성에 있다. 전반적으로 그리스도의 주권에 대한 이러한 호소를 통해

그는 동료 제자들 안에서의 진정한 동등함을 격려할 수 있었다.

심리 치료와 특히 목회에서 (임상 이론과 기법에 상대적인 능력이 있어야 하는) 가장 까다로운 문제는, 소위 '전환'과 '반전환'이라고 부르는 것을 다루는 것이다. 즉, 치료사 또는 환자에 대한 과도한 애착이나 저항의 형태다. 영혼의 치유에 관한 가장 양면적인 질문 중 하나는 (목사나 교인 중) 누구의 영혼이 치유되는 것인가 하는 것이다. 그리고 종종 그 대답은 너무나 모호해, 몇몇 목사들이 자신들의 양 떼의 대다수는 그들 스스로 꾸려 가도록 방치한 채, 일부와는 불균형하게 시간을 사용하는 열정에 대해 합리적인 의심을 제기하게 한다.

하나님 안에서의 인간 존엄성을 증진시킨다는 웨슬리의 이론을 발견할 수 있는 곳은 그의 편지나 저널 등이다. 그는 결코 그럴듯한 말로 구슬리거나 실없는 말을 늘어놓지 않으며, 좀처럼 친밀감 있지 않다. 오히려 명령하고, 지시하고, 책망하고, 논쟁하고, 호소한다. 항상 그는 독자들이 자신보다 더 높은 권위, 즉 성경과 그에 대한 이성적인 해석, 기도와 양심, 하나님과 그리스도 안에서의 하나님의 계시에 주목하게 한다. 그리고 항상 독자 각자가 자유와 책임에 대한 더 깊은 경험을 하도록 이끈다. 자발적 원칙에 대한 한결같은 이러한 존경은, 심지어 자신의 권위와 관계될 때도 제자들을 하나님 앞에서 자유하게 하려는 그의 관심사를 확고히 했다.

그러나 하나님께 속한 하나님의 의는 인간의 마음과 공동체를 통치한다! 웨슬리가 가장 극명하게 혐오한 것은, 파렴치한 죄 자체를 제외하고는, 율법무용론이었다. 이는 개개인이 자신에게 법이 될 때, 즉 자기 자신이 자율성을 가지고 있고 선천적으로 선하다고 해석할 때, 그들은 이미 하나님의 자녀라는 자신의 실존의 측면을 훼손했고, (하나님과의 관계에서만 존재하는) 진정한 인간성을 훼손하기 시작했다는 확신 때문이었다.

하지만 웨슬리는 또한 매우 분명한 이 세상의 사람이었다. 그는 달콤한 작별 인사를 당연하게 여긴다. 그는 지구의 불평등을 궁극적으로 시정하기 위해 아주 관습적으로 그것에 의존한다. 그러나 그는 결코 그것에 연연하지 않으며, 내세가 결코 여기 아래에 있는 기독교인들의 무능함에 대한 구실로 제시되어서는 안 된다는 것을 분명히 한다. 따라서 그는 영혼의 치유와 기독교인의 관습, 즉 정신 건강과 사회적 안정 및 자기 소유의 상관관계로 옮겨갔다. 이것은 주로 옷과 청결함, 근면함과 검소, 기술에 대한 자만심과 책무에 관한 그의 무례한 충고에서 나온 것이다. 그는 헤프고 낭비적인 소비, 태만함, 경솔함 등 이 모든 거짓되고 나쁜 믿음과 부자유함을 반복해서 지적했다. 그는 유행을 혐오했는데, 이는 부분적으로 낭비이기도 하지만, 그 노예가 되면 자유롭지 못하기 때문이다. 옷은 편안함과 품위를 위한 것이지, 장식과 전시를 위한 것이 아니다. 음식은 영양을 위한 것이지, 폭식을 위한 것이 아니다. 이것이 웨슬리의 절제의 교리였는데, 그것은 결코 교리적인 극단으로 확장되지는 않았다. 그는 자신에게 처벌을 가하는 것을 옹호하지 않았고, 초라하고 엉성하며 (그 자신은 긴 머리를 깨끗이 하고 있었지만) 수염이 많은 사람의 무리를 지지하지 않았다. 그가 주장하는 요점은 한결같이, 그리스도인의 생활은 이 세상에서 신자로서의 증언과 봉사를 위한 그들의 헌신을 뒷받침해야 한다는 것이었다.

웨슬리가 목사로서 한 일 중 오늘날의 세상에서 사용하는 목회학적 언어나 관례로 그대로 옮길 수 있는 것이 많지 않음을 나는 잘 알고 있다. 한 가지 예로, 권위와 지도자의 임무의 유형에 대한 인식이 18세기 이후 모두 바뀌었다. 또 가치관과 도덕적 판단의 모든 고대 관념이 마치 제 역할을 포기한 것처럼 새롭게 의문시되었다. 심리학과 개성(personality)에 대한 지배적인 견해도 바뀌었다. 이 세대의 로저(Roger), 매슬로우(Maslow), 글래서(Glasser)를 따르는 사람들은 존 웨슬리를 많이 읽지 않았다. 비록 읽어 보도록 권유받았더라도 그에게서 호감을 느끼지 못했을 것이다. 그룹 역학에 대한 이론과 실천은 웨슬리 시대 이후 새로운 방향을 취했다. 그 중 일부는 생산적이었고, 일부는 다소 어리석었다.

그러므로 사람들에게 단지 웨슬리의 방법을 모방하라고 추천하는 것은 의미가 없을 것이다. 하지만 그 문제에 대해, 현재 목회 심리학과 목회에서 이야기되고 있는 많은 부분을 추천할 준비가 되어 있지 않다. 이 분야들이 난해한 복잡성으로 계속 나아가고 있는 인간과학(인류학, 생물학, 개성에 대한 이론 등)에서의 혁명에 뒤떨어져 있기 때문이다.

그럼에도 나는, '겨우' 인간에서 '진정한' 인간, '완전한' 인간으로 가는 인간의 놀라운 여정에 대한 웨슬리의 견해의 기본적인 내용은, 모든 가능한 선택 중 가장 귀중한 것임을 그 어느 때보다 더 확신한다. 인간의 근본적인 악에 대한 교리와, 그 존재의 근거와 관계된 사실상의 수동성을 비교함으로써, 여기에는 완전한 인간성을 긍정하고 증진시키는 하나의 인류학이 존재하게 된다. 모든 지나치게 단순화한 판단으로 비교하면(즉, 벌거벗은 원숭이든, '컴퓨터맨'이든, 무엇이든), 여기에는 매우 진지하게 자기 초월성을 인정하고 기독교 신앙과 신뢰를 건강한 인간의 삶에 대한 가장 자연스러운 표현으로 보는 인간의 의제가 있다. 만약 우리가 인간을 경시하는 하나님의 찬사와 하나님을 멀리하는 인간의 찬사 사이에서 그 길을 찾으려 한다면, 그것은 웨슬리가 발명하지는 않았지만 여전히 중요한 방식으로 발전하는 데 도움을 주고 있는 일종의 신인협동설에 있을 것이다.

당신은 안수 받을 때, 또는 다른 사람이 하는 말을 들을 때, 주교가 '그리스도 교회의 장로'인 우리에게 한 독특한 말을 기억하는가?

> 당신은 주님의 메시저와 파수꾼과 청지기가 되어, 주님의 가족을 가르치고 훈계하며, 주님의 가족을 먹여 살려야 한다. 또 흩어져 있는 그리스도의 양과 이 악한 세상의 한가운데 있는 그의 자녀들을 구해야 한다. … 그리고 만약 교회나 그 구성원 중 누구라도 당신의 태만함 때문에 상처나 방해를 받는 일이 일어난다면, 이는 정말 큰 과실이다. 그러므로 당신에게 맡겨진 모든 일을 다 마칠 때까지 당신의 의무에 따라, 당신의 돌봄에 맡겨진 모든 사람이 그리스도 안에서의 완전을 얻게 하기 위해 노동과 보살핌과 부단한 노력을 결코 멈추지 않아야 한다.

[웨슬리는 1728년 9월 22일 존 포터(John Potter) 주교에게 사제 서품을 받았을 때 우연히 그에게서 매우 비슷한 말을 들었다.]

지금 이 엘리자베스 시대의 표현은 분명히 우리 시대 및 영혼의 보살핌과 치료에 대한 현재 이론에 어울리는 말로 비신화화(demythologized)되고, 다시-신화화(remythologized) 되어야 한다. 그러나 만약 우리가 다시 고안한 것이 하나님 안에서의 인간에 대한 동등한 비전, 즉 그리스도를 우리 인류의 완전한 실체에 대한 하나님의 길잡이(clue)로서 비교적 충실하게 이해하는 것과, 단지 개인적인 경험이나 집단 경험에서만이 아니라 특히 역동적인 집단에서의 하나님의 현존에 대한 생생한 강조 등을 포함하지 못한다면, 우리의 목회 양식에는 적격일지 모르지만, 여전히 쓸모없는 것이 될 것이다. 자유를 향한 열정에서, 하나님의 창조물로서 우리 존재 안에 있는 우리의 자유를 내려놓고 제한하지 못한다면, 우리는 우리가 제공할 수 없는 것을 열망하는 우리 자신을 발견하게 될 것이다. 만일 우리가 모든 사람을 위한 존엄과 세상을 위한 평화를 갈망함에서, 각 개인을 하나님의 선물과 은총에 뿌리내린 그들의 참된 가치를 인정하도록 부르지 못한다면, 우리는 자기정당화와 같은 모든 종류의 부서지기 쉬운 합리화로 자신의 존엄성을 독선적으로 강력하게 주장하는 우리 자신을 발견하게 될 것이다.

    기독교의 영혼 치료에서, 은혜로운 인간관계의 요령과 기술에 관한 모든 인간의 지혜가 주는 도움은 절대적으로 필요하다. 인문과학이 제공할 수 있는 최고의 능력을 갖추지 못한 목회 상담자는 소명에 대한 큰 수치가 된다. 하지만 심리학 이론의 모든 변화와 기회에서 한 가지 필요한 것은, 인간의 곤경과 장래성에 대한 진정한 비전이다. 이는 그리스도에게서 드러났고, 말씀과 성례전과 그리스도인의 동료 의식이 있는 공동체에서 살고 있다.

    자유를 사랑하는 자아존중과, 자유를 제공함으로써 보여주는 다른 사람에 대한 존중의 맥락에서 이러한 비전을 고려해 보면, 우리가 웨슬리의 사례에서 알아차린 것처럼 기질과 기교에서 치명적이진 않을지라도 몇 가지 결함이 있다. 그러한 비전이 없다면, 세상에서 가장 평등한 기질이나 최고의 기술도 하나님에 의해 둘러싸인 인간의 신비를 엿보기 위해 개인의 존재를 그 이상으로 끌어올리기에 충분치 않을 것이다. 만약 여러분이 다른 사람들을 위해 이런 일을 할 수 없다면, 여러분은 목사나 상담자의 직무에서 무엇을 하고 있는 것인가?

    은혜의 말씀이 심리적 장치나 모든 문제의 해결책은 아니다. 종교적으로 위선적인 말은 (늘 그런 것은 아니지만, 전통적인 종교적 언어의 적절성이 희미해짐으로 인해) 종종 정신 질환과 정서적 교란을 강화하는 작용을 한다. 복음이 암에 대해 특효성이 없는 것과 같이, 정신분열증에 특효성이 있는 것은 아니다. 그러나 중요한 것은, 좋든 나쁘든 모든 사람은 자신이 누구고 어떻게 존재하게 되었으며, 무엇을 하고자 하며, 자신의 진짜 운명이 어디를 향하고 있는지에 대한 자신의 관념에 의해 살고 있다는 것이다. 여기서 적어도 기독교 목회자들은 그들의 다른 모든 봉사를 확장하고 초월하는 무언가를 줄 수 있다. 그리고 그러한 사역에서 웨슬리안의 관점은 200년 전처럼 오늘과 내일에도 적절하다.

우리가 조금 전에 언급했던 예배규정서(ordinal)에 관해 말한다면, 나는 종종 그 규정서의 폐회기도(closing collect)를 나의 일상 기도 중 더 의미 있는 것으로 생각한다. 알다시피 크랜머는 겔라시우스 예전서(Gelasian Sacramentary)에서 그것을 빌려와 여기에 제멋대로 삽입해 넣었다. 이는 매우 드물게 눈에 띄거나 사용되고 있다. 그러나 그것은 웨슬리안 정신에서의 우리의 목회를 평가하는 노력에 대한 적절한 결론이 될 것이다.

> 주님, 우리가 하는 모든 것에서 당신의 은혜로운 사랑으로 우리를 선도해 주시고, 당신의 지속적인 도움으로 우리를 성장시켜 주셔서, 우리가 하는 모든 일이 당신 안에서 시작되고, 계속되며, 끝남으로 우리가 당신의 거룩한 이름을 영광스럽게 하며, 마침내 당신의 자비로 영원한 생명을 얻게 해주시기를 우리 주 예수 그리스도의 이름으로 기도합니다. 아멘.

2.4. 메소디즘의 신학적 유산: 연구 전망

[1969] 다른 기독교인들과 공유하는 신앙 안에서 메소디즘의 독특한 강조점을 찾기 위해 아우틀러는 웨슬리의 신인협동설, 곧 하나님의 주권에 대한 복음주의의 강조와 인간의 기능에 대한 가톨릭의 주장의 독특한 조합에 초점을 맞추고 있다. 아우틀러는 이 신인협동설을 동방과 서방, 고대와 현대에서의 기독교 사상의 전 발전과 연관시키면서, 웨슬리의 독특한 교리적 역할을 제시할 수 있었다. 그는 후기 메소디즘은, 아르미니안이라는 딱지가 붙은 그릇된 역사로 쓰러지고, 영국 교회의 유산을 망각함으로 그들의 신학적 자기 이해를 잃었다고 주장한다. 이것이 하나님-인간 간의 역설에 대한 본래의 웨슬리안 견해와 대립되는 교리적 방식과 신학적 인류학의 절충적인 차용물이 되었다.

혁명 시대에도 과거는 여전히 미래의 서막이다. 더욱이 그 미래에 대한 우리의 자유는, 우리의 전통과 공동 경험에 비추어 볼 때 적어도 부분적으로는 우리의 현재 자기 이해에 달려 있다. 이는 이러한 것들이 우리의 관점을 통제하기 때문이다. 메소디즘과 같은 역사적 실체의 경우, 어떤 현실적인 전망은 신중한 회고를 요구한다. 즉, 그 회고는 우리가 다른 모든 기독교인과 공유하고 있는 신학적 과거에 대한 개관적 견해와 만약 우리가 우리 자신의 것이라고 부를 수 있는 것이 있다면 그 독특한 주장에 대한 것이다.

그러한 논문의 관점에서 보면, 메소디스트의 에큐메니스트는 매우 신중히 행동했다. 오른편의 메소디스트는 그들 자신의 교리를 가지고 있다고 주장하며, 그 특징을 죽음으로 방어할 일종의 권리와 의무를 가지고 교단의 승리를 바라는 무리다. 그러한 주장은 사실의 측면에서나 에큐메니컬 원리에서나 둘 다 틀린 것이다. 하지만 바로 왼편은 교리적인 무관심의 희미한 늪이다. 즉, 이들은 메소디스트는 전체 교회에 기여할 만한 독특한 교리가 없으며, 자신들의 모든 관심사는 실용적이고, 선교적이며, 사회적이라는 시야가 좁은 주장을 하는 자들이다. 이 역시 사실상, 그리고 우리가 참여하고 있는 에큐메니컬 운동의 원리에서도 잘못된 일이다. 당신은 교리보다 선교의 우위성을 열심히 말할지 모르나(내가 보기에 그것은 전적으로 무의미하다), 여전히 기독교의 사명은 선교인 것이 사실이다. 그리고 선교에 대한 평가는 선교 자체가 아니라, 들음으로 믿음이 생기게 하는 일에서 해야 한다(참조. 롬 10:17). 만일 내가 보여주고 싶은 대로, 메소디스트가 '믿음으로 듣는 일'에 들어가는 것에 대한 독특한 이해를 가지고 있거나, 가지고 있었다는 것이 사실이라면, 우리의 사명에 대한 특별한 이해가 기독교 선교에 대한 이해에 영향을 미칠 것이다. 그리고 내가 30년 동안 주장해 온 것처럼, (세상이 믿을 수 있도록) 그리스도인들의 좀 더 중요하고 전 교회의 공동체에서 그 교파적으로만 사는 방식을 잃는 것이 메소디즘의 명백한 숙명임이 사실이라면, 그리고 우리가 우리의 '죽음'을 진정으로 의미 있게 만들 수 있다면, 그것은 매우 중요한 일일 것이다: 이는 더 큰 연합에 우리의 최고의 선물을 봉헌하는 것이다. ─ 나는 이 일에 우리의 마음과 힘, 그리고 지성을 다하기를 계속해서 바란다!

그렇기 때문에 나는 대담하게 웨슬리안 메소디즘이 선교와 에큐메니즘 모두에서 상당히 중요한 독특하고 식별 가능한 교리적인 강조점을 가지고 있다는 주제의 요점적인 개요를 제의한다. 이 '교리학적 강조'는 전체와 완전체로서의 단 하나의 교리 체계가 아니라, 오히려 강조와 표현

(accent)의 미묘한 균형을 이룬 것이다. 이런 것들이 너무 종종 상태가 안 좋긴 하지만, 에큐메니컬 대화에서 여전히 적절한 우리의 역할을 하고 있다. 요컨대 메소디스트의 교리는 구원의 역사에서, 하나님의 주권적 은혜에 대한 복음적 강조와 인간 역할에 대한 가톨릭적 강조를 통합한 독특한 스타일을 가지고 있다. 메소디즘의 교리학적 입장에 있는 몇 가지 요소에 대해 매우 독창적인 것은 없을지 모르지만, 그것들을 결합하는 방식은 독특하다. 그리고 그것들이 해체된 방식 역시 독특하다.

개개의 신학 체계와 교리의 특유한 구성 간의 차이점에 대한 이러한 요점을 보는 한 가지 사실적 방법은 에큐메니컬 지도 제작법(cartography)에서 간단한 실험을 해보는 것이다. 공통적으로 사용하고 있는 신학 '지도'(map) 중 하나를 취해, 그 위에 메소디즘을 위치시켜 보자. 이러한 지도들이 모두 갖고 있는 하나의 가장 분명한 특징은, 가톨릭교도(정통과 로마)와 개신교 사이의 큰 분할점이다. 그리고 웨슬리가 영국 국교회 신자였음에도 종종 '가톨릭 신자'라고 비난받았고, 그가 가톨릭의 영성에 은혜를 입은 것은 공공연히 인정되었지만, 그것으로 인해 사람들이 메소디스트를 저쪽, 곧 가톨릭이라고 말하는 일은 거의 일어나지 않을 것이다. 개신교 쪽에서는 첫 번째로 루터교 영역에 속해 있는데, 우리가 '성경만으로'와 '믿음만으로'에 대한 충실함을 함께 주장함에도, 거기에는 우리를 위한 어떤 자리도 없다. 그 옆에는 [침례교나 캠벨파(Campbellites) 같은 중요한 집단을 포용한] 칼빈주의의 영토가 넓게 펼쳐져 있다. 하지만 비록 웨슬리가 청교도 전통[1]의 일부 요소를 좋아함에도, 우리가 그들과 진실로 일치하지는 않는다. 웨슬리가 '하나님의 예정'을 설교하는 휫필드에 대해 비난한(1739) 이후, 하나님의 주권과 작용(섭리) 간의 싸움이 있게 되었고, 이

---

1) 참조. Robert C. Monk, *John Wesley: His Puritan Heritage* (Nashville: Abingdon, 1966).

는 최근 많이 누그러졌지만 전혀 잊히지는 않았다.

그다음에는 한때 봉쇄되었다 그 후 흩어져 다른 곳보다 미국의 교회 정치 문제에서 이웃들에게 깊은 영향을 끼친 개신교 급진주의자들의 흩어진 영토가 있다. 메소디스트들은 급진적인 개신교에 깊은 애정을 가지고 있다. 우리 역시 종교 단체로 시작했다. 우리 역시 높은 자들과 강한 자들에게 압박당한 순교자들과 의로운 기억을 가지고 있다. 우리 역시 '마음의 종교' '영혼의 공동체' '우리-그룹 교제' 등을 크게 존중한다. 그러나 영국에서 우리는 국립 교회 안에서 성장했고, 미국에서는 '연결 시스템'을 우리 정체성의 상징으로 삼아 성장해 우리 자신의 교회를 세웠다. 그리고 또 많은 급진주의자가 그리스도인의 경험을 신비스러운 말로 설명하는 경향이 있어 웨슬리를 몹시 불쾌하게 했다.[2]

이로써 우리의 지도에는 단 한 개의 부분, 곧 '영국 국교회 안의 교회'(Ecclesia Anglicana)라고 표기되어 있는 것만 남았는데, 우리와 그들 모두 거기에서 발견되는 것을 꺼린다. 우리는 결코 우리 조국에서 환영받지 못했고, 분열의 2세기는 우리의 협력과 비협력의 관계를 복잡히게 만들었다. 우리는 영국 교회 안에서 종교 단체로 시작했는데, 그것도 겨우 허용될 뿐이었다. 웨슬리는 결국 이상한 섭리의 변덕에[3] 맡겨야 했던 미국인들을 제외하고는, 그의 단체들을 영국 교회 안에서 계속 유지하려고 노력했다.[4] 그러나 웨슬리안의 전도 양식은 영국 교회와 어울리지 않았다. 그리고 교직과 성례전에 대한 메소디스트의 이해는 본질적으로 상반되었다. 그동안의 애증 관계의 결과, 영국인들은 그들의 가장 강력한 '복

---

2) 참조. *JWJ* I :420 (January 24, 1738).
3) 참조. Reasons Against a Separation from the Church of England (London, 1758); A Preservative Against Unsettled Notions in Religion, #13 (Bristol, 1758).
4) 참조. *JWL* VIII:238-39 (September 10, 1784).

음주의' 당파를 잃었고, 메소디스트는 그들 본래의 '가톨릭적 배경'을 상실했다.

그렇다면 만약 어떤 형식적인 의미에서는 우리가 루터란도 아니고, 칼빈주의자나 급진주의자도 아니라면, 우리는 도대체 신학적으로 무엇인가? 여기서 우리의 혼란은 가중되었다. 우선 우리는 신학은 (물론 성경적이어야 하지만) 이론적이고 체계적이어야 한다는 루터교와 칼빈주의의 견해를 받아들였다. 이는 곧 성경과 전통 어딘가에는 있어야 하는 하나의 기독교적 진리의 진정한 체계를 발견하고, 설명하고, 방어하기 위한 영웅적인 시도며, 하나의 포괄적인 전체로 정렬된 추상적인 개념화를 통해 이를 수행한다는 것이다. 그러나 우리는 마치 본능에 의한 것처럼, 그렇게 설명된 그런 작업에서 손을 뗐다.[5] 결과적으로, 우리는 실용적인 유용성의 단계를 훨씬 넘어서는 어떤 수준에서의 신학적 사변과 학문을 단념(그리고 폄하)하는 경향이 있었다. 그리고 명백한 보상 반응으로, 우리는 우리의 신학적 역량이 부족한 데서 하나의 긍정적인 자존심을 발전시켜 나갔다.

한편 칼빈주의자들의 심한 잔소리와 함께, 우리는 그들이 우리에게 '아르미니아인'이라고 붙인 경멸적인 호칭을 우리의 것으로 받아들였다. 이로써 두 배로 혼란스러워졌다. 그렇다면 아르미니우스가 웨슬리의 주요 근원 중 하나였을 것이고, 메소디즘이 틀림없이 (도르트에서 아르미니안주의라고 판정한) 변종된 칼빈주의자들의 아종(subspecies)으로 분류될 수 있음을 암시하는 것이 되기 때문이다. 이 두 가지 암시는 모두 거짓이다.

그러므로 그것은 최소의 신학적 자의식을 가지고 2세기 동안 발전해 온 메소디즘에 '당연하게 일어난 일'이었다. 메소디즘의 대변인들은 보통 '종교적 경험' '확신' '성결' 등의 특정한 주장을 강조하는 것에 만족했고,

---

5) 참조. JWW Ⅷ:249, 340(그 외 생략—역주).

(형식주의, 예정론, 신자의 세례 등) 다른 전통에서의 다양한 상반되는 견해와 관습에 반대했다. 그러나 그들은 메소디스트의 입장이 공통적인 기독교 교리의 독특한 구성과 많이 같다고 주장하는 데 그쳤다. 그러나 최근 이러한 독특한 신학적 정체성의 결여는 다른 교리적인 전통과 관례, 특히 [로체(Lotze), 리츨(Ritschl), 바르트, 불트만 등] 유럽 개신교에서 차용하는 방식을 유발했다. 그러나 대부분의 경우 이러한 이식이 완전히 성공하지는 못했다. 부분적으로는 웨슬리와 영국 교회 신자들이 가지고 있는 인간론에 대한 고유한 경향 때문에, 그것이 고전적인 개신교에서 사용하는 용어로 쉽게 이해되거나 설명되지 않는 강조점을 만들어 냈다. 여기서 우리가 신중히 생각해 볼 만한 문제가 있다. 그것은 신학의 역사에서 메소디즘의 공헌이 아직 그것의 진정한 잠재력과 일치하지 않는다는 사실과 관계가 있다. 우리가 미래의 우리의 기록을 향상시키려면, 우리의 과거를 이해하기 위해 더 열심히 노력하는 것이 최선이었다.

그러므로 일반적으로 말해 나는, 메소디스트의 신학은 가톨릭 환경에서 시작했고, 그리고 (특히 미국에서) 현대 세속주의 환경에서 발전한 복음주의 기독교의 하나의 독특한 종류로 이해되는 것이 최선이라고 생각한다. 그것의 가장 뚜렷한 신학적 특성은 하나님의 은총(인간에게 임하는 하나님의 사랑의 능동적 현존)에 대한 교리로, 여기서 주된 관심사는 하나님의 주권에 대한 복음주의의 강조와 인간의 기능에 대한 가톨릭의 강조의 긴요한 통합이다. 곧 선행하는 은혜, 칭의, 중생, 성결의 역동적인 혼합이다. 다시 말해, 메소디스트는 하나님이 인간을 대하는 방법의 고대 역설에 대해 이야기할 때, 그 모든 것을 설명하려고 노력하는 그들만의 인식할 수 있는 방법을 가지고 있었다.

이 방법은 기독교 교리를 설명하면서 내려온 긴 역사와 성경의 사상에 뿌리를 둔 개념으로 좌우된다. 그것은 불안정한 발상으로, 도덕주의의 낮은 땅과 웨슬리가 말하는 '독신주의'(solifidianism)[6] 사이를 지나는 꼬불꼬불한 산등성이를 지키려는 짜릿한 노력을 유발했다. 적절한 논쟁이나 문서화에 가까운 어떤 것으로든 이것을 분명히 설명하려면 (아직 쓰이지 않았고, 결코 쓰이지 않은) 전체 책이 필요하다. 하지만 그 역사의 표지물 중 일부는 상당히 분명하다. 그리고 나는 그것들이 에큐메니컬 시대에 메소디스트 전통에서의 신학의 미래에 대한 유용한 논평이 되기를 바란다.

기독교는 복음이다. 곧 하나님과 인간에 대한, 그리고 우리의 구원의 드라마에서 하나님의 특별한 사역자이신 예수에 대한 복음이다. 그것은 인간의 상태에 심한 결함이 있음을 전제로 하며, 따라서 하나님이 진행 중인 창조에서, 하나님의 은총의 순서와 목적 안에서의 '타락한 인간'의 잔존 능력에 대해 미묘한 의문을 갖게 한다. 그리스도인들은 이러한 질문들과 끊임없이 씨름하면서 진정한 역설, 곧 하나님의 명백한 주권과 우리의 부인할 수 없는 책임 간의 역설을 드러냈다. 모든 기독교 교리 체계는 하나님의 주권을 주장하거나 가정한다. 즉, 성경에도, 교회가 인정한 교사들의 모임에도 인본주의는 없다. 그러나 또한 마찬가지로, 인간의 역할이 죄와 구원의 신비에서 결정적이라는 인식이 있다. 야훼와 아담의 불균형한 첫 만남에 대한 이야기(창 3:9-23)부터, '새 하늘과 새 땅'에 대한 요한계시록의 비전(계 22장)까지, 하나님의 창조 유지와 반항적인 피조물을 위한 섭리에서의 하나님의 선행적이며 지배적인 은혜의 주제는 끈질기게 흐르고 있다. "너희는 그 은혜에 의하여 믿음으로 말미암아 구원을 받았으니 이것은 너희에게서 난 것이 아니요 하나님의 선물이라 행위에서 난 것이 아니니 이는 누구든지 자랑하지 못하게 함이라"(엡 2:8-9). 그럼에도 이 과정에서 인간이 하는 일은 매우 중요하다. 구원은 대인관계에서

---

6) 참조. *JWJ* II:174; V:244.

생기는 일이다. 인간의 상태는 파괴적이면서도 그 남아 있는 가치는 예수 그리스도의 희생적 사랑을 우리에게 값없이 주도록 하나님을 촉구했다. 물론 우리의 모든 의지와 행위를 도우시는 분은 하나님이다. 즉, 우리의 모든 힘은 창조되었고, 하나님이 그것들의 창조주며 지지자시다. 그러나 하나님이 그것들을 택하신 목적은 우리로 하여금 거룩한 역사에 깊이 참여하고, 두려움과 떨림으로 우리 자신의 구원을 성취하게 하려는 것이다 (빌 2:12).

위기를 이어 겪으면서 이 역설은 지속되었다. 기독교인들은 그들이 이해할 수 있는 다양한 방법으로 그 위기를 다루었다. 동양에서는, 죄에 의해 손상되었지만 취소되지 않은 하나님의 형상(곧 하나님의 완전에 참여하는 인간의 능력)이 우리 안에 있음을 강조하는 경향이 있었다.[7] 이 모든 것은 은총이 피조물 어디에나 편재하고 있다는(성례전적 우주) 가정에 근거하고 있었다. 따라서 믿음으로 은혜를 유용하는 일반적인 형태는 예배와 성찬에 참여하는 것이다. 정통파 교회에서 말하는 인간이 해야 할 주된 일은 예배(*leitourgia*, 가장 넓고 깊은 의미에서의 예배)다. 그리고 인간의 주된 목적은 완전(*teleōsis*, 인간의 가능성의 충만함)이다.

서양에서는, 펠라기우스 논쟁이 기독교인들의 마음을 양극화했고, 라틴 정통파로 하여금 은총의 선물만을 일방적으로 강조하게 만들었다. 이 비극의 가장 불행한 결과는, 하나님과 인간의 협력을 말하는 협동설은 모두 '펠라기우스주의'라고 부르면서 쉽게 물리칠 수 있다는 생각에 힘을 실어 주었다는 것이다. 제2차 오렌지 공회(The Second Council of Orange, 529)

---

7) 참조. David L. Balas, *Metousia Theou; Man's Participation in God's Perfections According to St. Gregory of Nyssa* (Rome: Libreria Herder, 1966); Lars Thunberg, *Microcosm and Mediator: The Theological Anthropology of Maximus the Confessor* (Lund: C. W. K. Gleerup, 1965).

와 보니파시오 2세(Boniface II, 531)는 로마 제국의 폐허에서 일어난 의기양양한 어거스틴주의에 반-독선적(semi-dogmatic) 지위를 부여했다. 그러나 만약 은혜에 대한 '선천적인(natural)' 수용 능력이 있다면 그것은 무엇인가? '들음에서 오는 믿음'을 위해 그 선천적인 수용 능력을 준비할 때 인간의 마음에서 무슨 일이 일어나거나, 일어날 수 있는가? 이것은 야만적인 사회에서 행하는 교회의 선교 사업에서 매우 긴급하고 중요한 문제였다. 선행하고 준비시키며, 언제 어디서나 인간 존재 안에서 도덕적으로 역사하는 하나님의 은혜에 대한 전제를 인정하는지 거부하는지는, 거듭나지 않은 사람들에게 설교하는 방법에서 매우 큰 차이를 만든다.

이러한 선교적 맥락에서 그 지배적인 어거스틴주의를 변형한 기독교 선교사들의 격언이 6세기와 7세기에 등장했다. "*Facienti quod in se est, Deus non denegat gratiam*"(자신 안에 있는 것을 행하라. 그러면 하나님은 그런 자에게 은혜 주기를 거절하지 않으신다).[8] 이 표현은 성경과 교부들의 정서를 혼합한 것으로, 초기 사용에서는(곧 안셀름 이전) 영혼이 칭의(곧 주입된 은혜)를 얻고 싶어 하게 한 순수한 자연적 인간 활동만을 가리켰다. 어떤 사람이 어떤 일을 확신 있게(그 자체로) 할 수 있게 해준 힘은 창조의 은총(*concursus Dei*)이었다.[9] 그리고 그 은총의 기능 중 하나가, 일반적으로 구원의 은총 그 자체의 선물과 수령에 선행해 인간의 의지(*habilitas passive*)를 준비시키는 것이었다. 햇빛에 대한 책임은 없더라도, 햇빛이 실내를 밝게 하는 데 어떤 의미에서 최선을 다하게 하도록 창문을 여는 것은 사람이 아닌가?[10] 인간의 덕목에 구원의 은혜 같은 것은 없지만, '자신 안에 있는 것을 행하라'

---

8) 참조. A. M. Landgraf, *Dogmengeschichte der Fruhscholastik* (Regensburg, 1952-54), I:1, 249-63. 또 H. A. Oberman, *HMT*, 132-45를 보라.
9) Richard A. Muller, *Dictionary of Latin and Greek Theological Terms* (Grand Rapids: Baker, 1985), 76을 보라.
10) 참조. Landgraf, *Dogmengeschichte*, 258-59.

와 어울리는 일종의 적합한 공로(congruent merit)는 있다. [11]

이것은 인간의 본성이 아무리 나빠도 결코 은혜를 전적으로 잃은 것은 아니다는 것을 강력히 주장하는 하나의 방식이었다. [12] 죄는 하나님의 형상을 상하게 했지만 없애지는 않았다. 그 소외감 속에서도 인간의 마음은 하나님의 영의 내재적인 활동으로 동요되고 이끌린다. 우리는 이러한 격려와 이끄심,—그리고 사랑과 약속 안에서 우리를 앞서가시는 하나님의 의지에 호응해 우리가 할 수 있는 것을 할 수 있고, 또한 해야만 한다.

물론 이것은 인간의 역할이 있음을 당연하게 여긴 것이다.—따라서 인간 '그 자체'(*in se*)가 실제로 무엇인지에 대한 어거스틴의 견해의 반대편에 서는 것이다. 그의 용어에서 인간 '그 자체'는 타락과 자기 기만적인 자존심을 의미한다. 죄인 그 자체로서는 어떤 정숙한 행동은 단지 큰 죄에서 나올 수 있다. [13]

유럽이 성년이 되면서 (12세기에) 점차 새로운 자연주의가 생겨났다. 그것은 절반도 개종되지 못한 붕괴된 봉건사회로 유입된 아랍-아리스토텔레스주의의 세속주의와 과학, 기술, 철학의 혁명에서 파생된 것이었다. 그 문화와 세계관의 충돌에서 생긴 결과는 중세의 가장 심각한 위기를 촉발했고, 그것은 여전히 우리의 귓가에 메아리치는 파장이 되고 있다. ['아베로이즘'(Averroism)이라고 잘못 부른] 그 논쟁은 세계와 물질의 영원성, 지성

---

11) 참조. Reinhold Seeberg, *Textbook of the History of Doctrines* (Grand Rapids: Baker, 1958), 122f(그 외 생략—역주).
12) 참조. George Matheson's familiar hymn, "O Love that wilt not let me go," and St. Thomas' famous maxim, *gratia non tollit naturam, sed perfecit* [Grace does not destroy nature but perfects it].
13) 참조. *JWO* 150, 440.

의 단일성, 영혼의 죽음 등 가장 높은 수준의 추상적인 관념을 놓고 싸웠다. 시급한 현안은 두 가지 경쟁적인 생활양식, 곧 전통적인 기독교의 초월주의와 '새로운 철학'의 기본적인 자연주의에서 나오는 것이었다. 토마스 아퀴나스의 특별한 사명은 이 세속화하는 모든 힘을 흡수하는 것이었는데, 이 힘은 너무나 강력해 지성과 신흥 부르주아 모두를 사로잡았다. 그의 또 다른 사명은 초기 중세 기독교의 다른 세속적인 전통을, 요제프 피퍼(Josef Pieper)가 흥미롭게 표현했듯,14) '신학적으로 설립된 세속성'으로 바꾸는 것이었다. 토마스의 이러한 자연과 은총의 통합에서 중요한 요소는 '자신 안에 있는 것을 행하라(facienti quod in se est)'라는 전제였다.15)

그러나 부동주의자(immobilist)들은 이 새로운 세속주의의 위협에 당황했다. 토마스가 죽기 3년 전, 아베로이즘은 토마스 자신에 의해 확인되었던 몇 가지 주요 명제를 수용했다는 이유로 고발당해 파리에 있는 대주교에게 강력하게 비난받았다. 교황 요한 21세가 이 탄압을 선동하고 승인했으며, 캔터베리 대주교가 훨씬 더 노골적으로 반토마스주의적인 비난을 하자 탄압은 빠르게 퍼져갔다. 아울러 그들은 새로운 자연주의가 만연한 파리와 옥스퍼드의 대학들을 강력하게 공격했다. 그들은 또 안젤리쿠스(Angelicus) 박사의 명성을 더럽히는 효과도 얻었다. 기독교 자연주의의 주장은 구름 밑으로 사라졌다. 다음은 초월주의자들의 몫이었다.

최근 들어 던스 스코터스(Duns Scotus) 및 명목주의자들과 함께, 새로운 신학적 혼합물이 등장하기 시작했다. 즉, (신학에서의) 급진적 초월을

---

14) Josef Pieper, *Guide to Thomas Aquinas* (New York: Mentor-Omega, 1962), 117; 참조. 118-19.
15) 참조. *De Veritate*, Q. 28, arts. v-viii. 영어 번역판: *Truth* (Chicago: Henry Regnery, 1954), III:380-96.

지지하는 (논리에서의) 급진적 경험론이 그것이다. 명목주의자들에게서 이성은 제한된 범위 내에서만 신뢰할 수 있다. 믿음은 이러한 한계 이상으로 치솟을 수 있고, 하나님의 자유의 두 가지 표현, 곧 '절대 권력'(potentia absoluta)과 '권력의 배치'(potentia ordinata) 사이의 구분을 설명할 수 있다. 하나님의 주권은 '절대 권력'으로, 하나님의 자기 제한은 '권력의 배치'로 표현되었다. 그래서 인간의 기능은 이상하고 신기한 방법으로 명목주의에서 다시 나타난다. 오버먼(Oberman) 교수가 그의 훌륭한 책 『중세 신학의 수확』(Harvest of Medieval Theology)에서 설명했듯, 명목론자들(특히 루터의 멘토인 가브리엘 비엘)은 하나님의 주권과 인간의 기능 둘 모두를 미결로 남겨 두었다. 하나님에 대한 인류의 자연적 사랑이라는 적합한 가치를 인정하는 것은, 하나님의 구원하시는 은혜(값없이 주시는 선물)에 대한 중요한 준비였다. 그리고 이 명목주의의 통합의 요지는 '자신 안에 있는 것을 행하라'는 것이었다.[16] 이것은 급진적인 초자연주의와 온건한 도덕주의의 불안정한 통합이었다. 그러나 이는 또한 당시 교황권과 국가 사이의 사회적 정치적 갈등의 현안과 매우 특별한 관련이 있었다.

이 모든 불명확한 역사를 우리의 현재 주제와 관련 있게 만드는 두 가지 요점이 있다. 첫째는 루터와 칼빈이 배우고 거부할 가치가 있는 유일한 철학으로서 배우고 거부한 명목주의였다. 실제로 위대한 개혁자들의 '성경만으로'와 반자연주의는 중요한 기준에서 이 특정한 철학적 관점에 대한 그들의 불안정한 반응에서 유래하고 있다. 그들은 그 초월적 신학을 이어받았다. 그러나 그것의 인문학적 인류학을 단호하고 격렬하게 거부했다. '자연적' 신학과 도덕성에 대한 루터의 폭력적인 반감은 그가 특히 '자신 안에 있는 것을 행하라'에서 발견한 위험으로 야기되었다. 그가 "스콜라 신학에 대한 반대 논쟁"(Disputation Against Scholastic Theology, 9월 4일,

---

16) 참조. Oberman, *HMT* 120-45.

제157호) 중 특히 논제 6, 10, 15, 26, 28, 33, 61, 88, 91, 97[17])과 『의지의 노예의 신분』(The Bondage of the Will, 1525)에서 에라스무스를 공격한 것을 비교해 보라. 그러면 그가 모든 신인협동설을 얼마나 강하게 혐오했는지를 알 수 있다. 그다음 칼빈의 주장(교리 개요 1권)에서는, 인간의 의지는 구원하시는 은혜를 제쳐놓고는 '천성적으로' 하나님과 떨어져 있으며, 인간의 마음은 (그 자체가) 상습적인 우상 공장이라고 설명함으로, 고전적인 개신교는 '자신 안에 있는 것을 행하라'를 극적으로 부정하고 있음을 볼 수 있다. 그때부터 신인협동의 견해가 엄격한 루터교도들과 칼빈주의자들 사이에서는 환영받지 못했을 것이다.

우리와 관련된 두 번째 요점은, 개신교 유럽에서 지속되지 못한 명목주의의 주장이 영국에서 살아남았고, 에라스무스의 개혁 프로그램의 정신 및 실체와 결합해 영국 교회 개혁에 매우 독특한 신학을 제공했다는 점이다. 명목주의는 영국, 특히 옥스퍼드에 깊은 뿌리를 두고 있었다. 스코터스는 옥스퍼드 사람으로, 주요 작품은 적절하게 이름 붙인 『신학명제에 대한 주석집』(Opus Oxoniense)이다. 오컴(Ockham)은 옥스퍼드에서 교육 받았고, 토머스 브래드워딘(Thomas Bradwardine)의 『펠라기우스에 대한 하나님의 논점』(De cause Dei contra Pelagium)의 다섯 가지 식별 가능한 대상 중 네 개는 영어와 옥스퍼드 말(Oxonian)로 쓰였다.[18] 하나의 철학으로서의 명목주의는 영국의 [베이컨(Bacon) 이하] 경험주의의 강한 뿌리가 되었다. 그리고 그 신학적 잔류물은 존 웨슬리의 사고방식이 형성된 영국 교회 전통의 특징인 '믿음과 선행'이라는 특별한 표지를 풍부하게 했다. 이 모든 것이

---

17) 참조. *Luther: Early Theological Works*, James Atkinson, ed., *Library of Christian Classics* (Philadelphia: Westminster, 1962), XVI:266-73(그 외 생략—역주).

18) 참조. Gordon Leff, *Bradwardine and the Pelagians* (Cambridge: Cambridge University Press, 1957).

시사하는 바이자, 나의 논제의 기조는, 실제로 아르미니우스와 도르트 공회 이전에 이미 유럽과 영국에 기독교의 신인협동설에 대한 본래부터의 전통이 있었고, 이 전통이 바로 웨슬리에게 영양을 공급했다는 것이다.

이러한 주장은 웨슬리가 읽은 역사학자 피터 헤일린의 『역사 퀸쿠아르티쿨라리스』(Historia Quinquarticularis, 1660)에 의해 이미 제시되었다. 청교도들에 대해 반대한 헤일린(Heylyn)은 영국 교회는 결코 칼빈주의가 아니었다는 사실에 근거해, 영국 국교회의 신학에 '아르미니안'이라는 명칭 붙이는 것을 거절했다. 아르미니안은 칼빈주의의 정도에서 벗어난 견해를 나타내는 것이므로, 이를 '영국 교회 안에 있는 작은 교회'(Ecclesia Anglicana)에 적용하는 것은 잘못된 것이다. 헤일린도 상관관계가 있다고 지적하는 것처럼, 영국 교회는 자국 고유의 전통을 넘어 주로 에라스무스, 멜란히톤, 부처(Bucer)에게 빚을 지고 있었다. 그들은 루터란이나 칼빈주의자가 아니었다.19)

헤일린의 역사가 전체적으로 당파적이고 선전적이라는 것은 부인할 수 없지만, 이 두 가지 점에서 그는 좋은 실례를 들었다. '중앙 영국교회주의'의 두 위대한 헌장은 이미 아르미니우스와 도르트 이전, 즉 에드워드 『설교』(Homilies, 1547)와 리처드 후커(Richard Hooker)의 『교회 정치법』(Law of Ecclesiastical Polity, 1594-1597)에서 초안이 만들어졌다. 메소디스트 독자라면 이 두 가지에서, 잘 알려진 큰 역설을 인지하게 될 것이다. 즉, 모든 신학적 문제에서 성경에 결정적인 근거를 둔 것으로서, 원죄가 하나님의 형상을 제거하지 않는다는 것, 구원은 하나님의 선물이므로 그에 앞서 어떤 공로도 필요치 않다는 것, 선행은 칭의 후에 오는 것이지만 구원의 전 과정, 즉 준비, 받아들임, 결과에서 인간의 협력이 결정적이라는 것 등이다.

---

19) 참조. *The Historical and Miscellaneous Tracts of the Rev. and Learned Peter Heylyn*, D.D. (London, 1681), 505-634.

중세기의 "자신 안에 있는 것을 행하라"라는 격언은 문자 그대로 반복되지는 않는다. 그러나 전제로서는 어디에나 존재한다.

다른 곳에서 나는 웨슬리가 평생 똑같이 받아들일 수 없었던 도덕주의와 '독신주의' 사이의 길을 찾고 발견한 방법을 알리려 노력했다. 즉, 그가 어떻게 엄격한 원죄 교리를 관대한 선행적 은총의 개념과 함께 유지했는지, 어떻게 칭의, 중생, 성화를 연관시키고 또 구별했는지, 어떻게 모든 율법무용론을 피했는지, 어떻게 만인을 위한 구원을 지지했는지에 관한 것이다.[20] 그는 칭의에 대해서는 칼빈이나 루터와 "머리카락 하나만큼의 차이"도 없었다.[21] 성화에 대해서는 트렌트 종교회의 이전의 로마 교회의 견해를 인정했다. 그는 오직 메소디스트만 둘을 함께 묶는 요령이 있었다고 말했다.[22]

'신인협동설'이 전적인 펠라기우스의 견해로 정의되지 않는다면, 웨슬리가 신인협동설 지지자였다는 사실은 거의 부인할 수 없다. 물론 이것이 바로 모라비안들과 다른 사람들이 올더스게이트 이전과 이후에 그에게 하려 했던 것이었다. 그러나 웨슬리는 이에 의해 흔들리지 않고 자신의 길을 갔다. 그리고 일반적으로 메소디스트들은 선한 이교도들 사이에서 역사하시는 은혜에 대한 그의 강조와, 주의하지 않는 마음속에서도 활동하신다고 가정할 수 있는 은총의 선행적 역사의 관점에서 이교도들에게 설교하라는 그의 암묵적인 호소를 따랐다.[23]

---

20) *JWO* 3-33. 또 Albert C. Outler, "Theologische Akzente." in *Der Methodismus*, "Die Kirchen der Welt," VI, C. Ernest Sommer, ed. (Stuttgart: Evangelisches Verlagswerk, 1968), 84-102를 보라.
21) *JWO* 78, 136-40.
22) 같은 책, 107-8.
23) 같은 책, 231-37.

올더스게이트 체험이 있기 전 불확실한 며칠을 보낸 웨슬리에게서 그의 약한 믿음의 원인을 살핀 피터 뵐러는, 그의 배경에 있는 이러한 가닥을 확인하고 슬퍼했다. "내 형제, 내 형제여, 당신이 가지고 있는 철학이 제거되어야 한다"(Mi frater, mi frater, excoquenda est ista tua philosophia). 24) 이는 우선 적어도 모든 철학 자체에 대한 배격은 아니었다. 오히려 문맥이 보여주듯 웨슬리가 성장해 온 그 '거래적 신인협동설'(transactional synergism)이라고 부르고 싶은 것에 대한 구체적인 비난이었다. 그 주된 확신의 근거는, 만약 사람들이 그들 자신의 가장 높은 생각에 따라 행동한다면, 그들이 구원하는 은혜를 주장할(가질) 권리가 있다고 생각한 것이다. 1725년 웨슬리의 회심 이후 그의 헌신과 열성을 무효화한 것이 바로 이 '철학'[그 자체가 '설교'(Homilies)에 대한 잘못된 해석]이었다. 이것이 가야 할 일이었고 이것이 올더스게이트에 간 일이었다. 한 번에 된 것은 아니지만 그 자리에서 얻은 것이 우리가 '계약적 협동설'(covenantal synergism)이라고 부르는 것이다. 이 협동설에서 선행적 은총과 구원하는 은총이, 하나님의 사랑 안에서 신자들과 언약을 맺고 지키시는 진정한 사랑의 하나님의 섭리하시는 일을 조정하는 것으로 인식된다. 이 교리의 변혁은 뵐러와의 첫 만남에서 1739년 봄 그가 부흥전도자가 될 때까지 계속 발전했다.

그러므로 올더스게이트가 그의 구원의 드라마에 대한 이야기에서 그가 그 모티브 자체를 포기하는 것을 의미하지는 않았다. 그 증거로 이른바 '독일 정숙주의'(German stillness)에 대한 격렬한 배척,25) 모라비안들에 대한 즉각적인 반격, 페터 레인 협회 탈퇴, 파운더리(Foundery)로의 이동 등을 들 수 있다. 심지어 어떤 사람들은 메소디스트 협회들이 '자신 스스로 한다

---

24) JWJ I:440 (February 8, 1738): "나는 그가 '내 형제여'라고 말할 때, 그를 이해하지 못했다."
25) 참조. JWO 221, 347, 353-54.

(facere in se est)'에 찬성해 항의 운동을 시작했다고 말할지도 모른다.[26]

이 특별한 싸움은 (1741년 6월 16일) 홀본(Holborn)의 그레이의 여인숙 샛길(Gray's Inn Walks)에서 있었던[27] 친첸도르프와의 유명한 논쟁에서 절정에 이르렀다. 두 사람이 논의하고자 한 쟁점은, 어떤 은총의 사역이 인간이 날 때부터 (선천적으로) 있는 것인지, 아니면 모든 것이 전가된 것인지에 있었다. 백작이 격노하며 말했다.

> 나는 이 땅에서의 선천적인 완전 [그 자체가 의미하는 것] 같은 것에 대해서는 전혀 아는 바 없다. 그것은 크게 잘못된 생각이다. 나는 모든 곳에서 그것을 불과 칼로 추적한다! 그리고 발로 짓밟아 파괴해 버린다! 그리스도만이 우리의 유일한 완전이다. 선천적인 완전을 주장하는 사람은 그리스도를 부정하는 것이다.

> 웨슬리: 모든 진정한 신자는 거룩하지 않은가?
> 친첸도르프: 그렇다. 그러나 그리스도 안에서 거룩하다. 그 자신 안에서가 아니다.
> 웨슬리: 그렇다면 그가 그 자체로 거룩하다는 것이 되지 않는가?
> 친첸도르프: 아니다! 오직 그리스도 안에서만 거룩하다. 그 자체로는 거룩하지 **않다. 아무도 그 자체로 거룩함을 가진 사람은 없다.**[28]

우리는 "어떤 사람이 루터의 로마서 서문을 읽을 때" 웨슬리의 마음이 이상하게 뜨거워졌음을 기억할 것이다.[29] 그리고 웨슬리와 루터 간에는 믿음의 복음을 심장과 골수로 언급하는 데서 깊은 유사성이 있음을 잊지

---

26) 참조. JWJ II:328-31; JWO 357 이하.
27) 참조. JWO 367-72.
28) 친첸도르프는 루터의 1517년 9월의 담화를 읽지 않은 듯하다.
29) JWJ I:475 (May 24, 1738).

않는 것이 좋다. 그러나 이 두 위인은 교리의 전반적인 형태나 전도, 교인의 양육, 성결에 대한 실제적 개념에서는 극히 상반된 입장이었다. 그리고 그 양극성은 인간 '자체'라는 이 문제에 집중되어 있었다.[30]

게다가 칼빈 및 영국 청교도들과의 관계에서는, 웨슬리가 아미랄두스(Amyraldus)와 소뮈르(Saumur)의 그의 동료들의 완화된 칼빈주의에 크게 빚지고 있는 것은 사실이다. 그러나 그의 생애에서 가장 길고 고통스러웠던 논쟁은, 19세기 내내 미국 메소디스트에 의해 열렬히 지속되었던 예정론에 대한 칼빈주의자들과의 논쟁이었다. 여기서 다시 논쟁의 주제는 하나님의 선행하는 은혜와 인간의 기능에 관한 것이었다. (1777년부터 웨슬리가 죽을 때까지 그의 문학 작품을 독점했던) 《아르미니안 잡지》는 분쟁의 싸움터였다. 메소디스트들이 그 이후에 판단되어 오고, 또 종종 스스로 판단했던 그 신학적인 고정관념을 고치는 데 매우 성공적이었던 칼빈주의자들의 신랄한 비평은, 믿음에 의한 칭의에 대한 웨슬리의 주장이 인간 자체에 대한 지나친 허용에 의해서 무효화되었다는 것이었다. 즉, 요컨대 그는 가엾은 신학자나 아니면 펠라기안 이단자였던 것이다. 웨슬리는 이 모든 것에 대한 이성적인 반박을 꿈꿨지만, 때로는 분개하며 화를 냈다. "펠라기우스가 누구였는가?" 충성스럽지만 아직 이 모든 것을 이해하지 못하는 그의 추종자 중 한 명이 칼빈주의자들의 경멸에 자극받아 물었다. 웨슬리는 이렇게 대꾸했다. "고대 작가들에게서 얻을 수 있는 모든 것에 의하면, 나는 그가 현명하고 거룩한 사람이었다고 생각한다."[31] 논쟁이 절정에 달했을 때(1784년 4월 28일) 쓴 설교에서 그는 분노를 터뜨렸다.

나는 (저들이 말하는) 펠라기우스의 진짜 이단은 더도 덜도 말고 이것이라고 믿는다. 즉, 그리스도인들은 하나님의 은혜로 (하나님의 은혜 없이 된다는 뜻이

---

30) *JWO* 366.
31) Letter to Alexander Coates, July 7, 1761. *JWL* IV:158.

아니다. 그가 그런 주장을 했다고 하는 것은 단지 중상모략이라고 생각한다) '완전에 나아갈 수 있다', 다른 말로 '그리스도의 법을 수행할 수 있다'고 주장하는 것이다.

그러나 어거스틴은 말한다. 감정이 격해졌을 때, 그의 말은 한푼의 가치도 없다. 그리고 여기 비밀이 있다. 즉, 어거스틴은 펠라기우스에게 화가 났다. 그래서 그는 두려움도 부끄러움도 없이 (전에 하던 대로) 그를 비방하고 모욕했던 것이다.[32]

이것은 웨슬리에게서도 균형 잡힌 판단이 아니다. 그러나 주권적 은총과 인간의 자유라는 역설에 대한 자신의 견해가 정통주의의 궤도에 안전하게 들어갔으며, 명예 훼손이라는 꼬리표에 의해 의심받지 않았다는 확신의 강렬함을 드러낸다. "우리 자신의 구원을 성취함에 있어서"(1785)라는 제목의 설교[33]는 그의 노년의 가장 훌륭한 설교 중 하나다. 가브리엘 비엘은 그것을 쓸 수는 없었겠지만, 이해는 했을 것이다. 루터와 칼빈은 그것을 즉각 거절했을 것이다.

그러나 이 모든 일에서 웨슬리는 하나님의 주권과 은총의 선물이라는 개신교의 전제에 대한 충실함이 결코 흔들리지 않았다. 이 점에서 그는 인간의 기능에 대한 가톨릭 전통의 일관성을 옹호했고, 훨씬 더 고집스러웠다. 그의 '성경만으로', 믿음으로만 얻는 칭의, 개인의 판단, 비국교도의 권리에 대한 끊임없는 강조는 영국 교회 전통주의자들의 혹독한 비판을 받았다. 그리고 이것이 신-인간의 상호작용의 강조를 반대하는 것을 제외하고는 그를 [해리스(Harris), 횟필드, 헌팅턴 부인의 목사들 등] 다른 영국 국교회 복음주의자들과 함께 적합하게 분류되게 했을 것이다. 다른

---

[32] "The Wisdom of God's Counsels," *JWW* VI:328-29.
[33] 같은 책, VI:506-13.

면에서, 웨슬리는 기도나 예배의 영역에서는 비서명파나 고교회 신자들의 가톨릭 전통과 중요한 유사성을 가지고 있었다. 그러나 성례전 신학과 교회 정치에 대한 그의 청교도 브랜드(brand)는 그들에게는 명백히 적합하지 않는 것이었다. 그는 신학에서 이성을 옹호하는 사람이었지만, 조셉 버틀러나 심지어 '인지 가능한 영감'[34]이라는 그의 교리를 맹렬히 비난한 존 스미스(John Smith)와 같은 온건파와는 불화했다. 그는 자신은 선교사이자 복음전도자로, 영국 교회에서 자라났고, 영국 교회에 봉사하도록 부름 받은 '평범하지 않은 메신저'라고 이해했다. 그러므로 그는 평생 영국 메소디스트들에게 영국 교회에서 그들의 성례전을 찾고 발견하도록 강요했다. 그러나 그가 그들을 위해 세운 과정은 결국 분리로 이어졌다.

미국에서, 메소디스트는, 자신들이 갖고 있는 영국 교회의 배경에 대한 고정된 편견을 가지고, 혁명 이후 최초의 '미국' 교회로- 즉 '메소디스트 감독교회'(Methodist Episcopal)를 재빨리 조직했다. 그 결과 우리의 영국 교회의 유산이 하나의 교단으로서의 우리의 자기 이해에 분명한 자원이 되지 못했다. 그러나 우리의 억압된 기억에도, 메소디스트 설교자와 신학자들은 웨슬리안의 하나님의 은혜와 인간 기능의 통합의 개념을 계속 발전시켜 나갔다. 그러나 지금은 아르미니안이라는 용어가 하나의 부정적인 별칭으로는 힘을 잃었고, 자랑스러운 배지(badge)로 채택되었다. 이는 인간 도덕 기능에 대한 메소디스트의 주장이 실제로 아르미니우스와 레몬스트란트파(Remonstrants)에게서 비롯되었다는 수정된 역사에 의해 뒷받침되었다. 우리의 첫 번째 조직신학자 리처드 왓슨(Richard Watson, 1781~1833)은 "도덕적 행위자로서의 인간"(Man as Moral Agent)에 대한 장(chapter)으로 그의 『신학 원리』(*Theological Institutes*, 1823)를 시작하면서 이렇게 말했다.

---

[34] 참조. Henry Moore's *Life of John Wesley* (London, 1824-25), II:277-322.

인간들 사이에서 거의 보편적으로 선한 것으로 평가되어 온 그러한 행동들은, 우리의 현명하고 선한 창조주의 의지의 암묵적인 인가를 받고 있으며, 경험에서 발견되며, 우리의 본성과 인간 사회의 구성에 의해 행복에 가장 적합하다.[35]

이것은 이후 선행적 은혜와 연결된다. "그의 [인간 개인의 도덕적] 기능은 심지어 올바른 방향을 향하고 있을 때도 하나님의 우월한 힘에 의해 유지되고 영향을 받지만, 그러나 여전히 자기 자신도 행해야 한다."[36] 이것이 그 책에서 가장 긴 부분의 마지막에 있는 칼빈주의에 대한 반박에서 나온다.

토머스 랄스톤(Thomas Ralston)의 『신학의 원리』(*Elements of Divinity*)[37]의 핵심은 세 개의 장(chapter)에서 찾을 수 있다.

> XVIII. 칼빈주의와 아르미니우스주의의 비교
>
> ("주님의 대속은 그 범위가 모든 사람에게까지 미치므로 구원의 가능성을 모든 사람들에게 제시한다," p.238.)
>
> XIX. 인간의 도덕적 기능
>
> ("타락의 모든 역사는, 이성과 상식에 비추어 보고, 우리가 하나님의 성격과 통치에 대해 알고 있는 모든 것으로 볼 때, 분명하고 강하게 인간의 자유로운 도덕적 행위의 교리를 선언하고 있다," p.249.)
>
> XX. 인간의 도덕적 기능에 대한 반대
>
> ("그 자체가 터무니없는 것은 아니지만, 그것[인간의 자유 기능의 교리]은 하나님의 속성에

---

35) Richard Watson, *Theological Institutes* (Nashville: Southern Methodist Publishing House, 1860, Part I, i,10.
36) 같은 책, Part II, xxviii, 610.
37) Thomas Ralston, *Elements of Divinity* (Louisville: Morton & Griswald, 1847).

대한 일관된 실례와 하나님이 하시는 일에 대한 만족스러운 설명을 유일하게 제시하고 있다," p.257.)

19세기 메소디스트 신학자 중 가장 유명한 윌리엄 포프(William B. Pope)는 '그것은 그 자체로 행하라(*quod in se est*)'는 격언에 대해서는 아무 말도 하지 않은 채 그 중요성을 의기양양한 열정으로 가르친다.

> 이 말씀을 듣는 사람은 그의 본성의 뿌리에 예비된 은혜를 가지고 있다. … 구원은 보편적이다. 인간 본성의 뿌리에는 하나님의 예비된 은혜가 있기 때문이다.38)

> 그러나 [메소디즘은] 은총의 보편성을 구원의 보편성과 연결한 레몬스트란트의 체계보다 더 완전하고 일관적이다.39)

> 의심할 여지 없이 때때로 아직 중생하지 않은 사람에서도 무엇인가가 발견될 수 있다. … 선택을 결정하지 않은 인간에게도 어떤 도덕적 탁월함이 있다.

> 대체로 이것이 타락한 인간 본성에 대한 교리라고 할 수 있다. 이렇게 진술된 것이 그 사건의 모든 사실과 일치한다. 그것은 아무것도 빠뜨리지 않고, 약화시키지 않으며, 피하지 않는다.40)

메소디즘이 새로운 유럽의 자유주의 신학을 뒤늦게 받아들인 일에서 핵심 역할을 한 레이먼드(Miner Raymond)는 더 명백하게 말한다.

---

38) Pope, *Compendium of Christian Theology* (New York: Phillips and Hunt, 1881), Ⅲ:366.
39) 같은 책, 80.
40) 같은 책, 82.

죄와 선행해야 할 의무에 대한 보편적 의식은, 인류가 도덕적인 인격에 필수적인 모든 요소를 실제로 가지고 있다는 것을 원칙적으로 증명한다. … 도덕적 의무에 필수적인 것은 무엇이든 인간의 상황의 우발성에 맡겨지지 않는다. … 힘 또는 무언가를 실현시킬 수 있는 능력, 지성 또는 목적과 수단을 파악하는 능력, 자유의지 또는 하거나 안 할 수 있는 능력, 의무에 대한 이해 등이 도덕적 행동의 요소를 구성하며, 모든 인간은 이러한 요소들을 소유하고 있음을 의식하고 있다.[41]

레이먼드는 미국 메소디즘에 독일 개신교 자유주의의 영향이 시작되었다는 것을 알리고 있다. 20년도 지나지 않아 이러한 영향은 지배적인 것이 되었고, 그 결과 전통적인 웨슬리안 신인협동설은 다른 형태의 신학적 인류학으로 빠르게 변화되었다. 독일 자유주의는 루터교와 개혁주의 전통의 변형이었고, 우리가 보아 온 바와 같이, 은혜와 자연의 역설에 대한 전통적인 영국 교회의 견해와 전혀 같은 것이 아니었다. 결과적으로, '자유주의' 또는 다른 것으로 변한 미국 메소디스트의 경험은 전형적으로 엉뚱하고 궤도를 벗어난 성격을 띠게 되었다.

까다로운 부분이고 쉽게 오해되기 때문에 다시 한번 말하자면, 신인협동설이 메소디스트 신학의 전체 이야기라는 것은 내가 주장하는 것이 아니다. 그것은 심지어 메소디스트 신학의 핵심도, 원천도 아니다. 의식적이고 의도적으로 메소디스트는 기독교가 공동으로 믿는 주요 핵심을 그들 자신의 신앙이라고 주장했고, 그다음 그것에 가톨릭적 요소와 복음주의적 요소를 특별히 혼합한 신학을 만들었다. 여기서 '구원, 믿음, 선행'에 대한 웨슬리의 교리가 나왔고,[42] 그 교리 가운데 가장 중요한 것은 완전

---

41) Raymond, *Systematic Theology* (Cincinnati: Hitchcock and Walden, 1877), II:314-15.
42) *JWO* 123-33.

의 교리(완전한 인간이 되려는 희망의 교리, 곧 '믿음의 충만')였다. 그리고 이러한 관점에서, '자신 안에 있는 것을 행하라(facere in se est)'가 선행적 은혜와 관련 있듯, 성결이 성결케 하는 은총과 연결되어 있다고 보는 것은 주목할 만한 일이다.

그러나 내가 주장하려는 것은, 웨슬리의 신인협동설에 대한 강조가 그의 교리적 관점의 내부 균형에 영향을 미쳤다는 것, 그것이 기독교적 메시지를 전체적으로 해석하는 데 그 자체의 독특한 해석법을 만들어 냈다는 것, 그것의 의식적인 실제 관심은 비록 우리가 그것들을 잘하지 못했을지라도, 세상에서의 우리의 주요한 사업인 전도와 기독인 양육의 두 가지 과제에 봉사하게 함이라는 것이다.

그러나 메소디스트의 신인협동설과 에큐메니컬 대화에서의 우리의 역할이라는 이러한 문제에는 여전히 또 다른 측면이 있다. 메소디스트의 신학적 콤플렉스는 그 자체로 안정성이 있는 실체가 아니었고, 그렇게 되려 하지도 않았다. 웨슬리 시대에 메소디스트의 실체는 영국 교회의 교리와 성례전의 상황에 의해 수용되고 유지되었고, 그것이 메소디스트 협회들이 성례전적인 환경에서 일하게 만들었다. 그런 것 외의 메소디즘의 상황은 절충주의의 취지를 조장했던 신학적 정체성에 대한 문제를 끊임없이 가지게 되었다. 이것은 우리가 때때로 즐겨왔던 교리, 곧 경건주의, 부흥주의, 근본주의, 자유주의, 신정통주의, 실존주의, 급진적 신학, 신고전주의의 교리에서 차용한 관습들의 잡다한 묶음 안에 있음이 명백하다. 지금으로부터 반세기 이상, 메소디스트 신학자들은 자신들 밖에 있는 것과 결합해야 한다는 일종의 강박감을 느껴 온 것 같다. 동시에 웨슬리와 메소디스트의 본질적 역사에 대한 학문적 연구의 운명은 악화되며 기울어졌다. 그래서 예를 들어, 몹시 필요한 웨슬리 저작 비평판(옥스퍼드 대학 출판부가 출판을 약속하고 에큐메니컬적 의의가 있으리라고 기대한)의 출판이 이제 일할 적절한 사람들이 없어 슬럼프에 빠져들고 있다. 그렇지 않다고 보고, 다시 그런 이상한 충동이 일어났다고 가정한다면, 웨슬리 전문가로서 훈련받기 위해 어디로 갈 것인가?[43] 이건 단순히 내 입장에서의 불평이 아니다. 그 결과는 심각하다. 많은 유용한 작업이 다른 기독교 전통의 주요한 원천에서 에큐메니컬 양식으로 그리고 에큐메니컬 신학을 위해 이루어지고 있는 이 시기에는 더욱 그러하다.

어쨌든 메소디스트의 교리학적 관점이 다른 모든 관점을 제쳐놓고 독자적으로 서 있으려 한 것이 아님은 분명하다. 그것은 전통 자체에 대한 인간적인 끌림이, 은혜와 은혜의 수단의 가시적이며 보편적인 언약, 곧 (세계교회협의회의 뉴델리 대회에서 사용한 말을 빌린다면) 연합, 증거, 봉사 등으로 통합된 성례전적 예배로 회복되고, 또 회복될 수 있는 더 넓고 보편적인 맥락에서 가장 잘 작동한다. 그러나 같은 방식으로, 웨슬리안의 유산은 또한 순전한 선물인 믿음에 대한 복음주의적인 강조, 그리고 우상숭배와 교회적 이기주의에 대한 복음주의적인 공포에 대한 끊임없는 비판과 수정으로부터 이익을 얻는다. 따라서 루터란과 칼빈주의자들, 급진적인 개신교도들의 끊임없는 도전이 필요하다.

아마도 메소디스트의 신학 구성에 대한 이 묘사가 믿음직하지 못하고 인상적이지 않다고 생각하는 사람들이 있을 것이다. 그것은 마치 메소디스트 신학이 잘 자리 잡기 위해 에큐메니컬 배경이 필요했던 것처럼, 진정한 결핍을 암시한다. 그리고 정확하게 그것이 내가 지적하는 바이며, 나는 적어도 두 가지 방식으로 그것이 우리의 미래와 관련이 있다고 본다. 첫째로, 그 미래는 분명히 무엇보다도 에큐메니컬 관점에서 신학을 착상

---

[43] 아우틀러의 웨슬리 연구의 차기 상황에 대한 견해는 "A New Future for Wesley Studies: An Agenda for Phase III" above, 127-44를 보라.

하는 사람들에게 있어야 한다. 교단적인 신학의 시대는 끝났다. 모든 신학적 접근법 중 가장 생산성이 낮은 것은, '우리 앞의 경쟁적인 선택지 중에서 어느 것이 진정한 교리 체계인가?'라고 질문하는 것이다. 그러나 이는 적어도 지난 4세기 동안 기독교 사회에서 있었던 일반적인 습관이었다. 메소디스트들에게는 그들의 유산을 비난하거나 포기하라는 요구도, 더 나은 것을 위해 그것을 바꾸라는 제안도 없다. 내가 말한 이 증언은 여전히 중요하고 적절하다. 오늘과 내일에는 더 그렇다. 오른쪽이나 왼쪽에 놓여 있는 전통들의 수정과 균형 유지가 가능하기 때문이다. 우리는 기독교의 모든 주요 연합(bloc)과 중요한 연관성을 가지고 있다. 그러나 현대 세계에서의 우리의 독자적인 임무는 공교회 전체 안에서 극대화될 필요가 있는 촉매제, 비평가, 실용주의자로서의 역할을 우리에게 계속 맡기고 있다.

만약 우리가 우리의 유산을 제대로 주장하고 활용한다면, 그것은 우리를 위해 희망찬 미래를 준비했을 수도 있다는 또 다른 관점이 여전히 존재한다. 인간 본성에 대한 설득력 있는 교리-즉 신-인 관계에서의 인간의 측면, 자연과 사회에서의 우리의 위치, 인간의 문화에 대한 우리의 책임, 구원과 인간의 성취의 같은 의의 등과 관련해 그러한 분명한 선입견을 가지고 있는 이 교리에 대해 도처에서 보는 높아지는 관심보다 더 명백하고 거대한 문제가 현대 신학에 있는가? 펠라기우스주의와 신인협동설은 이제 '더러운 단어'가 아니다. [세속주의는 최근 신성한 암소(sacred cow)다!] 이는 대체로 지난 10년 동안 신정통주의가 빠르게 쇠퇴했다는 것을 설명해 준다. 그러나 아직도 오랜 숙적이 남아 있고, 이미 반격이 시작되었다. 즉, 인간의 속성에 대한 선입견은 휴머니즘으로 가는 쇠퇴의 문턱이다. (웨슬리가 다른 맥락에서 "마음과 삶의 성결"이라고 불렀던) 인간의 성취에 대한 경솔한 이야기는 은총을 무시하거나 부정하는 것으로 쉽게 이어질 수 있다. '신의 죽음'은 하나님과 인간의 관계가 결별적인 경쟁의 관점에서 해석되는 것이다!

그러므로 현대 세계에는 보편성을 추구하는 신학, 신-인간의 역설의 균형을 위해 노력하는 신학, 그리고 신앙주의와 도덕주의, 복음주의와 가톨릭주의, 교회의 성령론적 측면과 성례전적 측면의 중간을 유지하는 신학에 대한 중요한 사명이 있다. 이것은 고물연구가가 임의적인 권한으로 웨슬리나 다른 누군가에게로 돌아가는 것을 의미할 수 없다. 웨슬리는 그런 종류의 일을 거부한 첫 번째 사람이었다. 그렇다 하더라도 거기에는 그의 신학하는 방식에 관하여서, 우리에게 여전히 모범으로 제시되는 어떤 것이 있다. 즉 (1) 그 모든 것을 성경에 근거하여야 하는 것. (2) 그 모두를 여러 세기의 기독교의 전체 합의와 일치시키는 것. (3) 은총과 인간의 기능을 함께 계속 조화시키는 것, (4) 항상 이 모든 것의 목표는, 곧 세상에서의 효과적인 선교와 그리스도께서 위하여 죽으신 세상을 위한 효과적인 봉사라는 것을 기억할 것이다. 우리와 우리의 미래를 위해 이보다 더 장래성 있는 대안이 있는가?

2.5. 메소디스트에는 교회에 대한 교리가 있는가?

[1964] 이것은 원래 1962년 옥스퍼드 메소디스트 신학 연구소에서 출판한 책에 있는 주요한 논문이다. 여기서 아우틀러는 메소디즘의 교회론의 현 성격에 대해 도발적인 견해를 제시하고 있다. 그는 메소디즘을 큰 교회의 환경에서 가장 잘 일하고 있는 '복음적 집단'으로 묘사했다. '선교, 전도, 양육'의 이 비정규적인 운동은 이제 의문스러운 에큐메니컬 지위라는 '비전통'(detraditioned) 상태에 놓이게 되었다. 현재 교회론에 대한 메소디스트의 합의가 부족한 것에 대비해 아우틀러는, 메소디스트의 기원에 대해 새롭게 이해하고, 보편성을 향해 나아가는 메소디스트의 역사적 사명을 소생시킬 것을 주장했다.

여기서 이 질문(메소디스트에는 교회에 대한 교리가 있는가?)이 제시된 방식은 부주의한 사람들에게는 하나의 함정이다. '그렇다'라는 대답은 너무 많은 반면, '아니다'라는 대답은 매우 적다. 말하는 방식에 있어 서로 다른 이 두 대답보다 더 정확한 것은 그럼에도 애매해 보인다. 그러나 형식적으로 확인할 수 없는 다른 많은 질문처럼 이 질문도 중요하다. 그리고 현재 교회 역사의 모든 새로운 전환점에서는 더욱 신랄해진다. 결코 우리 자신들 사이에서 학문적 문제가 되지 않은, 교회와 교회 구성원으로서의 자신들에 대한 메소디스트의 개념의 형태와 주제는, 우리의 내부 일을 관리하는 것뿐 아니라, 우리 시대의 다른 기독교 공동체와의 관계에도 깊고 광범위한 영향을 미친다.

따라서 나는 내게 맡겨진 애매한 임무를 기꺼이 하려 했다. 이는 내가 제시할 명백한 대답이나 교회에 대한 '바른 교리'를 가지고 있기 때문이 아니다. 이 질문에 대한 논의는 분명히 성질이 같은 질문들을 불러일으킬 것이고, 그에 대한 고찰이 내가 우리의 진짜 문제로 여기는 것, 즉 위기에 처한 기독교의 현재 상황에서 갖는 메소디스트의 위치와 사명을 밝히는 데 도움이 될 수 있기 때문에 유익하다. 그러므로 다음의 논평은 그들이 지적하는 문제보다는 그들 자신에게 덜 반응을 일으키고자 한다. 나는 여러분의 동의를 얻고자 하는 것보다, 비록 반대되는 방식으로라도 여러분이 현재 우리의 상황이 우리에게 분명히 요구하는 메소디스트의 교회론에 대한 기본적인 재검토에 나와 함께하도록 자극받을 수 있게 하는 데 훨씬 더 관심이 있다.

또 나는 특정한 제한과 가능한 수정의 난처함에서 각 문장을 보호하려고 노력하지 않았다. 지나치게 조심하는 강의는 토론을 지루하게 만든다. 그러나 여기에 제시된 것이 수사학이 어떤 적절한 학계에 제안할 수 있는 것보다 실제로 덜 즉흥적이고 인상주의적이라는 다른 무례한 논평을 하는 것은 좋은 일일 것이다.

초기에는 메소디스트라고 불리는 사람들에게 교회에 대한 뚜렷한 교리가 없었다. 그런 것이 필요하지 않았기 때문이다(그리고 교회사를 보면, 기독교인들은 그럴 필요가 없다고 생각하면, 즉 교리가 있어야 한다고 생각하지 않는 한 교리를 만들지 않았다). 초기 메소디스트는 교회가 아니었고, 교회가 되려는 의도도 없었다. 그들은 자신들에 대해 18세기의 수많은 종교 단체 중 하나로, 영혼 구원과 기독교 생활의 함양을 위해 헌신하고 있는 부흥운동의 한 회원이라고 이해했다. 이런 단체의 회원이 되는 특정한 조건에 ("죄에서 구원받고 다가올 진노를 피했다는) 교회의 증명서(ecclesiological reference)는 없었다. 그것이 본래의 의도였다. 메소디스트 연합 협회(United Societies)의 대부분 회원은 이미 영국 국교회의 일원이요, 그곳에서 세례 받은 사람들이었다. 존 웨슬리는 충실한 성직자였다.―불규칙하고 일관성이 없게 되는 것에 대비되어 있었을 뿐만 아니라 그는 자신이 영국국교회회 원칙이라고 생각한 것에서의 불규칙성과 불일치를 변호할 준비가 되어 있었다.

찰스 웨슬리는 순응의 관점에서는 사실상 편협한 사람이었다. 평신도 메소디스트가 가졌을 법한 그러한 교회론적 관념은, 국가 교회에 대한 애착과 그로부터의 소외로 이루어진 묘한 혼합물이었다.

이것은 만약 그들이 교회에 대해 완전하게 작성된 독자적인 교리를 가지고 있지 않았다면, 그들이 관련된 교회, 즉 영국 교회와의 관계에서 특이한 문제를 가지고 있었다는 것을 의미했다. 간단히 말해, 이는 그들의 단체와 사업을 후원하거나 심지어 인정하는 것조차 완강히 거부한 '공교회' 안에서 어떻게 복음적 단체(또는 협회)로 존재할 수 있었는지의 문제였다. 쉬플리(Shipley) 교수는 초기 웨슬리안을 영국 교회의 정상적인 임무 안에서 특별한 임무를 수행하는 단체로 요약했다. 이는 그 본래 단체들의 특징적인 조직과 프로그램을 위한 틀을 제공한, 하나님으로부터 임명 받은 특별한 메신저라는 개념이다.

그렇기 때문에 웨슬리는 전 세계를 자신의 교구로 볼 수 있었다. 그가 제임스 허비(James Hervey)에게 쓴 편지에서 설명했듯, "지금까지 내가 말한 것은, [세상의] 어떤 곳에서든 듣고자 하는 모든 사람에게 구원의 기쁜 소식을 전하는 것은 선하고 옳은 일이며, 나의 당연한 의무라고 판단한다는 것이다. 이 일이 하나님께서 내게 부탁하신 일임을 나는 알고 있다."[1] 비슷한 맥락에서 그는 평신도 전도자들에게 이렇게 말할 수 있었

---

1) JWO 19-21, 70-73을 보라.

다. "당신들에게는 오직 한 가지 곧 영혼을 구원하는 일이 맡겨져 있다." 이런 한정적이지만 중심된 목적 때문에, 메소디스트는 교회론적인 변칙, 예를 들어 야외설교, 평신도가 설교하는 것, 웨슬리가 자기 교구를 넘어 다른 교구까지 감독하고 통제하는 것, 예배에서 즉흥기도를 하는 것 등을 정당하게 여겼다. 더욱이 이것이 후반의 엄청난 반대에도, 메소디스트가 영국 교회 안에서 종교 단체로 계속 존재하는 것을 정당화했다. 그래서 웨슬리는 의도적으로 메소디스트가 설교하는 예배에서는 성례전을 행하지 않게 해, 메소디스트 사람들이 성례전과 그리스도인으로서의 공동생활의 전면은 여전히 국가 교회의 사제들에게 의존하도록 했다. 웨슬리는 "우리는 비국교도가 아니다. 우리는 분리파 교회 신도가 아니다. 우리는 분리되지 않을 것이다"라고 계속 주장했다.

그러나 그들, 곧 18세기 영국 국교회의 제도 안에 있지만 거기에 속하지 않은 이 사람들은 무엇이었을까? 그들은 많은 영국 국교회 지도자를 당황하고 불쾌하게 했다. 거기에는 버틀러, 존 스미스, 에드몬드 기브슨 같은 좋은 사람뿐 아니라, '열광주의'를 외치며 그리로 가자는 라빙턴(Lavington), 워버튼(Warburton), 처치(Church) 같은 완고한 사람도 있었다. 더욱이 반대론자들에게 메소디스트는 종잡을 수 없는 사람들이었다. 그들은 왜 그토록 적극적으로 성결을 옹호하는 사람들이 부패한 국가 교회에서 나와 독립하지 않는지 이해할 수 없었다. 따라서 시간이 흐르면서 점점 더 많은 메소디스트가 (비록 항상 소수이긴 하지만) 영국 교회에서의 그들의 상황을 이상하고 견딜 수 없는 것으로 여기게 되었다. 그러나 웨슬리는 메소디스트 단체들이 무엇을 위해 존재해야 하는지 알고 있었다. 그래서 그는 계속해서 메소디스트 단체들을 '이 땅에 성경적 성결을 전파하는' 특별한 사명을 지닌 복음적 단체로 유지하기로 했다.

일단 그가 그 일에 관련되자, 부흥운동이 그의 남은 인생의 설교, 신학 연구, 저술, 출판, 그리고 그의 사적 사회적 일을 지배했다. 그는 메소디스트 단체가 부흥의 주요한 기관이며, 이것이 그들을 중요하게 만들고 정당화한다고 확신했다. 또 기득권을 타도하거나 점령함으로써가 아니라, 일반적으로 불이행되고 있었던 교회의 본질적 사명을 실제로 수행함으로써 영국 교회를 개혁하는 것이 그들의 희망이었다. 메소디즘은 그 시초부터 그 이후 무엇이 되었든 간에, 기독교의 선교, 증거, 양육의 사역을 결정적인 첫 번째 본분으로 삼고 있다.

교회에 대한 존 웨슬리의 교리는 그의 다른 신학과 마찬가지로 흥미로운 혼합물이었다. 그 교리의 견고하고 일관된 핵심은, 존 주얼(John Jewel)이나 리처드 후커와 같은 반로마 영국 '가톨릭교도들'의 전통에 의해 주장된 영국 국교회 전통의 바닥에 있는 침전물에서 잘라져 나왔다. 예를 들어, 주얼의 교회론의 중요한 특징은 주로 토머스 하딩(Thomas Harding)과의 논쟁에서 드러났는데, 그것은 다섯 가지로 요약될 수 있다. (1) 교회는 성경에 종속된다. (2) 교회는 그리스도 및 기본적인 교리와 하나가 되어야 한다. (3) 교회론에 대한 이론적인 틀은 교부 시대에서 이끌어내야 한다. (4) 사도적 교리여야 한다. (5) 직무상의 감독이 있어야 한다(이 감독은 교회 자체보다는 교회의 안녕을 책임져야 한다). 이러한 각각의 주제는 웨슬리가 언제 어디서든 교회의 형태와 그것이 역사에서 계속적으로 존재하는 것에 대해 언급할 때마다 되풀이된다. 후커(Hooker)가 대륙 교회의 성직 수임을 정당화하고 승인한 근거는, 웨슬리가 오로지 감독 정치만 원래부터 있었거나 고전적인 영국 교회의 것이 아니었다는 자신의 이해를 입증한 바로 그 근거다.

웨슬리가 교회를 성례전과 예배의 공동체로서 본 것은, [힉키스(Hickes),

케틀웰(Kettlewell), 켄(Ken), 넬슨 등의] 가톨릭 선서거부자들(Nonjurors)과 스쿠걸이나 백스터와 같은 청교도 신앙의 거장들의 다양한 출처에서 비롯된 것이다. 교회의 형태와 행정에 대한 그의 견해는 청교도나 비국교도들이 아니라, [스틸링플리트, 로드 킹(Lord King), 틸러트슨 등] 소위 광교회파(Latitudinarian)에서 나왔다. 교회에 봉사하는 복음주의 단체에 대한 웨슬리의 비전은, 루터교와 모라비안의 경건파 교도들, 기독교 생활의 완전을 추구하는 4세기의 신도들, 그리고 예수의 협회(Society of Jesus)로부터 '종교 단체들'에 의해 개혁된, 안소니 호넥(Anthony Horneck)의 교회에 대한 비전을 창조적으로 합성한 것이었다. 그러나 그는 이런 것에 대해 이상하게도 착잡한 감정을 가지고 있었다. 그의 성례전에 대한 신학은 그의 아버지의 "경건하게 성찬을 받는 자"(Pious Communicant, 그는 이 내용을 가져와 "세례에 관한 논문"을 썼다)와 다니엘 브레빈트(Daniel Brevint)의 "기독교적 성찬과 희생제"(Christian Sacrament and Sacrifice)을 완전히 차용했다. 이러한 특정 영역에서의 대륙 종교 개혁주의자들의 영향력은 그저 간접적인 것에 지나지 않으며, 주로 [부처, 순교자 피터(Peter Martyr), 멜란히톤 등] 개신교 온건파로부터 크랜머(그의 설교)와 주얼 등을 통해 전해졌다. 이것은 그가 가진 루터에 대한 일반적으로 취약한 견해, 교회의 신약 모델에 대한 칼빈의 개념의 암묵적 거부, 개신교 좌파의 교파적 교회관에 대한 노골적인 거부를 동반한다.

웨슬리의 '합성된' 교회론이라고 부를 수 있는 세 가지 주요 문헌은 설교 74번, "교회에 관하여"와 설교 75번, "분열에 관하여", 그리고 1745년의 회의록이다. 이 외에 도움이 되는 자료는 그의 설교 "숫자 23:23에 대하여"와 "교역자의 직무에 관하여"다. 내가 이 논문의 기본 가설의 틀에서 상기하고 싶은 것이 이 글들에 있다.

가톨릭(catholic) 즉 보편적 교회는 '신자들의 모임'(coetus credentium)으로, 하나님께서 살아 있는 믿음의 힘을 주기 위해 세상에서 불러내신 사람들의 모임이다. 영국 교회는 영국에 살고 있는 이런 전체 모임의 일부분이다. 이와 관련해 웨슬리는 교리 신조 19조의 긍정적인 의미를 확언했다. 그러나 이어서 그 신조가 금지하고 있는 부분은 거부했다. 엄격히 말하면, 이 신조는 로마 교회의 신도들을 공교회에서 제외하고 있다. 웨슬리는 그렇게 하기를 원치 않았다.

"분열에 대하여"라는 설교에서 웨슬리는, 기독교 그룹들 간의 다양성과 분열을 구분한다. 그가 말하는 '분열'에 대한 신약성경의 정의는, 그리스도인들이 "심지어 지금도 같은 외적인 사회의 구성원으로 있으면서" 마음과 사랑으로 서로 소외되는 것 그 이상도 그 이하도 아니다. 그러나 이러한 '마음의 불화'는 일반적으로 말하는 '분열', 곧 '살아 있는 그리스도인들의 한 몸으로부터의 이유 없는 분리'를 초래하거나 발생시킨다. "오직 우리의 사랑이 식어질 때 우리는 형제로부터의 분리를 생각할 수 있다." 이런 분리의 핑계는 셀 수 없이 많을지 모르지만, 그 진정한 원인은 항상 사랑의 결핍이다. 그렇지 않으면 그들은 여전히 평화의 유대 가운데서 성령으로 하나가 되어 있을 것이다.

영국 교회와 교감하는 것 그 자체가 부패한 것이라고 주장하며, 따라서 "당신들은 영국 교회에서 분리되어야 한다"고 결론 내린 사람들에게 웨슬리는 이렇게 답했다.

> 내 경우를 예로 들어 보겠다. 나는 청소년기 이후 지금도 영국 국교회의 회원이요, 성직자다. 내 영혼이 떠날 때까지 나는 영국 교회에서 분리되려는 생각이 없고, 그러고 싶지도 않다. 그럼에도 하나님께서 내게 요구하시는 것을 열심히 하면서 머물러 있을 수 없다면, 서슴없이 거기서 분

리되어 나오는 것이 올바른 나의 의무가 될 것이다. 더 구체적으로 말한다면, 하나님이 내게 복음의 분배를 위임하고 계심을 나는 잘 알고 있으며, 참으로 나의 구원은 그것을 선포하는 데 달려 있다. … 이것을 제외하는 것 없이는, 또 복음 선포를 그만두는 것 없이는 교회 안에 계속해서 머물러 있을 수 없다면, 나는 반드시 거기서 분리되어 나와야 한다. 그렇지 않으면 내 영혼을 빼앗기게 될 것이다. … 이제 잠시 이것을 제쳐 두고, 내가 속한 단체나 교회가 성경에서 금하는 것을 하라거나, 성경이 하라는 것을 못 하게 요구하지 않는다고 생각해 보라. 그렇다면 그곳에 계속 있어야 하는 것이 나의 필요 불가결한 의무다. (설교 75번, "분열에 대하여").

1745년의 회의록에서, 그리고 메소디스트 단체의 대표 목사이자 감독인 자신의 지위에 대한 질문과 관련해, 웨슬리는 교회 정치의 개념을 이렇게 요약했다.

교회 행정의 명백한 기원은 이것인 것 같다. 그리스도께서 복음 전도자를 파견하신다. 그러면 어떤 사람들은 그 설교를 듣고 회개해 복음을 믿는다. 그들은 예수께서 자신들을 돌봐 주시고, 믿음 안에서 세우시며, 자신들의 영혼을 의의 길로 인도하시기를 바란다. 여기 독립된 회중이 있는데, 그들 자신들 외에는 어떤 목사도 없어, 영적인 일에서 다른 사람이나 어떤 단체의 통제를 받을 수가 없다[지금까지도 빈약한 회중교회주의 (Congregationalism)].

그러나 곧, 그가 그를 보내신 하나님의 이름으로 말할 때 이따금씩 참석하던 다른 회중의 사람들이 자신들에게 와서 도와 달라고 그에게 간청한다. 그는 그것이 하나님의 뜻임을 안다. 그러나 그의 [원래] 회중에서 가장 지혜롭고 거룩한 사람과 의논하고, 그가 돌아올 때까지[그의 부재시] 양떼를 지킬 수 있는 은사와 은혜를 받은 사람을 임명한 그들의 충고를 참작한 이후에 요청에 응한다.

만일 다른 양 떼를 새로운 곳에서 양육하는 것이 하나님을 기쁘시게 하는 것이라면, 그들을 떠나기 전에 그는 똑같은 일, 곧 하나님께서 이 영혼들을 돌보는 일에 자격이 있다고 보시는 사람을 임명하는 일을 한다. 같은 방식으로, 하나님의 말씀으로 작은 무리를 모으는 것이 하나님을 기쁘시게 하는 모든 곳에서, 그는 한 사람을 임명해 자기가 없을 때 나머지 사람들을 감독하고, 하나님께서 주시는 능력으로 그들을 돕게 한다. 이들은 집사, 또는 교회의 봉사자들이며, 첫 번째 목사를 그들의 공동 아버지로 여긴다. 그리고 이 모든 회중은 그를 같은 시각으로 바라보고, 그들의 영혼의 목자로 그를 존경한다.

이들 집단은 엄격하게 독립적이지는 않다. 그들은 비록 서로는 아니더라도 한 목사에게 의존한다.

이러한 집단이 늘어감에 따라, 그리고 집사들이 나이가 들고 은혜에서 자라감에 따라, 그들은 다른 서리 집사들 또는 조력자들을 필요로 한다. 그들을 상보라고 부를 수 있을 것이다. 또는 주 안에서 모두의 [공동] 아버지로서 그들 모두의 감독이라고 부를 수도 있을 것이다.[2]

이것은 물론 기독교 교회의 1세기와 2세기의 실제 역사에 대한 이야기로서는 매우 비현실적이다. 그러나 1739년에서 1745년까지의 메소디스트 단체의 출현과 역할에 대한 웨슬리의 이해에 관해서는 거의 정확한 설명이다.

---

2) John Bennett's copy of the Minutes of the Conference of 1744, 1745, 1747, 1748. Publication of the Wesley Historical Society, No. 1. London, 1896. Published for the W. H. S. by Charles H. Kelly.

분리를 둘러싼 오랜 노력의 이야기는 꼬이고 얽혀 있다. 나는 그 분명한 이야기에 대한 모든 필수적인 자료를 알지 못한다. 내가 알기로, 이 자료는 어떤 접근할 수 있는 형태로 남아 있지 않다. 아무도 당시 반대파와 지지파 간에 오간 이야기와 웨슬리의 말을 함께 정리한 적이 없다. 그러나 이 이야기 가운데 가시적으로 뚜렷한 것도 있다. 즉, 1755년의 연회에서 분리를 강력히 추진하는 것을 웨슬리가 간신히 막았던 일, '주교관'(The Mitre)에 있는 에드워드 페로넷(Edward Perronet)의 짓궂은 엉터리 시, 찰스 웨슬리의 결별에 대한 공포와 뒤이어 (무엇보다도) 그가 부흥운동에서 탈퇴한 일, 안수 받은 성직자와 동등하게 대우해 달라는 평신도 설교자들의 외침의 증가 등이 그것이다. 이러한 것들이 분리가 지속적인 문제였다는 사실을 부분적으로 말해 준다. 1755년부터 1790년까지의 회의록을 보면, 이 문제는 연회 때마다 되풀이되었다.

1755년의 연회가 끝나자 곧 웨슬리는 동료 복음주의 성직자인 사무엘 워커(Samuel Walker)에게 (1755년 9월에) 편지를 써, 영국 교회 안에 있는 그의 복음주의적인 단체들과 '불규칙한 것들' 그리고 모든 것에 대해 변호했다. 워커와 나눈 이야기의 요점은, 소위 말하는 이런 '불규칙한 것들'이란 각각 그리스도인의 증거와 훈육(discipline)이라는 복음적 임무의 행사를 말하는 것이며, 이것이 반드시 비국교도의 징조는 아니라는 것이다. 그는 그가 정말 이야기하고자 한 것은, "신중함과 인내심을 가지고 행해지는 하나의 방법으로, 메소디스트의 헌법을 적법한 규정을 만들고, 하나님의 지도아래 메소니스트가 실천적인 종교의 목적에 더 많은 역할을 하게 하는 것이라"고 말했다.

이 모든 논평과 내가 알고 있는 다른 모든 곳에서, 우리는 독특한 방식으로 특징지어지는 본질적인 교회의 특징(notae ecclesiae)을 발견한다. 이것이 내가 고전적인 메소디스트(웨슬리안) 교회론이라고 부르는 것이다.

1. 교회의 일치는 성령 안에서의 그리스도인의 코이노니아에 기초한다.
2. 교회의 거룩함은 의롭게 하는 믿음에서 시작해, 그리스도인의 삶을 성결의 복음까지 인도하고 성숙시키는 은혜의 규율에 근거한다.
3. 교회의 포용성은 모든 참된 신자의 기본적인 공동체로서 구원을 온 세계에 전하는 데 있다.
4. 교회의 사도성은 사도적 증언에 충실한 사람들의 사도적 교리를 계승하는 것에 의해 측정된다.

웨슬리는 의미심장하게, 그리고 모든 점에서, 교회는 봉사, 선교, 그리스도인의 생활에서 영혼을 구원하고 성숙시키는 일을 하는 곳이라고 정의했다. 선교라는 교회의 이러한 비전은 형태와 제도로서의 교회에 대한 영국 국교회의 관점 안에서 실현되고 이행되는 것이었다. 더구나 웨슬리는 술에 취한 영국 국교회 교인부터 술에 취하지 않은 영국 국교회 교인까지(즉, 버틀러부터 주얼까지, 라빙턴부터 크랜머까지, 워버튼부터 후커까지), 그리고 모든 사람부터 교리신조, 설교, 공동기도문에까지 호소하는 데서 약간의 기쁨을 느꼈다!

그러나 메소디스트는 복잡한 과정을 거쳐 결국 독립해 교회가 되었으며, 그것을 옹호하는 것은 당파적이고, 뉘우치는 것은 무익하다. 가치가 있기 때문에 나는 1790년부터 1840년까지 반세기 동안 영국이나 미국 기독교와—그 역사에서의 메소디스트의 역할에 대해 적절하게 비판적이고 적절하게 종합적인 리허설이 없었기 때문에 역사가이기도 한 메소디스트로서 매우 부끄러움을 느낀다는 점을 말씀드리고 싶다. 그러한 것은 현대 교회 역사와 에큐메니컬한 이해에 매우 유용한 공헌이 될 것이다. 그것은 기독교의 일치에 대한 탐구를 복잡하게 만들고 좌절시킨 '비신학적 요인'에 관한 도드(C. H. Dodd)의 유명한 편지의 논제에 대한 더 많은 증거를 제공할지도 모른다.

그러나 우리가 말할 수 있는 것은, 메소디즘이 하나의 단체에서 교회로 바뀐 것이 교회에 대한 한 이론의 빛나는 초기에 일어났다는 것인데, 이때 경쟁하는 기업체들의 유비가, 그들의 몇 개의 주권과 자율성을 가진 교파들의 경쟁에 대한 비유로 기독교인들에게 잘 이해되었다. 더욱이 하나의 교파로서의 메소디스트의 변화는 메소디스트와 영국 국교회인들 사이에 지속적인 반감(bitterness)을 야기한 상황에서 진행되었다. 이는 옥스퍼드 운동(Tractarian) 논쟁으로 예민해진 분위기에 의해 악화되었다. 그 결과 메소디스트를 광신파와 같은 어떤 비국교파의 품으로 밀어 넣어, 그들은 가장 눈에 띄는 측면에서도 다른 자유 교회들과 거의 분간할 수 없게 되었다.

이러한 단체에서 교단으로의 전환의 역사적 유형은 얽혀 있으며, 국가마다 그리고 때때로 매우 다양하다. 그것은 처음에는 미국에서 시작되었고, 그다음에는 영국과 다른 곳에서 일어났다. 가장 흥미로운 사례 중 하나는 캐나다에서 있었다. 거기서 메소디스트의 전환은 미국이나 영국에서와는 다른 과정을 밟았다. 캐나다 연합교회의 추후 발전을 이해하려면 이 점을 파악할 필요가 있다. 그러나 모든 경우에서 전환 과정은 일련의 차용과 공생의 적응을 포함했다. 전형적으로, 메소디스트는 교회론적인 문제에서 부족함을 느꼈을 때, 편리하고 정말로 유용해 보이는 것은 무엇이든 찾아보았다. 그리고 그것을 취해 (종종 그 원형과는 꽤 다르게) 그들 자신의 용도와 목적에 맞게 적용했다. 미국 메소디스트에서 있었던 이러한 종류의 예로는, (1) 감독제 정치, (2) 연회 제도에서의 대표 및 위임 체계, (3) 1808년의 성문 헌법(written constitution), (4) 영역 확장과 정착의 유형 등이 있다. 영국에서 (혹 미국인들이 그런 것을 이해하리라고는 거의 기대하지 않는 것 같지만) 메소디스트는 영국 교회와 점점 멀어지게 되었고, 그들 스스로 비국교파와 종파주의의 유형에 적응하는 데 더 준비되었다는 것을 알았다. 웨슬리 이후 메소디스트 안에 있었던 여기저기서 차용하는 경향은 '반대의 일치'(coincidentia oppositorum)라는 교회론을 낳았다. 윌리엄 포프는 이렇게 설명한다.

> [교회]에는 일정한 속성이 있다. … 그것은 통일성, 신성함, 투명성, 보편성, 사도성, 흠 없음, 영광 등이다. 그러나 우리는 또한 이러한 측면에서 발견한다. … 어느 정도그에 대응되거나 상반되는 특징들, 즉 다양성, 불완전함, 가시성, 지역주의화, 고해성사, 변하기 쉬움, 투쟁력의 약화 등이 그것이다. 그러므로 우리는 그리스도의 참된 교회는 한 몸으로 그 안에 이러한 상반된 속성들이 연합되어 있다고 결론 내린다.[3]

이런저런 방식으로 19세기의 메소디즘은 공교회(또는 준공교회) 안에서 복음적 단체로부터 저교회파 개신교 교단 또는 교단들의 집단으로 발전했지만, 그들과 비슷한 종류의 사람들, 곧 대륙의 종교개혁의 더 직계 후손인 그룹들과는 항상 미묘하게 구별되었다. 메소디스트는 다른 개신교와 같이 '성경만으로'를 굳게 주장했다. 그러나 또한 메소디스트는 아르미니안이었고 율법무용론을 반대했으며, 따라서 '믿음만으로'의 해석에서는 개혁주의 전통과 상당히 달랐다. 이것의 신학적인 결과는 던랩(Dale Dunlap)이 예일 대학교 박사논문에서 보여주었듯 대단히 중요하다.

미국에서 메소디스트는 우선 첫째로 저교회(low church)였고, 침례교도들

---

3) 254. *A Compendium of Christian Theology*, III. 266-67.

과 (나중에는 캠벨교도들과) '신자의 세례'와 침례, '연결 조직'과 같은 문제에서는 서로 크게 달랐지만, 사회유형학이나 윤리 사조 같은 다른 많은 면에서는 그들과 매우 친숙해졌다. 이러한 교회론적 생태계의 예측 불허한 변화가 존재하는 현 세기에는 많은 단체가 스스로를 바꾸고, 이제 미국의 메소디스트는 엄청난 속도로 회중교회의 자치 제도로 옮겨가고 있는 반면, 침례교와 그리스도파(The Christians)는 메소디스트와 거의 같은 종파가 되고 있다. 게다가 침례교와 그리스도파 회중교회는 지금 유아헌아식(dedicate infants)을 하고 있다. 그리고 현재 가지고 있는 기본 이론과 일치하는 견지에서 유아 세례를 주고 있는 매우 많은 메소디스트 교회가 있다. 그러나 동시에 영국과 미국의 메소디스트는 다양한 의식과 예식을 위해 아직도 영국 교회의 공동기도서를 선택적으로 사용하고 있다. 최근 예배의 개혁에 대한 관심이 되살아나면서 그것의 상당 부분을 공공연하게 모방하고 있는 것이다. 요점은, 우리가 메소디스트의 교회론의 이례적인 것, 또는 메소디즘의 다른 어떤 교리를 이해하려면, 이처럼 깊게 자리 잡고 있는 공생적 경향을 고려해야 한다는 것이다.

그럼에도 의도하지 않은 가운데 교회가 된 이 역사에는, 메소디스트들이 진정으로 자기 이해의 과제에 직면할 때는, 대개 사사롭게 하던 복음 증거를 교회의 본질적인 사역으로 그 범위를 넓히고 깊게 하려는 긴급한 토대에서 일어난 복음주의 단체에 대한 그들의 민족적 기억을 회복한다는 것을 우리에게 상기시켜 주는 획기적인 사건들이 있다. 교회가 이상적으로 충만한 교회가 되지 못한 채 교회의 일을 하는 것은 ㅡ리처드 왓슨과 윌리엄 포프를 예로 든다면 이 점에서 나는 우리가 할 수 있다고 생각하는데ㅡ 우리는 재빨리 그들 각자에게 교회론은 그들의 천재성이나 독창성을 거의 주장하지 않는 보조적 관심사며, 오늘날에 그것은 여러 면에서 '전도의 신학'이라고 부를 수 있는 것으로 충당된다는 것을 발견한다.

왓슨에게서 신학의 첫 번째 일은, 하나님의 계시에서 도출한 교리를 제시하는 것이다. 그리고 그것을 복음 설교와 연결하는 것이다. 그의 책, 『기독교의 신학개요』(Institutes)의 많은 부분이 성경의 권위(Part 1)와, 전체 체계의 핵심인 구원(II, xix-xxix)과 함께 성경의 교리(Part II)를 다루고 있다. 그리고 '교회의 제도'(Part IV)에서는 교회를 신자들의 영적 교제로 보는 관점을 설명하고 있다. 거기서 그는 성도의 교제는 (결코 '확립'된 것이 되어서는 안 되고) 통제와 규율의 힘을 가져야 하며, 모두가 기능적이어야 한다고 말한다. 세례는 사무엘 웨슬리(Samuel Wesley)와 마찬가지로 언약적인 관점에서 해석해, 유아에게도 세례를 주되 보통은 물을 뿌리는 것으로 행해져야 했다. 성찬식에 대해서는, 1662년 판의 XXVIII 조항에 관한 "영국 교회의 의견을 받아들여야 하고, 그것은 대체로 신약성경의 견해와 같다"(Part II, 667)고 결론 내렸다.

포프에게서는 기독교 진리의 핵심이자 중심은 구원론이다. 이는 속죄에 근거하고 있으며, 믿음과 성결이라는 그리스도인의 삶에서 표현된다. 포프의 교회 교리는 솔직히 절충적이며 중재적이다. 곧 영국 교회의 신앙 개조를 라우디안 이전(Pre-Laudian)의 해석으로 받아들였지만, ― 그 결과는 완전히 비국교도의 성향에서 해석되었다. 그의 가장 인상적인 언급은 교회를 성령의 기관과 신앙 성숙을 위한 모체로 묘사할 때 나온다. 여기서 그는 곧바로 메소디스트의 속회(Class meeting)를 언급한다[『메소디스트의 교리의 특징』(The Peculiarities of Methodist Doctrine, 1873)의 pp. 18-19에서는 다소 드물게 긍정적으로 평가했다].

전 세계 특히 영국에서 메소디스트 신자들은 예수의 이름을 일반적으로 성찬식에서 하듯 사람들 앞에서뿐 아니라, 형제자매들의 모임에서도 고백하는 그리스도인의 교제의 전통을 고수하고 있다. 이런 종류의 친교를 우리가 독점하고 있다는 것은 아니다. 상호 고백을 위한 만남, 그리고 교화와 상담은 항상 교회의 가장 순수한 행위와 형태에서 지향되어 왔다. 하지만 그것들을 헌법에서 규정하고 있는 것은 우리 공동체뿐이다. 그것이 우리의 단체의 특징에서 너무 크게 자라면서, 우리는 이 제도를 또한 교회의 조직과 혼합하려 했다. 아직 완전히 성공하지는 못했지만, 완전한 성공에 대한 희망을 북돋우는 결과는 있다. 그것은 우리 교회의 재정에 뿌리를 두고 있는 것과 같이 우리 신도들의 애정에도 뿌리를 두고 있다. 기독교의 사회적 요소가 그 안에서 표현되지 못한 형태는 옛 속회보다 더 보편적인 열의를 그것에 유리하게 요구했다. 다른 형태의 연합은 전체 기독교 역사에서 영광을 받았고, 그것을 위해 살고, 때로는 죽기도 했다. 그러나 성경의 가르침에 접목된 어떤 기관이 경건한 모든 단체의 그러한 광범위하게 확산된 존경을 명령했는지, 아니면 메소디스트 속회처럼 실제적이고 강력한 선한 증거로 스스로를 입증했는지는 의문이다. … 부주의하고 미숙한 힘이 최근 들어 그것에 간섭하고 있다. 그러나 헛된 일이다. 세부 사항과 관리 측면에서의 많은 개선은 인정할 수 있지만, 그 기반은 안전하고 침해할 수 없다.

이 마지막 지점에서 그가 옳았더라면!

20세기에 적어도 미국에서 메소디즘은 급진적인 변형을 겪었고, 그것은 자연스럽게 우리 일반 회원 안에서 일어나거나, 다른 사람들에 의해 우리에 대해 일어나는 어떤 교회학적 성찰에도 영향을 미쳤다. 이는 주로 고전적 메소디즘과의 중요한 전통적 연결고리를 잃은 전통에 동화된 독일-계몽신학의 영향이라고 말하는 것은 진리의 방향을 지나치게 단순화한 것이다. 이 발전의 결과를 설명하는 한 가지 방법은, 우리가 역사적 기원의 중력장을 넘어섰고, 이제 우리의 독특한 역사가 우려하고 있는 것, 곧 정신과 정치의 변질된 상태에 관한 한 무중력 상태에 있다고 말하는 것이다. 적어도 미국에서 메소디즘은 (사회학적 의미에서) '기성 교회'다. 따라서 거기서는 이미 설립된 것의 유지와 확장이 그것과 관련된 거의 모든 사람에게 미룰 수 없는 중요한 의무가 되었다.

그러나 교회론적으로 말하면, 우리는 멜기세덱의 계보를 따른 교회다. 우리는 영국 국교회의 유산으로부터 (설득력에서 편집증에 이르기까지의 다양한 이유로) 멀어졌고—(루터란과 칼빈주의자들이 반-로마주의에서 그러했듯) 다른 어떤 형태의 보편적(catholic) 기독교와도 혈연관계가 없다. 그리고 너무 '세속적'이 되고 중류 계급의 운동이 되어 급진적인 개신교나 오순절주의자들과의 진정한 협력을을 하게 되었다. 그런 우리는 우리의 제도적 형태는 독특하게 우리 자신의 것이나, 신학적 조직은 여러 곳에서 조립한 그리스도인들이다. 그러나 에큐메니컬 운동에서의 위치는 고통스러울 정도로 분명치 않다.

이 모든 파생적이고 상징적인 행위에서, 우리가 교회인 것에 대한 우리의 최우선이자 마지막 변호는, 우리가 영국 국교회 안에서 복음주의 단체로 있을 때의 처음 변호와 여전히 정확하게 똑같다는 것을 우리는 깊이 그리고 거의 본능적으로 인식하고 있다. 즉, 기독교는 그리스도인의 선교, 증거, 양육, 곧 '마음과 생활에서의 성결'에 대한 우리의 복음주의적 관심에서 주로 매우 진지하게 구별된다는 것이다. 나는 내가 현재 '교회에 대한 메소디스트의 교리'로 알고 있는 어떤 오늘날의 교회론적 공식화나 공식을 지적할 수 없다. 그러나 나는 솔직히 내가, 나에게 특징적이고 독특하다고 생각되는 메소디스트들 가운데 일정하고 비교적 일관된 관심이 있음을 인식할 수 있다고 생각한다. 교회는 '신실한 사람들의 모임'(선교하는 운동)으로, 그 안에서 말씀이 바르게 전해지고(복음 선포), 성례전이 바르게 행해지며(예배), 다른 모든 것과 함께 바르게 행한 설교가 바르게 들리고, 바르게 행한 성례전이 바르게 받아들여지게 되는 것이 필수적이다

(그리스도인의 훈련과 양육). 그러므로 우리의 교회의 표식(notae ecclesia)은 *복음선포, 예배, 훈련이다.*

메소디스트의 모임에서 복음적 단체의 사명에 대한 주제가 언급될 때마다, 때로는 약간 이상한 맥락에서도 반응하는 화음을 낸다는 것을 알게 되어 흥미롭다. 예를 들어, 세계교회협의회의 신앙질서위원회에서 이루어지는 현재 가장 중요한 문제에 대한 결정적이고 심오한 논쟁에서, 사람들은 때때로 메소디스트가 실제로는 귀 기울이지 않거나, 적어도 '제3의 귀'로도 듣고 있지 않다는 인상을 받는다. 그러나 누군가가 참가자의 기본적인 행위로서 교회에 대해 예리하게 말할 때는, 가장 과도하게 제도화된 메소디스트조차 관심을 끌기 위해 뛰어들고, 적어도 의무적으로 보고하려는 순간적인 충동을 느낀다.

이 논평의 취지는 메소디즘이 교회의 기능적 교리의 본질을 결코 잃지 않았으나, 동시에 스스로 그리고 자신을 위해, 그들이 이해하고 있는 '적절한' 교회에 어울리는 완전한 교리를 발전시키지는 않았다는 것이다. 이것이 우리로 하여금 그의 교회론을 이론적으로나 실제적으로 온전히 설명할 수 없게 만든다. 그러나 이것은 우리의 다른 교단과의 관계에 대한 의문을 제기한다. 이는 우리 교회의 '대외적인 관계'(foreign relation)를 말하는 것이다.─즉 우리가 세계 메소디스트 위원회의 범종파적 유형 내에서 유지하고 있는 것들이나, 세계교회협의회(또는 국가나 지역의 교회협의회)의 각 종파 간에 공유하고 있는 것들과 관계를 말하는 것이다.

지금은 에큐메니컬 운동이 현재 기독교 역사에 존재하는 위대한 사건들 중 하나라는 것은 모두가 아는 사실이다. 또 메소디스트가 세계교회협의회 운영에서 제 위치를 찾고 확보하는 일에 어려움을 겪었다는 것도 모두 알고 있다. 그 과정에서 매우 터무니없는 고정관념이 등장해 메소디스트와 비메소디스트 간에 정신의학자들이 말하는 병렬적 관계(parataxic relationship)를 일으키거나 계속되게 하는 일이 발생했다. 나는 그런 일에 다소 지치지만, 그것들은 회의 때마다 계속 우리를 괴롭히고 있다.

나는 지금도 물론이지만 적어도 두 세대 동안 교회론에서 메소디즘 신자들의 약간의 합의조차 없었다고 말했다. 성직자의 직무와 관련해 많은 메소디스트가, 그 신학적 기반에 관한 것보다는 성직자의 역할과 관련된 중요한 주제에 동의할 것이다. 그리고 교회의 사도성, 보편성, 교회 정치, 안수의 의미, 규율과 파문 등에서의 권한 등에 대한 질문을 해결할 수 있는 합의문이 어디에도 없으며, 이에 대해 상상할 수 있는 어떤 전망도 없다.

그러므로 적어도 미국의 메소디스트는 여전히 유아세례를 행하고 있다. 그러나 웨슬리가 쓴 "세례에 대한 논문"을 읽었다면, 대다수의 사람은 그가 말하는 유아세례의 전제와 결과를 받아들이려 하지 않을 것이다. 성찬과 관련해서는, 성찬의 은총의 본질과 성찬에 나타나는 하나님의 임재와 역사에 대해 많은 혼동이 있다.

메소디즘이 교회로 계속해서 존재하고 또 존재하려 할 때, 그 교회 자체는 본질로서의 교회(제도적인 유지와 관리)와 실제 교회(복음 선포, 양육, 봉사) 사이의 긴장에서 생기는 일 때문에 점점 더 괴롭고 당황하게 될 것이다. 만약 이것이 과거에 그랬듯 다음 반세기 동안 계속된다면, 우리는 확실히 유감스러운 상태가 될 것이다. 만약 우리가 계속해서 (남의 것을) 빌리고, 이어 맞추고, 경건한 계략을 꾸민다면, 우리는 분열된 기독교 집안에서 나이든 잘난 체하는 사람들의 눈에 우습게 보일 뿐 아니라, 우리의 정당한 유산에 대한 자랑스러운 주장이 완전히 의심받게 될 것이다.

우리가 가진 어려움 중 하나는, 메소디즘의 독특한 교회론적 유형이 가톨릭의 포괄적 환경에서 잘 기능하도록 설계되어 있는 것이라고 나는 생각한다(여기서 '가톨릭'이라는 단어가 원래 의미하는 바는 효과적이고 보편적인 기독교 공동체다). 우리는 다른 종파들이 하는 것처럼 혼자서는 잘하지 못한다. 그럴 만한 이유가 있다. 자기 유지에 몰두하는 것은 우리의 독특한 존재로부터 우리를 산만하게 한다. 이것이 바로 자의식이 강하고 교파 중심적인 메소디스트가 자신의 특별한 친구나 친척, 그리고 그와 같은 사람들을 제외한 모든 사람에게 엄청나게 지겨운 이유다.

메소디즘은 하나님의 계획으로 생겨났다.—그것도 임시로! 웨슬리와 초기 메소디스트가 필요한 비범한 행동으로 긴급 상황에 대처한 노력으로 자신들의 일을 이해했다는 것에는 의심의 여지가 없다. 신약의 그리스도인들의 종말론적 견해처럼, 그 '비상사태'는 길어졌고, "구급대원은" 한 세대 성격을 갖게 되었다. 그러나 우리는 우리가 여전히 18세기 원천의 주제와 정신에, 우리가 알고 있는 것보다 더 깊이 뿌리 내리고 있다는 것을 잊을 때는 언제나 우리는 전망(곧 사물을 바로 보는 법-역주)을 잃는다. 우리는 전도와 예배, 훈육과 양육의 일을 하는 적절한 복음적 단체로서 일하기 위해 공교회 안에 있는 것이 필요하다. 그러나 우리 대부분은 기존의 일방적인 선택사항 중 어느 것도 우리의 현재 상황에 적합한 대안이 아니라는 것을 분명히 알고 있다. 포용성(catholicism)으로 가는 길—즉 기독교의 연합은 진정한 포용으로서의 그것의 참된 위치를 잃은 어떤 것으로 돌아가기보다, 포용성을 새롭게 하는 방향으로 나가는 것이다. 한편, 우리는 교회이기 때문에, 우리의 교회적 성격을 실행함에서 책임감 있게 행동하려 노력할 것을 우리에게 요구하는 것은 실용적인 편의 이상이다. 이것은 무엇보다도 우리 자신의 전통에 대한 재고와, 기독교가 살아가고 그리스도인의 과거와 그것의 에큐메니컬 미래에 대한 개방성으로 진정한 연속성을 유지하기 위한, 전통적인 과정에서의 우리 전통의 역할에 대한 재고를 의미한다. 또 교리 교육에 대한 것, 집단 훈련과 치료에 대한 좀 더 적절한 대비, 일반 사제직의 직무와 우리 자신의 대표 사제단의 의미 등에서 우리가 교회로서 가지는 의무에 대한 중요한 재고를 의미한다. 무엇보다도 그것은 진정한 기독교 연합의 참으로 유효한 대안을 기다리면서, 하나님께서 우리에게 요구하시는 한 오랫동안 교회라는 존재로서의 예배와 성례전에 대한 의무를 받아들인다는 것을 의미한다.

분열되고 부서진 기독교의 모든 종파는 '순례 중에 있는 교회'(*ecclesia in via*)지만, 메소디스트는 우리의 교회적 존재의 과도적 특징을 지속할 뿐 아니라, 긍정적으로 예상하게 만들 수 있는 독특한 유산을 가지고 있다. 하나님께서 주셨고, 또 우리가 얻기를 원하시는 그리스도 안에서의 연합의 실현을 향한 순례길에서 우리는, 어떤 새롭게 생겨날 기독교 공동체에 우리가 진정으로 기여해야 할 것은 우리의 기구가 아니라 임무라는 사실에서 용기와 활력 모두를 얻을 수 있다. 그러나 한편 우리는 본연의 교회를 기다리는 반면 하나의 교회가 되게 하는 이러한 일에서, 그 일이 정말로 우리의 가장 중요한 일이라는 어리석음에 깊이 빠짐으로 우리 자신을 속이지 않도록 조심해야 한다.

2.6. 목사 직무의 혼합

[1968] 연합과 포용을 향한 아우틀러의 평생의 순례는 '교회 연합에 관한 협의회'(Consultation on Church Union, 이하 COCU)를 위해 쓴 이 연구 논문에서 입증되었다. '정당한' 성직자의 직위에 대한 인식에서 '혼합된 성직자의 임무'로 옮겨가는 에큐메니컬 문제를 거론하면서, 그는 한쪽에서 주장하는 재서임(re-ordination)이라는 그릇된 대안과, 다른 한쪽에서 주장하는 자유재량론(indifferentism) 사이에 길을 열어 줄 수 있는 일련의 제안을 제시한다. 아우틀러는 성령에 기초한 '유효성'의 개념을 주장한다. 이는 기독교 정체성을 조정해 온 분리된 전통들을 부인하기를 거부한 것을 신학적 청렴(integrity)과 결합한 포용을 의미한다. 그의 메소디스트 전통에 대한 충성심은 분명하다. 그러나 그는 분열된 교회가 성령의 인도를 따른 전통화 과정에 의해 '기독교 전통 안에서의 죽음과 부활'을 경험할 수 있을 것이라고 주장한다.

마지막으로 극복해야 할 에큐메니컬의 적은, 분열된 교회 안에서의 성직자 제도의 불균형이라는 것은 다 아는 사실이다. 절제된 신학적 다양성이 기독교 사상의 특성에 부속되어 있는 현재의 인식을 고려할 때, 희미한 희망보다는 적절한 교리적 합의는 적어도 상상할 수 있다는 좋은 생각이 떠오른다. ㅡ즉 교리는, 교리로서, 기독교 연합을 회복하는 일에 최종적인 장벽이 되지 않는다는 생각이 떠오른다. 이에 대한 증거는, 교회 연합에 관한 협의회 '원칙' 1장에 비교적 쉽게 쓰여 있다. 마찬가지로, '예배'와 '성찬'의 경우 적어도 그 본질적인 의미와 기능에 대한 이론적 진술은, 더는 극복할 수 없는 장애물로 생각되지 않는다.

'구조'의 경우 이는 다른 근거에 의존한다. 여기서 우리의 주된 관심은 교회의 본질과 사명이 아니라, 교회의 실제적인 관리에 관한 것—즉 교회의 선교적 목적을 좀 더 잘 수행할 수 있게 하는 정치적, 경제적, 심리적 수단을 파악하는 것이다. 교회의 수단과 목적은 물론 도덕적으로 일치한다. 그러나 교회의 구조는 우리의 구원의 지식에서는 그 자체가 구성요소는 아니다. 구조들의 형태, 그리고 무엇보다도 그것들의 정신은 교회론적으로 중립적이지 않다. 그러나 그 효능에 대한 척도는, 자선과 같은 신학적 미덕보다는 신중과 정의라는 철학적 미덕에서 나온 것이다. 어쨌든 현재의 COCU에 속한 교회들이 보여주는 것보다 더 많은 통합된 교회 구조에 대한 부정적인 예후를 요구할 타당한 신학적 근거는, 내가 아는 바로는 없다. 사람들은 경영자들에 의해 발전된 구조가 무엇이든 간에 (대부분의 교회적 장치처럼) 주로 경영자들을 위해 설계되지 않기를 바랄 것이다.

그러나 우리는 성직자와 성직자의 직무에 관해서는 두려운 혼란을 겪고 있다. 이는 교리, 인간의 감정, 타협할 수 없는 '영적' 신념, 쉽게 화해할 수 없는 소중하게 지켜온 관행 등에서 발생한다. 여기서 우리의 분리된 역사라는 부담이 우리를 가장 무겁게 압박한다. 즉, 급진적으로 새로운 미래에 대한 약속이 우리의 과거의 충성심에 대한 배신과 거부의 유령에 의해 상쇄되는 것이다. 이는 우리가 가지고 있는 기독교적 정체성을 우리에게 준 사람들을 모욕하는 일이다. 그 모든 것의 중심에는, 분리된 성직자의 신분에 대한 각자의 중요한 확신(conviction)이 있다. ㅡ이는 그 임무의 활기찬 실행에 필수적이며ㅡ타당성에 대한 어떤 정직한 척도로, 성령의 실질적인 역사 안에서 명예와 축복을 받은 것이다. 이러한 종류의 확신은 장점과 결점을 아울러 가지고 있다. 즉, 자신의 서품을 무효로 간주하게 된 성직자들이 그 성직을 다른 이들과 혼합하는 것에 아무 문제가 없을 것으로 생각게도 하고; 비슷하게, 성직이 전적으로 유효하다고 간주하는 사람들이, 그런 우수한 성직과 정당성 없고 치명적 결함이 있다고 여겨지는 다른 성직들의 혼합을 협의할 수 없다고 여기게도 한다. 여기에 핵심이 있다.

COCU에 속해 있는 우리 중 누구도 다른 회원 교회 성직자의 성직의 타당성을 부인하도록 공개적으로 결정하지 않는다. 그러나 정당한 성직의 암묵적인 인정을 혼합되고 공유된 성직으로 해석하는 전례는 본 바가 없다. 이러한 일에서의 환영은 측은할 정도로 분명하다. 즉, 그것은 재서임에 대한 끊임없는 두려움으로, 이는 우리가 해왔던 것에 대한 불성실함과 거부에 대한 두려움에 의해 지속된 것이다. 만약 재서임이 연합의 대가라면, 우리 중 많은 사람은 평온한 양심에 맹세해 그것을 그만둘 수밖에 없을 것이다. 성직의 서임은 그에 관한 어떤 이론에서든 반복되지 않는 성례전이다. 그러므로 어떤 엄격한 의미에서든 재서임은 용어상 모순이다. 그렇지 않다면, 로마 교회가 영국 교회의 제도에 대해 말한 것처럼, 이전에 성직 서임을 한 것은 '전혀 효과가 없고, 완전히 무효'인 실수였다는 말에 동의하는 것이 된다. 이것은 당신에게 안수한 사람들뿐 아니라 당신의 사역에 대한 성령의 축복을 부인하는 것을 의미한다. 그리고 이것은 성령론적으로도 용납할 수 없는 일이다.

그러므로 한 가지 예비 결론이 신속하고 분명하게 도출된다. 만일 COCU와 관련된 성직자의 직무 중 어느 것이든 원칙적으로 또는 합법적 함의에 의해 거부되거나 폐기될 경우, COCU 안에서의 성직자 직무의 혼합은 있을 수 없다는 것이다. 그 용어에 관해 어떤 의미에서는, 메소디스트의 직무(order)들이 '불규칙적'이라는 사실 때문에 나는 아무 문제가 없다. ㅡ혹은 심지어 그 직무들은 전체 하나님의 백성에 의해 권한을 부여받은 것에 해당하지 않고, 그 전체 백성 안에서 그리고 그들을 위해 대표적으로 행동하는 것과 다르다는 특정한 의미에서 '결함'이 있다는 사실 때문에도 나는 아무 문제가 없다. 그것들은 완전하지 않다. 그리고 결코 완전했던 적이 없다. 그러나 이러한 성직들은 선한 믿음으로 받아들여졌고, 선한 믿음으로 행해졌으며, 개인적인 공적을 훨씬 뛰어넘어 성령으로 영광스럽게 되었다. 꽤 있음직한 일로서 나는 그것들을 단념하고, 일반 기독교 사제직에서 나의 '평신도'(개인) 지위를 다시 차지할 수 있었다. 그러나 다른 '세트'와 교환해 그것들을 거부하는 것은, 나에게 그런 것을 요구했을 교회의 진실성과 참된 보편성에 대한 공격 행위가 될 것이다. 기독교의 연합을 위한 나의 평생의 헌신적인 사역은, 열정적으로 소중히 여기는 목적을 위해 수용할 만한 수단으로 이것을 포함시킨 적이 없다.

이것은 특히 자신의 결함 있는 성직을 유효하게 할 수 있다고 주장하는 사람들과, 기존 성직의 대표 범위를 포기의 대가 없이 확대하기를 열망하는 사람들 사이에서 우리를 곤혹스럽게 할 것이다. 예를 들어, 만약 개신교의 감독제도의 교회가 사실상 '사도적 승계에서의 역사적 감독직'을 갖는 것이 (로마 가톨릭과 대부분의 정교회의 관점에 반하는 가설이지만) 허용되었다면, 1784년과 그 이후의 혼란에 비추어 볼 때 어떻게 메소디스트의 성직자의 성직이 영국 국교회의 성직과 혼합될 수 있을까? 그리고 영국 교회의 성직 제도가 어떻게 (과거에 영국 교회의 전형적인 계승 개념을 양심적으로 거부해 왔던 전통에 서 있는) 장로교와 캠벨교의 성직과 혼합될 수 있을까? 쉽지만 지지할 수 없는 대답은 재서임(re-ordination), 또는 더 냉정하게 말해 '서임(ordination)'이다. 만약 이것이 우리가 협상해야 할 전부라면, 우리는 더 비극적으로 우리의 희망을 낭비하고 있는 것이다.

참고로, 회중교회와 장로교회 그리고 감독교회의 성직자 제도가 어떤 의미와 다양한 면에서 모두 타당하고 유익한 것으로 허용된다면, 즉 관련된 성직자들의 개인적 자질이 아니라, 말씀과 성례전과 직무를 행하는 성직자로서의 이들의 대표적 직무와 성격 덕분에 타당하고 유익한 것으로 허용된다면, 그들에 대해 주장될 수 있는 그러한 차이와 결함(그들의 불완전한 대표성)은 어떻게 조정되거나 회복될 것인가?

우리가 첫 번째로 동의해야 할 요점은, 처음부터 새로 시작하기 위해 우리 모두가 돌아갈 수 있는 우리의 분리된 역사에는 '이전의 상태'(*status quo ante*)가 없다는 것이다. 이런 의미에서 우리의 역사는 돌이킬 수 없다. 우리의 유일한 길은 전진이고, 유일한 희망은 '집중'(convergence)이다.

두 번째 요점은 거의 그만큼 중요하다. 즉, 교회 정치에서의 기본적인 차이점이 흐려지는 것이, 재앙으로 가는 두 가지 유혹적인 과정 중 어느 하나에서 골칫거리로 이어질 것이라는 점이다. 그중 하나는 무관심 주의의 깃발을 흔들면서 무가치한 경계에 대해 이렇게 훈계한다. "무엇이 다른가? 어서 가서 합병하라! 사랑과 성령이 모든 것을 정복할 것이다." 또 다른 한쪽에는, "모두가 모든 사람에게 성직을 서임(또는 재서임)하게 하고, 그다음 성령께서 그에 따른 사역의 지위의 교환을 정상 상태로 해놓게 하자"고 말하는 사람들이 있다. 두 제안은 모두 사실 연막(smokescreen)이다. 첫 번째 제안은 성직자의 성직 직위의 역사적 의미를 취소하려는 의지를 감추고 있다(이는 실제로 에큐메니컬이 추구하는 것 자체를 포기하는 것과 같을 것이다). 두 번째 제안은 단순히 누군가가 그들이 다른 사람들을 재서임(또는 서임)했다고 주장할 시간을 연기한다. 그렇지 않으면, 누군가가 그들이 서임받은 것을 불평하는 것이다.

세 번째 요점은 진부할 정도로 명백하지만, 모든 것이 너무 쉽게 과소

평가되고 있다는 것이다. 우리에게는 점점 심각해지는 이 좌절감 속에서 인내심을 갖고 견딜 수 있는 시간이 영원하지 않다. 만약 교회 연합(진정한 연합: 거룩한 일에서의 교제)에 대한 갈망이 상당히 가까운 미래에 충족되지 않는다면, '세속적'이고 '전위적'인 에큐메니스트들이 이미 우리에게 상기시키고 있듯, 그것은 돌연변이를 일으키고 다른 데서 만족을 찾을 것이다.

내가 생각하기에 이 난국을 헤쳐 나가는 한 가지 방법은, 단지 조금만 어둡게 본다면, 우리가 실제로 추구하는 기독교의 연합은 교인(membership)과 성직자(minister)의 동등성이라는 첫 번째 전제에서 시작된다. 확실히 그 이상도 이하도 아니다. 우리에게는 다음과 같은 사람들의 열린 공동체가 필요하다.

> 성 삼위의 이름으로 물세례를 받은 사람들, 예수 그리스도를 주와 구주로 고백하는 사람들, 하나님의 말씀을 바르게 듣고 합당한 그리스도의 성만찬을 받기 위해 모인 사람들, 말과 행동으로 선교의 대 명령(마 28:19-20)을 지키는 사람들, 삶으로 그리스도 안에서 화목케 하는 하나님의 역사(고후 5:18-20)를 드러내는 사람들, 이 모두가 그리스도의 몸인 교회의 회원이며, 진정으로 '한 몸의 지체'(고전 12:27; 엡 4:25)이다.[1]

우리에게는 어떤 교회의 어떤 사람이든 그런 '표적'을 가진 자는, 같은 것을 가진 다른 교회의 온전한 회원이라는 것을 주장하는 교회가 필요하다. 그렇다면 일반적으로 왜곡된 성직자의 군주제 정치, 소수 독재 정치, 또는 독점을 스스로 방어할 수 있는 기독교 교단(Christian community)은 없을까?

---

1) "교회 회원 자격의 표준", Resolution on Ecumenical Commitment, The United Methodist Church. General Conference, 1968. *Daily Christian Advocate* (April 29, 1968), 280.

이론과 실제에서 우리는 지금 그러한 회원 자격의 동등성에서 얼마나 멀리 떨어져 있는가? 에큐메니컬한 정신을 가진 모든 기독교인과 그들의 교회가, 적어도 어떤 다른 교회들에 있는 그들의 분리된 그리스도인 형제자매들의 세례가 유효하다는 것과, 그들이 주(Lord)로서 예수 그리스도에 대한 신앙을 고백한다는 것을 인지하고 인정한다는 것은 사실이다. 여기서 인정하는 세례는 임종 시(죽음의 시점)에 병상에서 받는 세례를 말하는 것이 아니다. 만약 그렇다면 누가 얼마나 오랫동안 누구를 속여 온 것인가? 세례가 주님이 제정하신 보편적인 성례전이지만, 그것의 일상적인 거행을 위한 대리적인(즉, 서임 받은) 사역이 필요하지 않다면, 왜 서임 받은 성직자가 필요한가? 그러나 그러한 세례가 타당하다고 여겨지고, 세례가 성례전 또는 중요한 의식으로 여겨진다면, 다른 사람의 세례를 수용하는 것이 진정한 '성찬의 공동 참여'(communicatio in sacris)다. 그러나 다시 돌아와, 우리가 상호 인정된 세례의 측면에서 실제로 (비록 제한적이라 할지라도) 서로 성례전적인 교감을 가지고 있다면, 우리가 타당하다고 인정한 세례를 행한 사람들의 성직의 타당성은 어떻게 되는 것인가? 정당한 세례는 정당한 성직을 수반한다! 내가 볼 때, 이것은 우리의 사역들이 더 풍부하고 완벽한 대표성을 갖추기 위한 첫 번째이자 중요한 단계다. 만약 영국 교회의 성직자가 내가 행한 세례의 타당성을 인정한다면, 그리고 반대로 그들이 한 것을 내가 인정한다면, 우리 성직자의 성직은 재서임을 제외한 것 또는 서임 어느 쪽이든 이 수준과 이 정도에서 이미, 그리고 부인할 수 없게 혼합되어 있는 것이다.

다음 단계는 더 까다롭다. 그것은 세례 받은 사람이 그러한 약속을 자발적으로 받아들임으로써 세례의 암묵적 약속의 실현을 확인하는 것과 관련이 있기 때문이며, 이는 곧 세례를 받음으로 시작된 그리스도 안에서의 삶을 영유하는 것을 뜻한다[그리고 이것은 신자에게 다시 베푸는 세례

(believer's baptism)의 경우도 마찬가지다. 그러나 이 경우에는 다소 뒤바뀐 방식이다. 즉, '견진례'(confirmation)가 항상 세례에 앞선다]. 고대 교회는, 세례와 견진례는 기독교 입문의 한 성례식의 두 부분이며, 두 가지 모두 근본적으로 상호보완적인 것으로, 다른 하나 없이는 진정한 의미가 없다고 가르쳤다. 만일 그렇다면, 그것들이 나뉘어 한 교회가 다른 교회의 세례는 인정하고 견진례는 거부할 수 있을까? 다시 말해, 그들 교회의 회원 자격의 동등함을 부정할 수 있을까? 물론 대답은 "그렇다. 그들은 할 수 있고, 또 한다"이다.

이것이 COCU에 속해 있는 다른 교회 교인들에 관한 영국 국교회의 공식 입장이 아닌가? 하지만 어떤 근거와 이유에서일까? 어떤 식으로든 유효한 세례를 집행할 권한이 있는 동일한 성직자가 교회에서 동일한 세례 받은 사람(혹은 다른 사람)을 교회로 받아들이거나 확인할 자격이 없는 사람이 될 수 있을까? 그렇다면 왜일까? 세례는 인정하고 견진례는 거부하는 것은 교회 회원의 동등성을 조롱하는 것이다. 그러나 두 가지를 모두 수용하는 것은, 어렴풋이나마 회원의 자격과 성직자의 동등성에 대한 상상할 수 있는 공식을 향해 그 길을 가리킬 것이다. 이것이 '변칙적인'(irregular) 세례 견진례가 어느 정도 유효하다고 (즉, 회원 자격의 동등성을) 인정받게 되었다고 말할 수 있는 이유다. 바로 이 유효성이 우리가 지난 반세기 동안 이룬 에큐메니컬 진보의 거의 정확한 척도다. 에큐메니컬 대화, 동등한 일치(par cum pari)는 그리스도의 몸의 지체들 간의 대화 외에는 아무것도 의미할 수 없다. 다른 것들은 일종의 세련된 종교적 관용이다. 그리고 만약 이것이 에큐메니즘에 관여하는 것의 전부라면, 그것은 엉터리고 속임수다.

이제 대략적으로나마, 안수 받은 성직자인 회원들이 전체로서의 공동체를 명시하는 목회와 성례, 지역적인 업무에서 전체 공동체를 대표하는 특정 목적을 위해, 세례 받은 전체 공동체의 인정받은 대리인으로서 '일반 사제직'(벧전 2:5, 9)과 관련되어 있다는 데 동의할 수 있다고 가정하자. 이러한 사역은 다음의 두 가지 방식으로 대표한다. 즉 (1) 교회 안에 거하는 그분의 영을 통해, 순례자인 하나님의 백성을 위해 그리고 그들을 사용해 이 세상에서의 사역을 계속하는 그리스도의 대리자와 (2) 말씀, 성례전, 성직에서의 일치와, 전도와 봉사에서의 그리스도의 이름으로 연합된 행동을 공식적이면서도 상징적으로 표현하는 이 하나님의 백성의 대리자가 그것이다. 그러므로 성직을 받은 사람은 교회의 포용성, 또는 그들이 안수받는 특정 교회의 포용성 결여의 상징이자 대리인이다. 분열된 교회들에 있는 성직자의 성직의 보편성을 확장해 그것이 전체 하나님의 백성의 포용성만큼의 넓이를 갖게 되는 것이 에큐메니컬 운동의 주된 문제이자 희망이다.

물론 거기에는 그러한 진실한 표현의 구체적이고 식별할 수 있는 표식이 있어야 한다. 그리고 여기서 중요한 질문은 그러한 표식이 주로 공식적이어야 하는지[예를 들어, 안수, 용구 수여(*porrectio instrumentorum*), 감독제식 또는 장로제식 선거 등], 아니면 주로 기능적이고 영적이어야 하는지, 아니면 이 둘의 혼합이어야 하는지의 여부다. 나는 진정한 대표 사역의 실체는, 그리스도의 교회에서 그 대표자로서 성직의 직무를 실행하도록 하나님이 부르시고 안수한 사람에게서 공동으로 작용하며 나타나는 세 가지에 있다고 주장한다. 첫째는 물론 영적인 사명감이다. 이는 세례 받은 모든 그리스도인에게 반드시 필요한 '봉사'와 '인간의 복지'라는 일반적인 목표에 대한 것이 아니라, 하나님의 백성의 성례전적인 표현에 적합한 (다양한 모든 면에서의) 구체적인 노력에 대한 분명하고 설득력 있는 관심과 재능, 헌신을 말한다. 그러나 이러한 '소명' 감각은 진정한 대표 사역을 위해 그에 필적할 만한 영적 은사 및 은혜와 짝을 이루어야 한다. 남자든 여자든 필요한 객관적인 재능과 자질이 있어야 하고, 교회의 책임 있는 기관의 솔직한 평가를 받아야 한다. 역량이 뒷받침되지 않은 선한 의도는 심지어 그들이 네더 지역을 포장하기 전에 교회를 타락시킨다. 그러나 진정한 소명이 있는 곳에는 필요한 은사 및 은혜와 함께 세 번째로, 영적인 '열매'(갈 5:22-23)가 있어야 한다. 이는 곧 대표 사역의 업무와 역할의 효과적인 수행의 증거를 말한다(참조. 마 7:16, 20).

이러한 영적 소명, 은사, 은혜, 열매가 있는 사람은 공식적인 서품을 가지고 있든 없든, 공식적인 서품을 가지고 있으나 서품 받은 자에게 있어야 할 '표식'이 하나 또는 그 이상 부족한 사람들보다는 아마도 더 정당한 성직자일 것이다. 그러나 만약 이런 경우라면, 성령의 흔적과 열매가 확인되는 성직자들은, 진정한 화해가 될 수 있을 적절한 상호 인정의 행위(곧 진정한 평화의 입맞춤)에 의해 재서임(reimposition of hands) 없이 어떻게든 혼합될 수 있을 것이다. 왜 안 되겠는가? 만일 그러한 혼합이 하나님의 뜻에 따른 것이라고 주장되고 믿어지며, 하나님의 영이 이 성직들이 지금 혼합되는 것을 축복하고 승낙하셨다면, 우리가 어떤 교리로 성령이 승낙한 교회를 부정하고 영예롭지 않다고 할 수 있겠는가?

우리의 분열된 역사가 분리된 성직자의 사역으로 초래되었다는 것은 마음 아픈 일이다. 사실 그 분리된 성직을, 그것들이 분열되거나 '불규칙적' 혹은 '결함적'이었기 때문에 선택한 사람은 우리 중 극히 소수다. 혹은 실제로 우리가 이전에 가졌던 거룩한 성직 제도 가운데 있는 선택의 범위 내에 정말로 개방적인 대안이 존재하는 상황에서, 또는 거룩한 성직 제도에 대한 어떤 특정한 교리까지 생각하면서 성직을 선택한 사람은 거의 없다. 사람들은 COCU 회원 교회들의 성직자의 직무에 대한 의도적이고 원칙적인 분리론자들(schismatics)의 수는 소수인 것으로 간주되어야 한다고 생각할 것이다. 예를 들어, 내가 지금 가지고 있는 메소디스트의 성직을 받아들였을 때, 나는 의식적으로 다른 성직자들의 성직을 배제하거나 거부하지 않았다. 더 완전한 포용성 있는 성직은 실제 상황에서 선택할 수 있는 것이 아니었다. - 그리고 아직 아니다. 여러 해 동안 나는 보편적으로 대표될 수 있는 교인들과 성직자의 직무를 위해 정직하게 열심히 기도해 왔다. 사실 이 기도는 나의 덜 불확실하고 혼란스러운 에큐메니컬 동기 중 하나다. 그러나 내가 가진 유일한 희망은, 여전히 하나님의 교회에서의 성직 직위에 대한 첫 번째이자 마지막 중재자인 성령의 안수를 통해, 나의 사역을 다른 사람들의 사역과 혼합하는 데 있다.

하지만 같은 방식으로, 분리된 나의 형제들의 성직자의 직위는 그들의 포용성에서 크든 작든 분명히 결함이 있다. 설사 영국 국교회의 성직에 대한 로마 교회와 정교회의 거부를 무시하더라도, 영국 국교회 교인들은 여전히 기독교 공동체의 작은 부분을 대표한다. 장로교는 다소 더 큰 부분을, 회중교회는 작은 부분을 대표한다. 메소디스트는 더 많지만, '포용적(catholic)'이 되는 것에 관해서는 항상 자의식적으로 걱정하지 않는다 그러나 이것은 무엇을 의미하는가? 우리 자신의 각각의 결점은 우리의 소수파의 지위에서 나오는 단순한 작용이 아니다. 사실 우리 중 누구도 우리가 받은 (또는 사용할 수 있었던) 기독교 유산의 책임 있는 수탁자의 직무를 꽤 자신 있게 전할 수 없다. 우리의 분리된 역사는 그것을 위해서는 너무 좁거나 분열되어 왔다. 이런 의미에서 우리 중 어느 누구도 사도적이거나, 온전하고 완전하지 못하다.

그러므로 COCU(또는 다른 어떤 에큐메니컬 협상)에서, 어떤 회복 없이는 유효하다고 간주 할 수 없는 결함이 있는 다른 8개 사역에 완전한 성직의 직위를 부여하고 호의적으로 배치할 수 있는, 성직 직위의 하나(또는 그 이상)

의 사례를 우리가 다루는 것은 단순한 일이 아니다. 그러므로 우리 사역의 혼합을 위한 제안은, 최소한 그들의 사역의 의도(즉, 하나님의 백성을 진정으로 대변하려는 의도와 권한 등)의 관점에서 그들 모두가 정당하다고 상호 인정하는 것으로 시작해야 한다. 이는 그들의 사역에 부름 받은 성직 직위와 성령의 축복의 표식이 있음을 인식함으로 증명될 것이다.

그런 다음, 그리스도의 이름 안에 있는 교회로서의 충실한 사역의 성격, 직책, 실천에 속하는 교회법, 기준, 의무의 상호 합의된 형태로 계속 나아갈 수 있을 것이다. 중요한 점은 (어떤 성직자나 경영자의 활동이 아니라, 교회 안에서 그리고 교회에 의해) 유효한 성직자들을 만드는 이는 성령이라는 것이다. 이 유효한 사역에 대한 규정은 현재 COCU 회원 교회의 성직에 있는 모든 사람의 양심적인 찬성의 근거가 될 것이다. 그리고 이런 의미에서, 그것은 모든 예식에서 어떤 형태로든 전제되는 '교회에 의한 심사'가 될 것이다. 이것이 타당성에 대한 주요 문제를 해결할 것이다. 그렇지 않다면 아마 그것은, 세례에 대한 상호 인식과, 예배와 협력에 대한 우리의 에큐메니컬 경험에 의해 이미 암시된 성직 직위에 대한 상호 인식의 실존적 확인에 해당할 수도 있을 것이다. 현재 그러한 동의를 거절하거나 또는 시험을 통과하지 못한 사람들은, 화해의 봉사 이전에 조용하고 우아하게 사역에서 물러나게 될 것이다. 그런 다음 교회의 포용적인 성직을 위한 우리의 기도가, 성령의 승낙과 축복과 쇄신을 위해, 교회의 주님이시요 교회에서 성직을 주시는 성령께 드려질 수 있도록 전례(liturgical) 행사를 고안해야 할 것이다.

무엇이 거룩한 성직을 거룩하게 만드는가? 부르심과 은사와 축복으로 성령에 의해 거룩하게 된 것이다. 그 외에 무엇이겠는가? 무엇이 거룩한 성직을 포용성 있게 만드는가? 하나님의 온 백성의 그것에 대한 인정과 수용이다. 그 외에 무엇이겠는가? 무엇이 거룩하고 포용성 있는 성직을 사도적으로 만드는가? 그렇다. 그것이 문제다! 사도직은 기독교 교회의 독특한 역사와 관련이 있다. 곧 그 고유한 코이노니아 양식이 '사도시대'에 사도들에 의해 형성되었고, 이 '사도적 양식'의 선한 본질을 지속되게 하는 것이 역사상 교회의 공언된 목적과 주장에서 영원한 요소였다는 상황과 관련되어 있는 것이다. 그것은 바로 교회의 연속성 때문이었으며, 이는 역사 전체에 걸쳐 확장된 그리스도에 대한 사도적 증언이 그것의 사도적 뿌리라는 사실을 나타낸다. 처음부터 이 양식의 연속성은 정통성을 보여주는 가장 명백한 일이 되었고, 그것에서 벗어난 것은 이단 또는 분열의 확실한 흔적이었다. 이것은 전통으로 전해지는 과정의 가장 깊은 관심사였다.

사실 전통과 사도직은 항상 상호 의존적(하나의 작용으로 다른 것이 보존되는) 개념이었다. 그리고 사도직의 전통에서, 엄격하고 중단 없는 연속성에 대한 개념은 다양하게 유지되었다. 즉, (종교개혁 때까지) 때로는 장로들에 의해, 때로는 장로들과 감독에 의해, 때로는 감독들에 의해 유지된 것이다. 초기에는 '감독제도'와 '장로정치'가 밀접하게 관련되어 있었다. (사실 '장로'와 '사제'를 동의어로 사용하는 일은 중세 초기까지 발생하지 않았다!) 자신의 성직이 사도 또는 사도들의 교회에서 계승되었다는 것은, 거룩한 성직에서 자신의 권위와 균형을 주장함에서 강력한 추정의 근거였다. 이레니우스는 감독권 계승의 결정적 중요성을 옹호한 사람이다. 그의 견해는 그의 시대와 그 이후로도 널리 공유되었고, 엄격한 계승 이론의 형식과 본질은 그때뿐 아니라 지금도 널리 받아들여지고 있다.

그러나 감독직의 계승을 사도직과 장로직의 연속성이라는 정규적이고 정상적이며 적절한 방식으로 보는 것과, 엄격하게 사도적 연속성과 유효성의 방식으로만 보는 것 사이에는 매우 중요한 구별점이 있다. 이것은 그러한 모드가 역사적으로 입증될 수 있다는 명백한 사실을 가정할 것이기 때문이다. 또 마지막 사도의 죽음 이후 모든 시대에 걸쳐 중단이나 누락, 공백 없이, 그리고 이단, 분열, 파문 같은 것 없이 말 그대로의 사제 계승의 연속성을 전제로 할 것이기 때문이다. 누가 이 일이 역사적인 근거에서 이루어질 수 있다고 주장할 것인가? 즉, 그것이 2세기의 주변부 지역들에서든, 장기간의 교황 계승이든, 알렉산드리아 장로회의 제한된 경우든, 종교개혁 교회의 장로회든, 또는 선교 역사(남인도 교회 등)에서의 성직자의 성직과 기능의 연속성에서든 가능하겠는가? 나는 진정으로 포용적이고 사도적인 것을 지향하는 사역의 훌륭한 성직의 요소로서 역사적인 사제의 직분을 받아들이고 소중히 여기는 것은, 많은 근거에서 동의할 만하다고 생각한다. 이는 교회 사역의 규칙성과 일치성에 기여한 연속성과 협력 관계의 주요한 방식 중 하나다. 그러나 감독의 성직 수임이 성직자의 타당성을 위한 절대적 전제조건이라는 개념은 역사적, 교회론적, 성령론적 근거에서 따르지 않는다(non sequitur).

만약 새로운 교회가 '역사적 감독직'을 갖게 된 것은—이는 내가 생각하건대 이미 '원칙'(p. 48)에서 합의되어 있었다.— 그것은 이미 COCU에 있는 현존하는 성직자들의 타당성을 모두 받아들임으로써, 그리고 모든 사람에게 이미 유효한 것으로 인정받음으로써 성취되어야 한다. 그러면 이것은 연합교회의 사역의 정규화 과정을 그 이후의 정치와 관행에서 어떤 형태로든 복권시킬 수 있고, 또 따라야 할 것이다. 그것의 예식서(ordinal)는 가능한 한 많은 사도적 전통을 고려해야 할 것이다. 그러한 '파탄'(salta)은 이전, 즉 알렉산드리아 시대, 암흑시대, 영국 국교회의 종교개혁 초기 수십 년 동안에도 일어났다! 여기서 COCU를 위해 제안한 것은, 관련된 차이와 숫자에서 다른 것보다 더 화려한 목재(saltum)가 될 것이지만, 교회적 또는 성령론적 원리에서 별 차이가 없을 것이다. 만약에 로마와 콘스탄티노플이 500년 된 파문 선고를 거부감 없이 취소할 수 있다면, 아마도 영국교도들과 메소디스트들도 그렇게 할 수 있을 것이다.

이런 식으로 감독제 교회는 연합교회와 그 사역에 역사적 감독의 자격이라는 독특한 보물을 공급할 수 있을 것이고, 이는 가장 환영받고 교훈적인 일이 될 것이었다. 그러나 연합을 형성하려는 교회의 기존 성직에는 그렇게 하지 않았다. 감독제 교회는 그들이 거부권에 미치지 못한다고 느꼈던 어떤 거리낌을 가지고, 연합된 교회를 위해 고안되었을 신앙의 규정, 소명, 자격에 부합하는 그러한 사역의 직위들의 타당성을 인정할 것으로 기대할 것이다. 다른 교회들은 앞으로 연합된 교회의 감독직의 성별식(episcopal consecration)은 '사도직을 계승한' 감독들에 의해 항상 공유될 것임을 인정하리라고 기대할 것이다(감독제 교회에서의 이 계승의 역사적 사실에 관해, 거부권의 부족으로 그들이 가지고 있을 의심이 무엇이든 간에). 따라서 당연히 연합된 교회의 교역자의 직위는 정상적이 될 것이다. 그러나 그것의 타당성과 유효성에 대한 문제는, 바울의 소명과 위임 이후 실제로 적용 가능했던 것과 같은 근거로 결정되어야 할 것이다.

이 주장의 실제적인 결과 중 하나는, 연합된 교회의 형성에서, 상호 성직 서임식 또는 재서임식의 행사는 이론적으로나 아마도 해석에서 절망적으로 애매모호하게 배제되리라는 것이다. 그러나 덜 모호하고 더 창의적일 수 있는 생각해 봄직한 대안이 있다. 교회는 언약공동체며, '새로운' 교회의 내력에 (사역을 포함한) 상호 이해와 공약의 '새로운 언약'이 작성되고 모두의 지지를 받을 수 있었다. 이에 따른 부담은 (교회로서, 그리고 그리스도의 몸 안에서의 동료 교인과 동료 성직자로서) 서로에 대한 상호 수용을 표현하고, 새로운 역사로 (또는 새로운 사역으로) 변화하기 위해 우리가 새로운 교회로 가져오고 있는 교리와 예배, 우리의 여러 역사의 혼란에서, 이러한 수용의 의미를 분명히 설명하는 일일 것이다.

이는 아마도 유효한 성직인 우리의 직업과 그 안에서의 우리의 수행 사이의 불일치,(즉 우리의 성직 직위에 결점이 있어서가 아니라, 주로 우리가 성령에 불순종하기 때문에 발생하는) 불일치에 대해 말하는 것일 것이다. 그것은 새로운 교회에서의 새로운 사역에 대한 우리의 정당한 기대를 명기할 것이다: 그리고 각 교회가 그 새로운 것(사역 형태의 다양한 강조를 포함하여)의 보고(treasury)에 가져오는 귀중한 봉헌을 축하할 것이다. ─그리고 기독교 전통에서 죽음과 부활을 위해 우리의 분리된 전통을 성령께 복종시키는 이 모험에서 정당하게 승화와 성화가 필요한 모든 것을 보고에 가져오는 귀중한 봉헌을 칭찬할 것이다. 이런 방식으로, 우리는 우리의 최선의 의도를 극대화하고, 우리의 잘못을 고백하고, 우리의 새롭게 발견된 연합의 근원에 대한 확신을 확인하고, 우리의 자발적 성향이 영향을 미치는 한 우리의 미래를 계획할 수 있다. 이는 가톨릭교회, 복음주의 교회, 개혁교회의 새로운 교회에서의 새로운 삶의 용감한 출발이 될 수 있을 것이다. 그것은 지금 우리 회원 교회들의 어느 교회보다 더 거룩하고, 포용적이며, 사도적인 교회가 될 것이라는 좋은 징조다.

이 대안에 의해 제기되는 가장 시급한 두 가지 이론적 질문에 대한 실제적인 결론은 다음과 같다.

1. 견진례의 신학, 또는 교회의 회원으로 받아들이는 일. 세례와 (영접을 위한) 견진례가 별개이므로, 지금까지 하나는 유효하다고 인정되고, 다른 하나는 (극단적이거나 비정상적인 경우는 제외하고) 거부될 수 있는가? 만약 대답이 '그렇다'라면, 그것은 그렇게 가르쳐 왔고 실행되어 왔다는 것이다. 그렇다면 다음 질문은 우리가 여기서 협상할 수 있는 쟁점을 가지

고 있는지, 또는 이미 해결되었는지 하는 것이다. 여기서 일종의 의견의 일치를 얻기 위해서는 얼마나 많은 논의와 어떤 논의가 필요할까? 그리고 만약 우리가 상호 받아들인 세례가 거룩한 일(sacris)에서의 중요하고 정당한 교제를 조성한다고 결론 내릴 수 있다면, 이것은 일종의 상호 인정한 성찬례에 대한 비유인가? 만약 우리가 거기까지 갈 수 있다면, 또는 심지어 그러한 목표가 보인다면, 우리는 틀림없이 성공할 것이다.

2. 혼합을 대비하기 위해 기존 사역자들을 선별하는 것. 이것을 해야 한다. 그렇다면 어떻게 해야 할까? 나는 새로운 교회가 문자 그대로 사역을 시작할 때 다시 개혁되고 새로워졌다면, 즉 성직과 연속성을 취소함으로써가 아니라, 실제로 그들의 사역의 헌신을 갱신하는 검토, 교리 수용, 재헌신을 통해 현재 사역 중에 있는 사람들을 선별함으로 개혁되고 새로워졌다면, 그 자체가 더 개혁되고 더 다시 새로워질 것이라는 제안에는 (기드온 콤플렉스나 도나투스파 교리처럼) 독선에 빠질 위험이 있음을 실감한다. 그러나 그렇게 공언한 양식의 개혁과 자발적인 헌신의 쇄신 없이 우리의 기존 단체에서 (재서임식을 해서라도) 새로운 교회의 성직자의 직위를 만드는 것이 훨씬 더 독선일 것이라고 생각한다. 어떤 경우든 이런 종류의 사무적인 자기 평가에서 비롯될 수 있는 성직자의 '결핍'에서는 벗어나야 하지 않겠는가?

2.7 세계 교회에서의 메소디즘

[1981] 호주 연합교회에서 아우틀러는 메소디스트가 더 큰 '연합하는' 교회에 들어가는 것과 관련된 약속과 문제에 대해 발표했다. 그는 유산과 향수를 구별할 필요성에 대해 경고하고, 메소디스트가 아닌 사람들이 메소디즘을 이해하는 데 어려움을 겪는 이유에 대해 논했다.

그는 메소디즘의 '교회–종파적 역설'을 단편화의 부정적인 실례이면서도 혼합된 회원 지위에 대한 에큐메니컬하게 유익한 원리를 긍정적으로 증명한 것으로 해석했다. 아우틀러에 따르면, 기독교인의 삶에 대한 특별한 비전은 웨슬리의 유산, 즉 개인과 공동체를 변화시키는 성령의 임재와 능력에 대한 독특한 기대를 요약하고 있다. 그러한 비전은 세계 기독교 공동체에 아직도 중요한 교회론적 영향을 미칠 수 있다.

이것은 오늘 밤 여기 있는 우리 모두에게 매우 중요한 일이다. 어떤 의미에서는 사실 역사적인 일이다. 우리 중 일부는 장로교인과 회중교도를 포함해, 연합교회에 아직 가입하지 않은 세계 다른 곳에서 온 메소디스트다. 또 몇몇은 현대 에큐메니즘에서 생겨나는 흥미로운 새로운 사업의 파트너다. 그리고 우리 중에는 이전에 메소디스트였던 사람들도 있다. 캐나다 연합교회의 글렌 루카스(Glenn Lucas)는 금세기 가장 중요하고 오래된 연합교회 중 하나로, 첫 번째 교회와 최근의 교회들 사이의 적절한 연결고리다. 옛 분리의 경계는 행복하게 흐려졌고, 그리스도 안에서의 우리의 진정한 하나 됨의 의식이 명백하다. 호주에 도착한 이래로 나는 어떤 은총이 가득한 '새로움'을 느꼈다. 그것에 대해 여러분과 함께 하나님께 감사한다.

또 이 축하 행사에서 여러분에게 말할 수 있게 되어 영광이다. 나는 그것을 충분히 알고 있다. 이 행사는 여러분의 새 교회에 혼합되고 있는 여러 전통 중 하나인 호주의 새로운 연합교회 내에서 거행되고 있다. 여러분은 이것을 '유산 회의'(Heritage Conference)라고 이름 붙였다. 이는 여러분이 연합을 이룩한 최상의 것을 이 새로운 교회에서 잃지 않는 데 관심을 갖고 있다는 것을 의미하기에 적절하다. 그러나 나는 또한 그것이 유산(미래를 위한 과거의 주장)과 향수(과거에 대한 미래의 저당)의 의미에는 중요한 차이가 있다는 것을 여러분이 마음과 생각으로 분명히 구별했다는 것을 뜻하기를 바란다. 여러분의 유산에 대해 나는 깊은 관심을 가지고 있다. 여러분의 향수에 관해서는, 만약 그것이 있다면, 나는 단지 동정은 하지만 위로하지는 않을 것이다.

'유산'의 의미에 대해 좀 더 구체적으로 말해 보자. 그것의 기본 의미는 (출생이나 유증의) 권리에 의해 지금 당신에게 속한 과거의 무언가다. 그러나 모든 차이를 만드는 것은, 한 개인의 유산이 주로 자부심의 원천인지 또는 사용을 위한 자원인지, 그것이 저장되고 있는지 또는 공유되고 있는지, 그것이 다른 유산과 섞여 있는지 아닌지, 그것이 고의로 배타적인지 아닌지 등이다. 모든 종교 집단에서 사람들은 '특이한' 어떤 것, 즉 독특한 교리나 정치, 또는 정신(ethos) 등에 대한 이야기를 듣는다. 그리고 거의 항상 이 소위 말하는 독특한 특징은 오래된 분리의 상처에서 생긴 흉터 조직과 같다. 그렇다면 기독교 연합의 원인은, 이 유산이나 저 유산에 단단히 매달려 있는 성향이나, 혹은 이 '특이한 특징' 또는 그것이 실제보다 더 중요하다는 주장에 의해 제공되지 않는다. 유산은 공유를 위한 것이다.

그러나 같은 이유로, 그것의 다양한 유산의 풍요로움이 버려지거나 망각에 빠지도록 방치될 때, 어떤 새로운 교회에서도 손실이 있을 뿐이다. 우리 모두가 잘 알고 있듯, 교회사는 논쟁을 위해 사용되지만, 에큐메니컬 운동을 위해 사용될 수도 있다. 기독교 공동체에서 한때 살아 있고 유익했던 전통이 없어지면 그리스도의 몸 전체가 손해를 입는다. 그리고 어떤 전통도 다른 전통에게 "너는 필요 없어"라고 말할 수 없다. 연합교회의 1세대는 매우 어렵지만, 2세대는 더 어렵고, 3세대는 그중에 가장 어려웠다. ─ 우리의 모든 연구가 이것을 보여주고 있다. 하지만 이러한 변화에서 가장 큰 도움을 주는 것 중 하나는, 고마운 사람들에 의해 과거의 최고가 미래의 긍정적인 사용을 위해 전해지는 것이다.

나는 한 사람의 메소디스트로서, 여러분의 새로운 연합하는 교회가 보여준 위대한 개척의 노력에서 나타난 호주 메소디스트의 열정과 비전을 정말 자랑스럽게 여긴다. 이러한 헌신에 대비할 수 있는 것은 우리 전통의 독창적인 천재성 때문이다. 우리는 스스로 영속적인 교회로 자라난 것이 아니었다. 그러나 훨씬 더 중요하게 '이 땅 위에 성경적 성결을 전파하는' 교회로 자라났다. 그러나 한때 '메소디스트'라는 별명을 지녔던 그리스도인들이, 심지어 우리 시대에 기독교 미래의 모든 징조를 지니고 있는 새롭고 흥미진진한 교회에서 그들의 오래되고 분리주의적인 '독특한 특징'을 자유롭게 버리면서까지 어떻게 그들의 유산을 계속해서 소중히 간직할 수 있을까? 그에 대한 간단한 대답은, 그것은 쉬운 일은 아닐지 몰라도 중요할 것이라는 것이다. 나는 메소디스트 설교자로서 50년, 그리고 에큐메니컬 역사가로서 40년을 지내면서 (19세기부터 지금 20세기까지의) 메소디스트에서 이상한 것을 발견했다. 즉, 우리는 분열되고 구분하는 우리의 정치를 버리는 경향이 있다기보다, 메소디스트가 아닌 사람들의 영향에 더 민감하다. 나는 메소디스트가 루터교와 개혁주의 전통에 크게 영향을 받았지만, 그것들과의 연합에는 전혀 관심이 없다는 것을 안다. 즉, 메소디스트는 그들의 예배의식에서는 영국 국교회, 로마, 정교회와 깊이 관련되어 있지만, 정치에서는 거의 그렇지 않다. 이것이 메소디스트가 (캐나다와 인도, 그리고 현재 호주에서처럼) 관심과 영향력의 한계를 넘어 제도적 연합으로 돌입할 때 내가 크게 관심을 갖는 이유다. 존 웨슬리는 여러분을 자랑스러워할 것이다. 자베즈 번팅(Jabez Bunting)은 거의 확실히 그렇지 않을 것이다. 하지만 웨슬리의 찬성과 번팅의 반대 사이에는 물론 쉬운 선택이 있다.

그러나 이 일의 다른 면은, 비-메소디스트들이 메소디스트를 이해하려 노력할 때, 그들이 보고 있는 것을 생각하면서 너무나 쉽게, 그리고 너무나 종종 당황하거나 오해한다는 것이다. 그리고 내가 경험한 바로는, 그들은 꼭 해야만 하는 경우가 아니면 거의 그런 노력을 하지 않는다. 예를 들어, 메소디즘에 대한 조사나 백과사전 (심지어 새 가톨릭 백과사전, 샤프-헤르조그, 게시크테(역싸)와 게겐와르트(현재)의 종교, 몰랜드, 네베, 메이어, 또는 미드에서의) 메소디즘에 대한 스케치들을 보시오; 내가 아는 가장 중요한 예외는 새로운 루터란의 설문조사에 있는 "The Methodists"와 the united Methodists"에 관한 설명이다. 거기에서의 메소디스트에 대한 설명이 진정으로 주목할 만하다. 그 묘사는 우리 중 누구보다도의 것보다 더 훌륭하다. 내가 생각하건대, 또 다른 것은, 버나드 셈멜(Bernard Semmel)의 메소디스트의 혁명과, 오언 채드윅의 빅토리아 교회에서의 단편 스케치에서 발견되었다.

이처럼 비-메소디스트가 우리를 매우 분명하게 보기 어려운 것은 역사

편찬의 문제이자, 에큐메니컬 문제이기도 하다. 그 대답 중 어떤 것은 충분히 명확하고, 깊이 생각해 볼 가치가 있다. 심지어 메소디스트의 뿌리를 가진 연합교회 신도들도 그렇다. 하나는 루터교도들과 칼빈교도들이 오래전에 우리를 위험하거나 신학적으로 복잡한 단체가 아니라고 말했다는 것이다(그리고 그들은 이에 대해 사람들이 바라는 것보다 더 많은 근거를 가지고 있었다). 윌리엄 버트 포프(William Burt Pope)는 플레처 이후 유일한 메소디스트 신학자로, 지난 2세기의 뛰어난 신학자 명단(Who's Who)에 후보로 지명될 수 있는 인물이다. 그런데 사실 19세기 신학의 표준 역사에서는 포프가 거의 눈에 띄지 않는다. 두 번째는 메소디즘은 역사 문헌과 웨슬리 연구 프로그램에 승리주의의 유명한 기록을 가지고 있다는 것이다. 이 자신감에 대한 거의 무의식적인 모습은 나의 비-메소디스트 친구들이 지적하는 부분이다. 그래서 나는 종종 그들이 우리를 승리주의로 공격하고, 내가 당연하게 여겼던 것을 '용서할 수 있는 자만심'으로 인식하는 것에 놀란다.

세 번째로 많은 비-메소디스트가 우리를 더 분명하게 보지 못하게 하는 것은, 우리가 그들에게 전형적인 메소디스트 자기중심주의(narcissism)로 보이는 것이다. 매우 흔한 일로 메소디스트를 위해 메소디스트가 작성한 웨슬리 연구에서 그 예를 찾아보라. 또는 타이어맨(Tyerman)에서 커녹(Curnock)까지, 서그덴(Sugden)에서 텔포드(Telford)와 시몬(Simon)까지에서의 메소디즘의 역사, 웨슬리 영웅 숭배의 예(example)를 분석해 보라. 아니면 웨슬리와 여자들에 관한 그 뻔한 책들을 모두 가져다 보라.. 이 문학의 지평은 거의 모든 것이 메소디스트만을 위한 것처럼 거의 다 좁게 집중되어 있다. 근년에 와서야 겨우 웨슬리 연구 또는 메소디스트 교회사를 일반적으로 교회사의 큰 맥락에서, 그리고 특별하게 교리의 역사에서 취급하게 되었다. 그래서 최근 몇 년 동안은 웨슬리와 메소디스트가 정치에 대한 우리의 자존심과, 강력한 그리고(또는) 감정적인 기독교에 대한 우리의 경향을 넘어, 기독교 공동체의 더 큰 관심사에 무엇을 제공해야 할 것인가에 대해 진지한 흥미를 갖게 되었다.

메소디스트는 실용주의자라고 항상 평가되어 왔다. 그들은 효과가 있는 것을 찾고, 그다음에야 우리는 결과에 맞는 이론을 만들어 낸다. 종종 우리는 단순히 사실을 지적하는 데 족하고, 그들이 스스로 말하도록 한다. 예를 들어, 우리는 1800년에 전 세계의 20만 명 이하에서(1750년에는 5만 명도 되지 않은 데서) 1900년에는 약 3천만 명으로 증가했다(아마도 이후로는 천만 명 정도가 더 생겼을 것이다). 그러나 한때 잘되던 이 일이 침체되기 시작해, 제로(zero) 성장(또는 마이너스 성장)으로 진전되면 어떻게 될까? 확실히 미국과 영국에서는 많은 자기 분석이 진행되고 있다. 하지만 참으로 유익한 자기 분석이 요구하는 일종의 깊은 조사, 풍부한 지식, 이론적 배경을 우리 관료들에게 제공할 역사적·신학적 연구가 없다.

(안에 있는 사람과 외부 사람이 다르게 보는) 메소디즘의 역설 중 가장 분명한 것 하나는, 우리가 기독교 역사상 유일한 주요 교회 가문이지만, 우리는 성례전을 중시하는 교회(sacramental church) 안에서 하나의 복음적 종파로 시작했고, 그 후 이를 위한 충분한 자기 이해 없이 성례전을 어느 정도 중요시하는 교회(quasi-sacramental church)로 확산해 왔다는 점이다. 교회와 종파의 고전적인 구별은 [트뢸치(Troeltsch)와 베버(Weber)가 말했고, 포프와 윌슨(Wilson)이 수정했듯] 결코 메소디즘에는 적용되지 않았다. 우리의 경우는 처음부터 교회 원리와 종파 관행이 지침을 위한 완전하게 기초적인 교회론 없이 완전히 결합되고 재조합되어 있었기 때문이다.

유아세례를 예로 들어 보자. 이 유아세례를 시행하는 것을 인정하는 메소디스트의 성례전 이론은 무엇인가? 또 성찬식 경우, 메소디스트 가운데는 성찬식에 대한 하나님의 '실제 임재' 교리를 말하는 자도 있고, 그것을 부정하는 자도 있다. 하지만 두 경우 모두 어떤 이유로 그렇게 주장하는가? 성직 서임식의 경우는 어떤가? 내가 속해 있는 교단은 '모든 신자의 제사장직'이라는 명확한 교리를 가지고 있다. 그러나 우리의 대표제(representative)나 서품 사역(ordained ministry)에 관한 교리는 초보적일 뿐 아니라, 심지어 그것이 발표되었을 때 사람들은 그것을 널리 이해하지도 성실하게 믿지도 않았다. 메소디즘은 처음부터 국가와 세속 사회의 도덕적 양심을 인도하는 일에 기독교의 책임이 있다는 교회다운 관점을 가지고 있었다. 또 예언적이며 유토피아적인 가치관을 가진 자발적 단체라는 종파적 개념도 가지고 있었다. 우리는 또한 전도에 대한 교회의 견해와 개종의 종파적 신드롬 (고속도로와 울타리 기술)을 결합하려 노력했다.

그러나 다른 한편으로는, 세속적인 문화와 그들의 규범에 속물적으로 순응한 이상한 기록이 있다. 즉, 고전적인 의미에서, 중산층이 있는 대부분의 나라에서 하층계급으로 이루어진 교회를 빠르게 중산층으로 변환시킨 것이다. 내가 그것을 알게 된 곳은, 조직에 대한 메소디스트의 특별한 열정(그리고 그에 대한 어떤 놀라운 은사)이다. 우리는 중앙집권적 교회 정부에 대한 유명한 기록, 즉 우리 자신이 의회 다수결의 철칙 아래 살고 있음에도 소수 권리에 대한 민감성을 공언한 양면적 역사를 가지고 있다(나의 연합 메소디스트 교회의 경우 그중 일부는 완전히 억압적이다).

이 교회-종파의 역설은 또한 종종 우리의 밖에서 들어온 친구들을 당황하게 한다. 웨슬리는 사실이라기보다는 희망으로 "모든 세계에 있는 메소디스트는 한 민족이다"라고 말했다. 그래서 우리도 호기심 어린 방식으로 그렇게 말한다. 그러나 전통적인 교회의 관점은 유기적 결합에 높은 우선순위를 두고 있는 반면, 종파에서 제도적 조직은 '그리스도 안에서의 하나 됨'보다 덜 중요하다. 이에 반해 메소디스트는 두 가지 모두를 취하려 노력해 왔다. 우리는 또한 성공을 거두었고, 때때로 완전히 의도되지 않은 방법으로도 성공했다. 세계 메소디스트 협의회는 우리에게 중요한 공동의 연결 고리다. 하지만 교회적 관할권은 전혀 없다. 87개국에 (연합 메소디스트회의 최근 행동의 여파로 인한 증감을 포함해) 64개의 자치 교회가 있다. 거기에는 나사렛교회, 구세군, 오순절 교단 등 연합 메소디스트에는 속하지 않은 상당수의 웨슬리안 교단이 있다. 메소디스트 깃발 아래 기록된 교회의 목록을 보면, 천 명 이하의 교인이 있는 교회가 24개 있다. 만 명 이하의 교인이 있는 교회가 82개, 10만 명 미만의 교회가 41개, 100만 명 미만의 교회가 16개, 100만 이상의 교회가 3개 있다(물론 이 목록에 캐나다의 연합교회는 포함하지 않았다). 이 중 가장 규모가 큰 연합 메소디스트 교회는 천만 명이 넘는 교인으로 시작되었으며, 전도에 대한 우리의 용감한 새 지시가 결실을 맺는다면, 다시 그 숫자에 도달할 수 있을 것이다. 그러나 그것은 다른 이야기다.

항상 비-메소디스트가 이 주목할 만한 분열 상태를 발견했을 때, 그들은 이러한 분열의 대부분이 교리적인 문제를 반영한 것이 분명하다고 가정한다. 실제로 그들 중 어느 누구도 ('완전'이나 '성결'의 문제는 제외하고) 그렇게 하지 않는다. 또는 메소디스트들은 대개 정신적, 사회적, 민족적, 구조적 쟁점에 의해 정의된 경계를 따라 분열하고, 메소디스트는 신학적 견해의 범위를 그들 자신의 계층 내에서 운용한다고 말할 때. 내가 아는 대부분의 비-메소디스트는 이것을 거의 이해하지 못한다. 그러나 그들의 반응은 메소디스트의 분열의 긍정적인 측면과 부정적인 측면을 지적할 수 있게 해준다(이미 해온 것보다 더 많은 역사 비평적 분석이 필요하다는 것을 우리가 인정할 때조차 그렇다). 이것의 가장 부정적인 측면은 제도적 권력과 지위에 대한 메소디스트의 집착을 보여준다는 것이다. 모든 자치하는 교회는 그 자체의 위계질서와 법정(curia)을 가지고 있고, 그 대부분은 불안정하다. 메소디스트는 관료주의와 결정적 권력에 대해 특별한 선입견을 가지고 있는 것처럼 보일 것이고, 이것은 어김없이 모든 심각하거나 현실적인 에큐메니컬 협상(다른 메소디스트 교회들과의 협상도 포함)에서 어려움을 야기한다. 그러나 이 모든 단편화의 긍정적인 측면은 쉽게 혼합되는 회원제의 실례라는 것이다 [대부분의 메소디스트는 사실상 '구성원 중 하나'(members one of another)기 때문이다. 그리고 우리는 이것을 거의 당연하게 여긴다].

혼합 회원제라는 이 원칙은 거의 새로운 접근처럼, 혼합된 사역과 혼합된 성찬을 향한 중요한 첫 걸음으로서 오늘의 에큐메니컬 논의에서 심각하게 받아들여지기 시작하고 있다.

메소디스트가 교리에서 의견이 좀처럼 분리되어 있지 않다고 말하는 것 또한 약간 애매하다. 사실 메소디스트 신학의 역사는 (슬프게도 낙후된 분야지만) 거의 처음부터 그 기원에서 벗어나고 있는 이야기다. 우리의 전통적인 역사는 웨슬리로 시작해 그 후에 본질적인 연속성을 가정한다. 그러나 데이비드 쉬플리(David Shipley), 데일 던랩(Dale Dunlap), 폴 샌더스(Paul Sanders), 릴랜드 스콧(Leland Scott), 존 피터스(John Peters), 로버트 차일즈(Robert Chiles) 등의 연구는, 웨슬리와 왓슨, 마일리(Miley)와 포프, 너드슨(Knudson), 힐데브란트, 오그던(Ogden) 등의 연구가 지금까지 실현되거나 설명되었던 것보다 훨씬 더 급진적인 불연속성을 보여주고 있다. 메소디스트 역사편찬에서의 실패 중 하나는, (내가 웨슬리 자신의 자료와 더 오래 살고 일할수록) 그가 생각했던 것처럼 그를 보지 않았다는 것이다. 즉, 그는 영국 국교회의 민속 신학자였고, (정치 이론과 기성 교회에서의 비정규 성직자의 권리 등과 같은 사항은 제외했지만) 영국 국교회라는 거름망을 통해 부흥을 위한 개혁을 걸러냈다. 이러한 점에서 그는 영국 국교회의 전통은 물론 성경적 전례도 주장했다(그리고 예를 들어 카리스마파와 같은 비정상적인 사역이 우리 가운데서 일어날 때, 우리 역시 종종 영국 국교회나 장로교처럼 부적절하게 반응한다는 사실을 충분히 직시할 수 있었을 것이다).

이 모든 것은 우리를 어디에 남겨 두는가? 그리고 메소디즘은 여전히 갈라진 하나님의 사람들이 바라는 미래의 재연합에 무엇을 가져다주어야 하는가? 나 자신의 답변은, (물론 부분적이지만) 16세기의 2차(또는 3차) 개혁, 17세기의 종교전쟁, 18세기의 계몽운동, 19, 20세기의 진보사상의 상승과 억제 이후 세계에서 일어난 기독교 정세의 급진적 변혁의 인식과, 현대 세속주의에 미친 나르시시스트의 영향, 그리고 도처에서 (거의 외부에서만큼 교회에서) 우리에 관해 일어나고 있는 자기 계발과 자기 구원에 대한 세속적인 모임(cult)의 부활에 대한 인식으로 시작한다. 16세기의 오래된 논쟁은 더는 현재의 생사가 걸린 문제가 아니라는 것이 긴 이야기의 요지다. 하나님의 주권과 인간의 책임에 관한 중요한 문제는 모든 인식을 거치면서 바뀌었다. 그래서 '믿음만으로'가 더는 신뢰할 수 있는 완전한 해답이 아니다. 심지어 매우 많은 메소디즘이 빠져 버린 것 같은 좀 덜 고상한 도덕주의(또는 펠라기우스주의)도 완전한 해답이 아니다.

여러분 중 일부에게는 자원을 얻기 위한 탄원으로 결론짓는 것이 역행으로 보일지도 모른다. 이를테면, 이는 원천으로 돌아갔다 다시 앞으로 나아가는 것이라 할 수 있다. 하지만 그것이 나의 탄원이다. 그리고 평생의 에큐메니컬 역사편찬이 그것의 잠재적인 결실을 계속 확인해 주고 있다. 메소디즘의 (교리, 정치, 정신에서의) 진화는 신학적으로나 에큐메니즘적으로나 인상적이지 않다. 그리고 그것은 우리가 우리의 가장 훌륭한 유산을 회복하고 재평가하기 전까지는 달라지지 않을 것이다.

이 유산의 요지를 어떻게 달리 표현할 수 있을까? 그것은 지나치게 단순화하는 것(그리고 웨슬리에게 선례를 호소하는 것)이다. 이것은 처음이자 마지막으로 그리스도인의 삶을 성령 안에서의 삶과 은혜 안에서의 삶으로 보는 것이다. ㅡ즉 이러한 삶은 곧, 예수 그리스도 안에서 드러나고 성령에 의해 권능을 부여받은 하나님의 희생적 사랑에 응답하여 하나님과 이웃에 대한 희생적인 사랑의 삶이다. 결정적으로 중요한 것은 메소디스트가 한때 가졌던 '열정'으로 마음의 종교와 사회혁명을 소생시킬 성령에 대한 특별한 이해다. 메소디즘은 최상의 기독론적인 성령론 또는 성령론적인 기독론을 가지고 있으며, 이것이 세계 기독교 공동체가 특히 현재, 고전적 전통과 통합하기 위해 필요한 것이다. 그 약속과 영광은 성령에 의해 우리 마음에 주어진 그리스도 안에서의 하나님의 사랑이다. 그래서 은혜안에서의 역사의 순순한 시작은 항상 영이신 하나님으로부터 있게 되고, 인간의 모든 긍정적인 반응은 성령에 의해 촉진된다. 이것이 선행은총의 개념의 본질이다.

'죄를 용서받고 하나님의 은혜로 산다는 확신'(즉 은혜)의 경험을 확증하는 것이 바로 이 성령론이었다. 그리고 웨슬리가 그의 극명한 원죄의 교리에 대한 대응물로 설정한 것이 이 성령론이었다. 이것이 그가 법의학적인 구원론을 치료적인 구원론으로 옮겨갈 수 있게 해주었다. 이는 놀라운 현대적인 에큐메니컬 움직임이다. 또 찰스 웨슬리의 성찬 찬미들에 나타나는 성찬의 실재론 뒤에 있는 것이 이 성령론이었다. 성찬식에서 떡과 잔을 성별하고, 신자의 삶에 은혜의 역사가 있게 하는 것이 성령이기 때문이다. *그렇다면 그 교회는 성육신의 연장이라기 보다는 오순절 공동체의 사역의 연장이라는 것이 된다. [이것이 그때부터 지금까지 부흥주의의 주장하는 본질이었다].* 'Ubi Spiritus Sanctus, ibi ecclesia Christi'(성령께서 계신 곳에는 그리스도의 교회가 있다). 기독교의 예배는 언제나 그리고 당연히 성령의 강림을 기대한다!

그러므로 메소디즘은 그 안에서 세계 기독교 공동체에 엄청난 의미가 있는 성령론적 교회론을 만들어 냈다. 교회는 제도적 구조가 아니라 성령 안에서 한 몸이며, 성령 안에서 거룩하다. 그 성령은 신자들을 거룩한 삶으로 인도하는데, 이것 없이는 아무도 주님을 볼 수 없다. 그 교회는 웨슬리의 '관용의 정신'과 실제 포괄성에 대한 급진적인 헌신, 둘 모두의 측면에서 포용적(catholic)이다. 또 이 교회는 성령 안에서 사도적(apostolic)이다. 성령은 한때 의기소침했던 오합지졸을 증인과 봉사자로 만들었고, 성령이 기독교 공동체의 역사에서 자주 그러했듯 이와 같은 기적을 다시 수행할 수 있다.

메소디즘, 결함 및 모든 것이 기독교 사회에서 정당한 위치를 차지하고 있지만, 우리는 어떤 원칙에 의하지 않은 채 영원한 생존을 위해 헌신할 수는 없다. 우리가 존재하게 된 본래 이유는 명확한 현재적 필요를 충족시키기 위해서였다. 언제 어디서든 우리의 분리된 존재(separate existence)가 필요치 않다면, 우리는 계속 존재해야 할 원칙적인 이유가 없다.

웨슬리는 1804년 미주리 스프링필드 노회의 유명한 '마지막 유서와 유언'(Last Will and Testament)을, 이 몸이 그리스도의 몸 전체와 연합하여 죽고, 용해되어 가라앉기 위해 스스로 준비한다는 취지로 승인했을 것이다. 그래서 나는 호주에 있는 이 새로운 연합하는 교회에 합류하면서, 여러분이 보여준 메소디스트 유산에 대한 대담함과 충실함에 매우 흥분하는 것이다. 나는 여러분이 여러분의 유산을 잊지 않기를 바란다. 새로운 교회의 더 큰 재산에서 그것이 무시되거나 왜곡되지 않도록 하라. 그러나 웨슬리가 그의 시대에 영국 교회에 가져다준 만큼의 자유와 충성을 가지고 이 일을 하길 바란다. 메소디즘은 일시적인 교회(interim church)며, 항상 그러했다. 즉, 그 자신의 원칙에 따르되, 교단으로서의 자기 사명을 계속하고, 또는 더 좋은 길을 따르며 또한 성령이 미래를 여는 대로, 우리의 더 큰 에큐메니컬 정신을 구하기 위해 우리의 교회의 삶을 잃어버리는 데 자유롭다. —곧 오직 성경에 근거하고, 전통과 하나님이 주신 이성을 기둥 삼아 세워지고, 경험한 은총이라는 화환으로 왕관을 쓴 더 큰 기독교 공동체의 경우라면 말이다. 만약 우리가 전 세계를 교파적으로 얻고도, 모든 사람에게 은혜의 모든 수단을 제공하기에 충분히 포용적이고, 교회와 세상의 주로서 그리스도를 붙들기에 충분히 복음적이며, 제도적 발전이 신성 불가침한 것이 될 수 없도록 기꺼이 개혁되고 개혁하기에 충분한 교회의 중요한 지체가 되는 기회를 박탈당한다면 우리에게 무슨 소용이 있겠는가?

예전의 시므온처럼 나는 평생을 에큐메니컬 신전에서 보냈다. 즉, 하나님이 우리 모두를 위해 뜻하시는 일치, 곧 (전도가 아니라면 에큐메니즘은 아무것도 아니기 때문에) '세상이 하나님을 믿는 것'이 회복되는 징조를 바라고 기다렸다. 내가 잘 알고 있듯 나의 기회는 이제 희박하다. 그러나 이러한 에큐메니컬 역사학에 대한 투자는, 내가 만약 다른 메소디스트 역사학자들 (그리고 모든 다른 교회에 있는 그들의 동료들이) '공통 기독교 역사'의 비전을 공유하게 되고, 그들의 비판적 연구가 우리 모두를 승리주의와 교파주의에서 벗어나게 하는 데 도움을 주어, 그 안에서 전체 인간 공동체를 향한 아버지의 분명한 의지가 성령을 통해 그리스도 안에서 실현되어, 마치 하늘에서 항상 그리고 이미 이루어진 것처럼 이 땅에서 이루어지게 될 그 세계 기독교 공동체를 새롭게 하는 일의 자원 봉사자들이 될 것이라고 바라고 믿을 수 있다면, 덜 비현실적일 것이다. 아멘.

3.0. 에필로그: 비전과 꿈

[1968] 메소디스트 교회와 복음주의 연합 형제 교회(The Evangelical United Brethren Church)가 연합 메소디스트 교회를 결성하기 위해 합류했을 때, 아우틀러는 연합 메소디스트 교회에서 설교하도록 부탁을 받았다. 그는 사도행전 2장을 본문으로 택했다. 그 설교는 실제 역사가 시작되는 날로서 오순절에서 유추해 새로운 교회의 생일을 축하했다. 아우틀러는 진정한 포용적, 복음적, 개혁적인 교회의 비전을 말했다. 또 우리가 아직 그렇지 않은 방식들을 설명하고, 현대 세계에서의 '교회의 비참한 실패'에 각별한 관심을 기울일 것을 촉구했다. 오순절과 정치의 상호작용에 대한 아우틀러의 숙고는 웨슬리 전통에서 길러지고 단련된 비전과 꿈을 모범적으로 묘사한다.

그리스도 안에서의 형제자매 여러분, 오늘 아침 우리는 세계 각지에서 모여, 연합 메소디스트 교회의 생일, 곧 우리의 생일을 축하하고 있다. 잠시 후 우리는 연합과 동반 성장의 새로운 언약을 상징하는 기념식에 참여할 것이다. 모든 새로 시작된 일의 전조는 희망이다. 그래서 그 희망이 오늘 우리와 함께 있다. 우리는 문턱에 서 있다. 새로운 지평선이 앞으로 다가오고 있다.

이날을 사도행전 2장에 기록된 최초의 오순절과 연관 짓는 것이 어떤 이들에게는 강한 바람 같은 소리도, 불의 혀나 방언 등도 없지만 환상적으로 들릴지도 모른다. 그러나 사실상 그 오순절의 영구적인 의미는 다른 사람들이 따라올 수 있는 길을 열어 주는 것이었다.

> 오순절 날이 이미 이르매 그들[제자들]이 다 같이 한 곳에 모였더니 … 그들이 다 성령의 충만함을 받고 성령이 말하게 하심을 따라 … 하나님의 큰 일을 말함을 ….

이것은 물론 더 긴 본문을 축약한 것이다. 놀라운 점은 생략되었고 여전히 나를 흥미롭게 만드는 두 조각의 로컬 색상은 있다. 즉, 베드로가 너무 이른 아침이었기 때문에 제자들이 술에 취해 있었던 것은 아니라고 부정하는 내용과 3천 명의 새로운 신자가 하루에 추가되었다는 내용이다. 그런 놀라운 일을 경험했는데도 이를 보고할 교회 기관이 없었으니 베드로의 실망이 얼마나 컸겠는가!

하지만 분명히 그 첫 번째 오순절에 있었던 일보다 그 이후에 일어난 일의 의의가 더 크다. 오순절은 교회의 진정한 사역이 시작된 날이었다. 또 그리스도인들이 이 세상에서의 그들의 완료되지 않은 과업의 의제를 받아들이고, 그 일에 착수한 날이었다! 그 최초의 그리스도인들은 교회의 조직이라는 관점에서는 그다지 잘 갖추어져 있지 않았다. 그들의 조직은 불안정했고, 정치와 규율은 불완전했다. 신학자들 간에는 일치가 없었고, 그들의 가장 저명한 평신도 지도자는 아나니아와 삽비라였다!

교회의 생일(The Church's Birthday)

그럼에도 그 오순절이 그 후에 교회의 생일로, 그리고 요엘의 예언이 이루어진 날, 즉 성령께서 오셔서 하나님의 백성 가운데 통치자로 임하신 날로 기억되고 있다. 그리고 이 기억은 심지어 황급히 몰아치는 강한 바람이 설교의 미풍으로 가라앉고, 방언이 신자의 경험의 변두리로 내몰리고, 불의 혀가 논쟁과 갈등의 대상이 되어버렸을 때도 남아 있다. 오순절은 기독교회가 역사에서 세계를 위해 그 사역을 착수한 날로 정확하게 기억되고 있다. 모든 시대에서 교회의 공적은 그 비전과 꿈, 그리고 분명한 의무에 비해 부끄러울 정도로 부족했다. 그러나 첫 오순절 이후의 기독교 교회는, 모든 시대에서 인류의 최고 희망과 진정한 절망 사이의 결정적인 차이를 보여주었다.

나는 교회의 첫 번째 생일과 우리의 생일을 비교하는 것이 전혀 적합하지 않다는 것을 누구보다 잘 알고 있다. 우리의 새로운 교회는 우리의 몇 가지 과거 역사와의 급진적인 단절을 의미하지 않으며, 급진적으로 새로운 미래를 향한 비슷한 의도도 없다. 그렇다 하더라도 첫 번째 오순절과 이 일 사이의 유사점은 우리에게 영향을 줄 수 있다. 오늘이 연합 메소디스트 교회(UMC)의 실제 작업이 시작되는 날이다. 이날은 이전에 닫혔던 문을 여는 날이며, 그야말로 개혁과 쇄신의 새로운 가능성이 다가온 날이다.

그 사건의 본질은 자명하다. 즉, 그것은 연합 메소디스트 교회의 기정사실이라는 것이다. 거의 한 세대 전만 해도 다섯 교회가 있었는데, 지금은 한 교회만 있다. 한때 우리의 차이점이 다른 언어와 민속 방식으로 우리를 갈라놓았던 곳에서 그들은 극복되거나, 적어도 헌신적인 교제라는 더 큰 범주 안에 수용되고 있다. 2세기의 대부분 동안 우리는 그런대로 기독교의 형세들이었다. 하지만 분리된 형제들이었다. 이제 우리의 회원과 사역은 타협이나 경멸 없이 혼합되었다. 우리의 분리된 전통은 부인되었고 하나가 되었다.

분명히 우리의 연합에서의 모험의 어떤 부분도 실제로는 아직 완성되지 않았다. 이 연합에서의 우리의 기쁨은, 우리가 인정은 하지만 여전히 우리와 분리되어 있는 기독교 가족의 다른 사람들을 사랑으로 기억함으로써 조정되어야 한다. 게다가 이 회의에서 우리의 의제가 제기하는 다양한 실질적인 대내 문제는 크고 긴박하다. 이 2주간이 편안하지 않을 것이다. 우리 중 그 결과에 만족하는 사람은 거의 없을 것이다. 하지만 여기에 우리가 있고, 오늘은 우리의 생일이다. 이제 우리는 현대 교회 역사에서 새로운 페이지를 넘긴다. 그리고 우리의 축하에서는 독선이 배제되는 것처럼, 냉소도 배제된다.

그렇다면 새로운 교회의 이러한 사실이 무엇을 가능하게 하는지 자문해 보자. 이 시작을 새로운 교회의 약속과 우리의 희망의 현실로 바꾸려면 무엇이 필요할까? 그것들의 영예 가운데 어느 것도 의지할 것이 없고 (또 우리의 것은 없음) 우리 모두가 분명히 아는 한, 그들의 수고와 눈물, 믿음과 근성으로 우리를 이 시간으로 이끈 모든 사람에게 우리의 변함없는 감사와 존경을 바칠 수 있다. 우리는 감사할 것은 많고, 안주할 것은 아무것도 없다. 오늘 우리의 기쁨은 앞의 일을 미리 맛보는 것이다. 즉, 우리가 아직 감히 요청하거나 생각해 보지도 못한 것보다 훨씬 더 창조적일 수 있는 미래를 미리 경험하는 것이다.

이는 우리가 시작의 의식에서 뒤따라오는 과업으로 전환함에서 우리에게 가장 필요한 것은, 우리가 부르심을 받아 온 교회에 대한 생생한 감각이라는 것을 의미한다. 어떤 규범에 의해 우리가 우리의 언약을 진정한 코이노니아로 변화시키려 노력해야 하는가? 어떤 원칙에 의해 우리가 앞에 놓여 있는 성장의 고통에서 기꺼이 인도함을 받을 수 있을까? 아무리 낙관론자라도 예측할 수 있는 어려운 날들과 기간 동안 우리는 어떤 하늘의 비전에 순종할 준비가 되어 있는가?

한 가지는 확실하다. 지금까지 우리가 현상 유지로서 해온 것은 다 가오는 미래를 위해서는 충분하지 않다는 것이다. 그의 모든 큰 공과들(merits)이 있음에도 (그리고 그 모든 성자와 영웅이 있음에도) 현재 체제는 자기 유지와 생존에 너무 몰두하고 있다. 세계는 분노와 고통에 휩싸여 있고, 이해할 수 없고 감당할 수 없는 혼란에 빠져 있다. 교회는 급진적인 위기에 처해 있고, 신앙과 질서, 삶과 일의 모든 단계에서 심각하게 사기가 저하된 고통 속에 있다. 이런 때에 평소처럼 일을 하는 것은 우리의 일을 끝내지 못할 것이다. 우리의 과거 전성기(19세기), 곧 도시화 이전 사회의 경건주의의 전성기는 사라졌다. 내일의 개척자들은 우리의 개척자들처럼 새로운 세계에 역동적으로 적응해야 한다.

물론 여기에는 약간 말만 그럴듯한 부분이 있다. 잔인한 사실이지만 우리는 단지 우리의 선택과 응용을 위해 이용할 수 있는 현상에 대한 명확한 대안이 없기 때문이다. 그 모든 광고에도, 우리 자신의 용감한 신세계를 기념하는 어떤 새로운 실험도 앞으로 다가올 것의 형태로 환영받을 수 없다. 또 비록 몇몇 사람(로마 가톨릭교도)이 최근 우리보다 더 거대하고 유익한 자기 성찰에 노출되어 있음에도, 우리의 자매 교회 중 어느 곳이든 최신형 시온의 방주를 위한 청사진을 그들에게 제공했다는 것도 아니다.

자유를 위해 우리는 구시대적인 과거에서 해방되었다. — 그러나 (우리는 자유이지 않기를 선택할 수는 없다, 그러기에-역주) 마치 우리가 자유를 선고받은 것처럼 보이기 시작한다. 즉, 항의와 불평, 타인에 대한 독선적인 비판보다 더 나은 것을 생각해 내도록 비난받는 것이다. 우리는 책임 있는 예언, 개혁과 쇄신 혹은 파멸의 치명적인 결과에 대한 비난을 받는다. 우리가 이 새로운 교회에서 (후대에 화석을 풍부하게 공급하기 위한 열정을 가진) '공룡-신드롬'과 그 반대로 (소수자 지위에 대한 자애로운 독선을 가진) '엘리야 콤플렉스'를 피하려면, 우리는 기독교 전통과 역사의 연속을 의식적으로 생각하면서 앞으로 나아가야 한다. 그 안에서 (곧 기독교 전통과 역사 안에서), (이것과 같이) 결정적인 이 순간에, 희망적인 인간 행동을 통해 과거와 미래를 연결하시는 하나님의 성향을 항상 인식하며 우리는 우리의 선조들과 항상 함께 서 있다.

순례하는 사람들을 위한 하나님의 친절하고 솔직한 지도에 의해, 그리고 그리스도의 몸 안에 있는 우리의 공동생활을 도와줄 모범에 의해, 우리의 상상력과 창조력을 훈련하는 것을 배워야 한다.

새로운 교회가 지녀야 할 교회의 한 형태는 이미 교회 연합 협의회(COCU)의 논의에서 익숙해진 구절에 요약되어 있다. 그것은 진정한 연합과 효과적인 사명을 위한 헌장이 될 수 있는 일종의 표어다. "우리는 진정으로 가톨릭적, 복음적, 개혁적 교회를 추구한다." 이러한 말들 자체는 분명 새로운 것이 아니다. COCU는 이 표어에 대한 저작권이 없다. 그것의 중요성은, 자신을 그리스도인이라 칭하고 자처하는 사람들의 모임에 대한 세 가지 본질적인 차원과 관심을 요약한 것에 있다. 각 용어는 바르게 해서되거나 잘못 해석된 다양한 역사를 가지고 있다. 각각은 때때로 논쟁의 대상이 되었다. 이 세 가지 단어가 모두 함께 받아들여지고, 서로 균형을 잡고, 하나가 나머지 둘을 설명할 때, 비로소 우리는 우리가 열망하는 교회의 목표 지점으로서 그들의 타당성을 인식할 수 있다. 그것은 곧 가톨릭적이면서 복음적(양자택일이 아니라 둘 모두)인 교회이다: 곧 가톨적이면서 복음적이고 개혁적인 교회이다. ─즉 가톨릭적이고 복음적인 관심사로 인해 각각의 연속적인 새로운 시대에 끊임없는 재평가와 재형성이 수반되는 교회이다.

이 표어의 장점 중 하나는, 그것들 중 어떤 하나를 명시하지 않고, 풍부한 범위의 의미를 암시한다는 것이다. 확실히 내가 지금 제안하는 해석은 최종적인 것에 대한 주장이 아니다. 나의 유일한 관심사는 연합 메소디스트 협회에 있는 우리를 위한 그것의 가능한 의미를 이해하려는 것과 그 협회의 미래를 형성하려는 우리의 노력에, 여러분이 관심을 갖게 하는 것이다.

가톨릭적인 교회(Thhe Church Catholic)

'가톨릭'이라는 단어는 기본적으로 '전체' '보편적' '개방적'이라는 의미다. 그것은 진정한 연합은 다양성을 허용할 뿐 아니라 그것을 필요로 한다는 것을 상기시킨다. '가톨릭'이란 말은 결코 '동일함' '융통성 없음' '모형에 의해 만들어진 것'을 의미하지 않는다. 그것은 '포용적'이라는 의미다. 즉, 이 말은 하나의 공동체로서, 그 안에서 모든 회원이 동등하게 회원의 자격으로 속하고, 그 안에서 모든 성직자가 서임 받은 권한에 의해 전체 교회를 대표하는 기본적인 직책을 공유하는 것을 뜻한다. 또 이것은 '개방적'이라는 의미다. 즉, 이는 공동체의 경계가 기독교의 본질에 의해 정해져 있는 하나의 공동체를 말하는 것이다. 그 기독교의 본질에 의하면, 어떤 사람이 그리스도에 대한 믿음의 규범과 그 고백에서 비롯된 기독교 규율에 의한 것이 아니고 어떤 다른 것으로 다른 사람의 회원 자격을 부정하는 것은 나쁜 믿음이다. 이는 인종, 성별, 계급, 문화에 기초한 모든 차별을 배제한다. 또한 이 교리나 저 교리, 이 예배 형식이나 저 예배 형식, 이 정치 형태나 저 정치 형태에 대한 당파적 강조에 기초한 모든 차별을 배제한다. 이에 대한 웨슬리의 명백한 가르침이 그의 "관용의 정신"(Catholic Spirit)이라는 설교에 나타나 있다. ─이 설교는 우리 자신의 상황에 적합할 것이라는 면에서 우리 모두가 상기하고 새롭게 적용하는 것이 좋을 것이다.

인종 갈등으로 괴로움을 당하고 혼란스러워진 교회는 아직 진실로 포용성이 있는 교회가 아니다. '식민주의'나 '자율성' 없이는 교회의 세계적

유대 관계를 관리할 수 없는 교회는 아직 진정으로 '가톨릭적'이 아니다. 다른 교회보다 자신들의 정치와 사회적 관행을 자랑스럽게(또는 겸손하게!) 설정한 교회는 '연합'될 수는 있지만, 아직 '진정으로 가톨릭적'이 아니다. 다른 모든 그리스도인에게 교회의 성례전을 공개하지만, 자신은 다른 기독교인들의 성례전을 공유할 자격이 아직 없는 교회는 아직 '진정으로 가톨릭적'이 아니다. 그리고 우리가 생각하는 것처럼, 우리의 주된 잘못이 다른 사람들이 우리에게 그들의 성찬을 막는 데 있다 해도, 이는 우리가 회원 자격, 사역, 성찬의 유효한 혼합에 대해 우리에게 필요한 것과 그들에게 필요한 것을 적절히 존중하며 거의 묻지 않았다는 사실을 바꾸지는 않는다. 다른 교회들도 완전히 가톨릭적이 아니라는 것도 사실이다. 그리고 이것이 바로 에큐메니컬의 비극이다! 그러나 우리가 그리스도 안에서 좀 더 포괄적이고, 일체적이며, '가톨릭'적인 교제를 찾는 일에 그들과 함께하려면, 우리가 할 수 있는 최소한의 일은 새로운 교회에서 바로 그러한 교제에 전념하는 것이다. 그리고 기독교의 연합을 추구하는 더 과감한 모험을 위해 우리의 가슴과 마음을 여는 것이다.

복음적인 교회(The Church Evangelical)

그러나 교회는 포용성만으로는 충분하지 않다. 교회는 선교를 위해 부름받았다. 그리고 교회의 선교는 메시지를 전하는 것과 교회의 공동생활에서 그 메시지를 실제로 입증하는 것이다. 교회의 메시지는 또한 교회 자신의 것이 아니다. 그것은 기독교 복음에 대한 교회의 증언이다; 즉, 성육신하신 그리스도, 십자가에 못 박히신 그리스도, 부활하신 그리스도, 인간의 삶과 문화를 변화시키시는 그리스도, 세상의 그리스도, 세상을 위한 그리스도; 우리 안에 계시고, 우리의 영광의 희망이신 그리스도의 스캔들과 어리석음에 대하여 증언하는 것이다. 그러므로 우리가 부르심받은 교회는 '진정으로 복음적'이어야 한다. 즉, 교회의 열정은 하나님의 복음이 전파되고 받아들여져 믿음과 소망과 사랑으로 응답되고, 복음에 응답한 모든 사람이 교훈을 받고 하나님의 언약 백성의 교제에 모이도록 하는 것이어야 한다.

복음의 충만함은 어디서나 그리고 언제나 인간의 모든 관심을 포용한다. 그러나 복음의 핵심은 놀랍도록 간단하다. 즉, 하나님께서 여러분과 나와 모든 사람을 매우 특별한 사랑으로 사랑하시고, 그리스도를 구세주요 주님으로 받아들이고 고백할 모든 사람에게 그리스도는 이 사랑의 충분한 증거라는 것이다. 복음은, 용서하시고 치유하시고 화해하시는 것이 하나님의 사랑이라는 것, 또 우리가 온전한 인간이기를 요구하고 우리를 위해 그 가능성을 열어 주는 것이 하나님의 사랑이라는 것, 그리고 우리의 기억과 희망을 거룩하게 할 수 있는 것이 하나님의 사랑이라는 좋은 소식이다. 그럼에도 이 복음은 모든 인간의 상황에서 우리의 구원은 하나님의 순수한 은혜에서 나온다는 것을 우리에게 상기시켜 준다. 우리의 구원은 어떤 의미에서든, 획득하거나 사거나 속여서 얻을 수 없다. 그것은 어떤 공로나 과실, 어떤 좋은 일이나 나쁜 일, 우리가 우리 자신을 대신해서 가져올 수 있는 어떤 주장에 의해 얻어지는 것이 아니다.

'복음적'이라는 단어는 무엇보다도 복음을 온전히 받고 신뢰하는 믿음과 관련이 있다. 그것은 하나님의 선물로서의 믿음, 하나님에 대한 우리의 기본적인 반응으로서의 믿음, 모든 인간의 자존심의 치명적인 적으로서의 믿음, 모든 진정한 인간의 존엄성의 충실한 동맹으로서의 믿음을 강조한다. 그러므로 복음적인 교회는 급진적으로 그리스도 중심적이다. 즉, 교회의 중심적 사명에 대해 사역하는 것을 제외하고는, 어떤 종류의 교회적 기구든 그에 대한 최종 의존에서 벗어난다는 것이다. 우리는 그리스도 안에서 구원의 은혜라는 하나님의 선물을 받고, 성령 및 다른 사람들과의 진정한 교제에서 세상을 살아가는 법을 배울 수 있다. 복음적 교회는 복음을 선포하는 교회이지만, 또한 가르치는 교회이기도 하다. 웨슬리는 종종 그의 운동과 다른 운동을 비교하면서, 말씀 선포에서는 똑같이 열정적이지만, 그의 단체에 속한 개종자들이 구체적인 삶의 상황에서 복음의 의미를 깊이 배우게 되었다는 데서 큰 차이가 있다고 지적했다.

우리 메소디스트 교회와 복음적 연합 형제 교회(EUBs)는 모두 신앙고백과 좋은 기억에 의해 복음주의 아버지와 어머니들의 반가운 상속자이다. 그러나 우리는 그들의 유산을 완전히 차지했다고 자랑할 수 없다. 폭발적으로 불어나며 떼 지어 모이는 집단들과의 경쟁에서 뒤처지는 교회는 자기 선언을 한다 해도 진정으로 복음적인 교회가 아니다. 교회의 복음적 성공을 주로 교인 수의 증가로 생각하는 교회는 진정으로 복음적이지 않다. 교회의 대다수 신도가 '개신교 원칙'에 따른 위대한 사안, 즉 하나님의 주권, 믿음으로 받는 칭의, 성령의 증거, 은총의 삶, 하나님이 주신 계시의 원천으로서의 성경의 권위 등을 제대로 이해하지 못하고 있는 교회는 진정으로 복음적인 교회가 아니다. 그러한 교회는 진정으로 복음적이 아닐 뿐 아니라, 정말 현대 기독교의 가장 큰 비극에 동참하고 있는 것이다. 이는 가르치는 교회로서의 비참한 실패다. 그리스도인이라는 이름과 표시를 가진 여기 모인 우리는 강하게 조직되고 온갖 종류의 거대한 노동에 참여하고 있지만, 우리 사람들의 대부분은 기독교 신앙이 무엇을 의미하는지도 잘 모르고, 입술로 고백한 것을 그들의 가슴과 마음으로 진정으로 믿지 않으며, 그렇게 하는 사람들 중에 자신과 다른 사람들에게 그것에 대해 이성적으로 설명할 수 있는 사람도 거의 없다. 이에 대한 증거는 모든 위대한 교리적, 도덕적, 사회적 격변에서 나타난다. 복음적인 교회는 교조주의여서는 안 된다. 하지만 확실히 교회 사람들은 구원의 신비와 우리가 온전한 사람이 되는 일에서의 하나님과 인간 사이에 있는 매우 중대한 우선 사항에 대해 분명히 알아야 한다. 웨슬리와 애즈베리, 오터바인(Otterbein), 올브라이트(Albright)는 그들의 시대에 그들의 용어로 이러한 우선 사항을 이해했다. 시대와 용어는 우리와 다르지만, 똑같은 과업이 남아 있다. 즉, 모든 사람을 무엇보다도 하나님의 사랑으로 불러 모으고, 하나님의 사랑 안에 있게 하는 것이다.

개혁적인 교회(The Church Refomed)

그러나 '포용'과 '복음적 열망'이라는 가장 좋은 개념조차도 역사가 시간과 변화를 통해 교회를 움직이면서 형체를 드러낸다. 일시적인 것이 영구적인 것이 되고, 이전 시대에서의 창조적인 실험이 이후에는 기득 권리가 되고, 주어진 정치를 위한 실용적 권위는 방어와 자기 유지를 위한 것이 되었다. 한때 '관용의 정신'의 징조였던 것이 새로운 종파주의가 되고, 한때 진정한 복음적 관심사였던 것이 복음전도에 대한 이론으로 석회화되어 세속적인 도시에서의 삶에 온전한 복음이 전파되거나 들리지 않게 되었다. 그래서 교회가 진정으로 가톨릭적이고 복음적이 되려 할 때조차도, 교회는 진정으로 개혁되어야 한다. 즉, 교회는 모든 성공적인 모험의 음흉한 우상숭배에 대한 하나님의 심판에 끊임없이 열려 있고, 모든 전성기의 쇠퇴를 알고 있어야 한다. 교회는 개혁되고 새로워지기를 열망하고, 교회의 정신과 능력이 다시 생겨나도록 해야 한다.

진정으로 개혁적인 교회는 (가르침, 훈육, 행정의) 모든 면에서 창조적 변화에 개방적이고, 의도적으로 그리고 원칙적으로 열려 있는 교회다. ―즉 그 변화는 계획성 없는 무모한 변화도 아니고, 소극적이며 강제적인 변화도 아니다. 개혁적인 교회는 성경에 의해 살아간다. 성경은 전통주의의 생명력 없는 지배를 받지 않고, 그리스도의 본질적인 전통에 대한 결정적인 호소를 제공하기 때문이다. 성경만이 인간의 독창성의 돌풍과 천박함 없이 급진적이며 의무적인 변화를 제공한다. 성경의 권위는 그 문자나 어떤 애매한 동아리(coterie) 해석에 있지 않고, 오히려 본문의 대중적 감각과 그것의 원래 의도에 의존하며, 모든 시대를 거쳐 가르치는 교회의 지혜에 의해 의의가 높아지고, 현대 세계에서 비판적 이성과 생명력 있는 그리스도인의 경험이라는 기준(canon)에 의해 결정된다.

그러나 개혁적 교회는 또한 미래의 심판 아래 있다. 신앙의 종말론적 오리엔테이션(orientation)은, 오래된 것들을 항상 긴급함과 필요성과 효율성을 고려해 지속적으로 재검토하고 재구성할 것을 계속 요구하고 있다. 개혁 정신은 자기 정당화 없는 자기 성찰, 자기혐오 없는 자기비판, '양호'는 '최고'의 적이라는 확신에 뿌리를 둔 창의적인 불만을 요구한다.

연합 메소디스트 협회가 지금 당장 진정으로 개혁되고, 개혁되어야 한다는 의식적이고 긴급한 생각을 할 필요가 있다고 제안하는 것은 다소 불합리하게 보일 수 있다. 우리는 개혁적인 교회다. 우리의 새로운 계획과 보고서, 그리고 그들의 토론, 수정, 채택을 끌어들이기 위해서 열흘이 더 남아 있다. 확실히 지금 이 순간은 이것으로 충분하다. 어떤 면에서는 그렇다. 그러나 그것은 부분적으로 나의 생각이다. 이 계획과 우리가 휴회할 때 그들이 제출한 그 형태의 보고서는, 의심할 여지 없이 모든 상황에서 우리가 할 수 있는 최선의 것이 될 것이다. 하지만 그것이 얼마 동안이나 그럴까? 대답은, 아마 새로운 교과책(Discipline)에 인쇄되는 결과를 크게 넘어서지는 않을 것이다. 그러므로 지금은 그 첫 오순절처럼 젊은이들이 비전을 보고, 노인들이 꿈을 꿀 때다. 이 비전과 꿈은, 우리가 이전에 요구했던 것보다 더 많은 메소디스트에게 요구하는 것이고, 모든 하나님의 백성을 위해 더 풍부하고 풍요로운 삶을 제공하는 것이며, 이 비전과 꿈은 '성령 안에서'만이 아니라 교회의 구조, 기능, 행동 양식에서도 거듭거듭 새로워진 이 새로운 교회를 보는 것이다.

이것은 심지어 간접적으로도 어떤 특정한 개혁에 대한 제안이 아니다. 나나 여러분이나 다른 사람을 위한 것도 아니다. 그러나 그것은 개혁과 '영구한 개혁'(semper reformanda)의 '개신교 원리'에 대한 개념을 공개적으로 옹호하는 것이다. 우리 중 더 많은 사람이, 우리의 이 새로운 교회가 더 효과적인 사명을 위해, 더 진정한 민주주의와 지역적 진취성을 위해, 더 효율적이고 모험적인 리더십을 위해 다시 만들어질 수 있다는 생각에 익숙해진다면, 그리고 이 모든 것이 이루어질 수 있고, 앞으로 이루어져야 한다는 것을 알게 된다면, 우리 협회의 총체적인 지혜는 합리적이고 책임감 있는 변화가 가장 헌신적인 극단적 보수주의보다 훨씬 더 그리스도에 대한 충실한 복종의 유형임을 증명할 수 있을 것이다.

오늘은 우리의 생일이다. 높은 희망과 새로운 약속을 축하하고 기억하는 날이자, 그것을 위한 날이다. 그리고 기독교계 전체의 시선이 우리에게 집중된 날이다. 이날은 주께서 만드신 날이다. 그 안에서 진정으로 기뻐하고 즐거워하자. ㅡ이는 하나님이 우리에게 주시는 새로운 기회에 대한 기쁨이다; 그리고 그 기회는 곧 연합하기 위해 연합된 교회가 되고, 구원받는 교회가 되기 위해 회개하는 교회가 되며, 인류를 위한 하나님의 승리한 고통을 보여주기 위해 십자가를 지는 교회가 되기 위한 것이다.

> 오. 변하지 않는 권능과 영원한 빛이신 하나님. 놀랍고 신성한 신비인 이 전체 교회를 선하게 보시옵소서. 그리고 그 영원한 섭리의 고요한 역사로 우리를 구원하시는 일을 행하시옵소서. 무너진 것이 일어나고, 낡은 것이 새로워지며, 모든 것이 그 근원이신 우리 주 예수 그리스도를 통해 완전하게 돌아오고 있음을 온 세상이 느끼고 보게 하옵소서. 아멘.